Johannes Rüegg-Stürm
Controlling für Manager

Johannes Rüegg-Stürm

Controlling für Manager

Grundlagen, Methoden, Anwendungen

Verlag Neue Zürcher Zeitung

© 1996, Verlag Neue Zürcher Zeitung, Zürich
ISBN 3 85823 596 2
Printed in Switzerland

Dank

Das vorliegende Buch hätte nicht entstehen können, wenn mich nicht verschiedene Personen seit längerer Zeit freundschaftlich und tatkräftig unterstützt hätten. Ihnen allen danke ich ganz herzlich:

- meinem Forschungskollegen *Alexander Arnold* für viele kreative Ideen und für die sehr sorgfältigen, aufwendigen und speditiven Schlussarbeiten dieses Buches während meines Forschungsaufenthaltes in England,
- meinem *Vater*, einem engagierten Controller mit langjähriger praktischer Erfahrung, für unzählige wertvolle Gespräche, die mir über Jahre hinweg ein – wie ich hoffe – einigermassen solides praxisorientiertes Hintergrundwissen vermittelt haben,
- meinem ehemaligen Lehrer Professor *Hans Siegwart* für die lehrreiche und kurzweilige Assistentenzeit sowie den freundschaftlichen Humor und Respekt, die mich nachhaltig beeindruckt haben,
- meinem Lehrer Professor *Peter Gomez* für das seit Jahren grosse persönliche Engagement zugunsten meiner akademischen Arbeit und für die wohlwollende Unterstützung dieses Buchprojektes.

Meiner lieben Frau Gabriela und meinen Kindern Martina und Simon danke ich für das liebevolle, herzliche familiäre Umfeld und für die grosse Geduld, die sie mir in der vergangenen und gegenwärtigen Zeit haben zuteil werden lassen.

Coventry/UK, im Dezember 1995   Johannes Rüegg-Stürm

Inhaltsübersicht

Als Zielgruppe möchte das vorliegende Buch grundsätzlich all diejenigen Berufstätigen und Studierenden ansprechen, die aufgrund ihrer beruflichen Tätigkeit bzw. ihres Studiums an Controlling-Fragen interessiert sind, aber bisher (noch) keine eigentliche Grundausbildung im Bereich von Controlling, Finanz- und Rechnungswesen absolviert haben. Das Buch richtet sich besonders auch an solche Führungskräfte, die in leitenden Positionen (Abteilungsleitung, Bereichsleitung, Geschäftsleitung) tätig sind und beispielsweise ein technisches Studium, aber keine betriebswirtschaftliche Ausbildung genossen haben und in Zukunft aus Zeitmangel auch nicht in die Lage kommen werden, ihre Kompetenz auf dem Controlling-Gebiet mit Hilfe von Seminaren oder Nachdiplomstudien zu ergänzen.

Demzufolge dient das Buch dem Zweck, die wichtigsten Grundlagen und Zusammenhänge eines führungsorientierten Controllings zu vermitteln, gewissermassen die „Basics of Controlling for Non-Financials".

Besonderes Gewicht wird auf eine möglichst ballastfreie Integration von zentralen Grundkenntnissen im Bereiche von Rechnungswesen und Controlling gelegt. Deshalb wird nicht nur auf einen „Literaturapparat" verzichtet, sondern auch auf eine profunde Vermittlung von Techniken (z.B. der Kostenrechnung), die im Controlling üblicherweise angewandt werden. Deren Beherrschung soll den Spezialisten[1] des Controller-Dienstes vorbehalten bleiben.

Im folgenden Schema sind der Aufbau und die wesentlichen Bezugspunkte des vorliegenden Buches dargestellt.

---

1 Die in diesem Text benutzten männlichen Formen beziehen sich sowohl auf Frauen als auch auf Männer. Leserinnen und Leser mögen mir diese sprachliche Ungenauigkeit verzeihen und den Verweis auf die bessere Lesbarkeit der männlichen Form als Entschuldigung akzeptieren.

Aufbau des Buches

Kernidee	Modul 1 – Zweck und Inhalt des Controllings
	Prozess der Planung und vorausschauenden Feinsteuerung (Aktionsorientierung)

Messinstrumentarium	Systematik der Datenaufbereitung		
	Modul 2 Finanzielles Rechnungswesen Navigation des Gesamtunternehmens in seiner externen Umwelt	Modul 3 Betriebliches Rechnungswesen Transparenz über Erfolgsbeiträge der internen Leistungserstellung (Marktleistungen, Bereiche)	Modul 4 Investitionsrechnung Transparenz über den (langfristigen) Erfolgsbeitrag einzelner Objekte/Projekte

Arbeiten im Cockpit	Modul 5 – Berichtswesen als Plattform für die Durchführung von Planung und Feinsteuerung	
	Planungsrechnungen (für die operative Planung)	Status-Berichte (für die laufende Feinsteuerung)

Modul 1

Kernidee	Modul 1 – Zweck und Inhalt des Controllings
	Prozess der Planung und vorausschauenden Feinsteuerung (Aktionsorientierung)

Im *ersten Modul* wird das dem Buch zugrundeliegende Verständnis, d.h. die *Kernidee* von Controlling, erläutert. Controlling wird als dauernder Prozess verstanden, der aus einem stets wiederkehrenden Zusammenspiel der Kernaktivitäten *Planung* und *Feinsteuerung* besteht. Inhaltlich gesehen umfasst Controlling nicht alle Tätigkeitsaspekte der Unternehmensführung, wohl aber alle finanzwirtschaftlichen.

Controlling ist vergleichbar mit dem Steuern eines Flugzeuges, Autos oder Schiffes. Wir werden in den nachfolgenden Ausführungen immer wieder auf dieses Bild zurückkommen.

Module 2 bis 4

Messinstrumentarium	Systematik der Datenaufbereitung		
	Modul 2 Finanzielles Rechnungswesen	Modul 3 Betriebliches Rechnungswesen	Modul 4 Investitionsrechnung
	Navigation des Gesamtunternehmens in seiner externen Umwelt	Transparenz über Erfolgsbeiträge der internen Leistungserstellung (Marktleistungen, Bereiche)	Transparenz über den (langfristigen) Erfolgsbeitrag einzelner Objekte/Projekte

Um ein Flugzeug steuern zu können, müssen *Messinstrumente* vorhanden sein, welche die externe Position des Flugzeuges anzeigen. Dies genügt jedoch noch nicht. Auch im Flugzeug selber ablaufende Prozesse und Zustände müssen mit Messinstrumenten überwacht werden können, z.B. die aktuelle Leistung der Triebwerke, der Treibstoffstand usw.

Im zweiten, dritten und vierten Modul stellen wir dieses Messinstrumentarium des Controllings vor. Wir konzentrieren uns dabei auf die wichtigsten und gebräuchlichsten Instrumente, die in der Praxis zur Anwendung gelangen, und erläutern dabei insbesondere die Systematik der Datenaufbereitung.

Im *zweiten Modul* werden die konzeptionellen Grundlagen des *finanziellen Rechnungswesens* erörtert. Das finanzielle Rechnungswesen dient nicht nur der Unterstützung der Unternehmensführung, sondern richtet sich auch an externe Anspruchsgruppen eines Unternehmens.

Das finanzielle Rechnungswesen bildet die *Grundlage* für ein aussagekräftiges Controlling, im Hinblick auf die Nachfrage nach Führungsinformationen bedarf es indessen noch einer wesentlichen Ergänzung: eines massgeschneiderten betrieblichen Rechnungswesens. Im *dritten Modul* werden deshalb die Instrumente eines modernen *betrieblichen Rechnungswesens* erörtert. Sowohl die Instrumente des finanziellen als auch des betrieblichen Rechnungswesens dienen der Ermittlung des Geschäftserfolges *innerhalb einer bestimmten Periode*. Es gibt aber Objekte und Projekte, deren finanzielle Wirkungen (Ausgaben und Nutzen) den relativ engen zeitlichen Rahmen des finanziellen und betrieblichen Rechnungswesens sprengen. Deshalb bedarf eine Beurteilung der Wirkungen von einzelnen Investitionsobjekten und -projekten über deren gesamte Nutzungsdauer eines speziellen finanzwirtschaftlichen Instrumentariums: der *Investitionsrechnung*. Im *vierten Modul* werden hierzu die wichtigsten Methoden vorgestellt.

Modul 5

Arbeiten im Cockpit	Modul 5 – Berichtswesen als Plattform für die Durchführung von Planung und Feinsteuerung	
	Planungsrechnungen (für die operative Planung)	Status-Berichte (für die laufende Feinsteuerung)

Die gesamte Informationsaufbereitung im Rahmen des finanziellen und betrieblichen Rechnungswesens dient der Unterstützung der *Unternehmensführung im „Unternehmenscockpit"*.

Das Unternehmenscockpit, d.h. alle Orte eines Unternehmens, an denen zielgerichtet auf den Kurs des Unternehmens Einfluss genommen wird, ist vergleichbar mit einer Plattform, auf der teils periodisch, teils in einem kontinuierlichen Prozess Daten präsentiert, interpretiert und in Steuerungsinputs transformiert werden.

Das *Berichtswesen* stellt eine solche Plattform dar. Es dient dazu, Transparenz über die finanziellen Wirkungen der laufenden und zukünftigen Geschäftstätigkeit zu schaffen.

Das Berichtswesen als Arena oder Plattform des Controllings wird durch das Messinstrumentarium des finanziellen und betrieblichen Rechnungswesens mit Daten versorgt. So sollen Statusberichte (Ergebnisrechnungen) möglichst einfach und prägnant zum Ausdruck bringen, inwiefern sich das Unternehmen auf Kurs befindet oder ob Bedarf an Korrekturmassnahmen besteht. Planungsrechnungen haben demgegenüber die Aufgabe, ein transparentes finanzielles Gesamtbild der gemeinsam festgelegten, zukünftigen Marschrichtung (Strategie) zu vermitteln.

Alle Daten (Berichte) bilden somit stets den *Ausgangspunkt* für mögliche weiterführende *Steuerungsaktivitäten* (Massnahmen, Aktionen). Diese müssen auf der Berichtswesen-Plattform gemeinsam erarbeitet und diskutiert werden.

> *Statusberichte* (Ergebnisrechnungen) können als Ausgangsbasis für die nächste Planungsrunde dienen.
>
> In *Planungsrechnungen* festgehaltene finanzielle Ziele stellen umgekehrt zentrale Orientierungspunkte für die Feinsteuerung der laufenden Geschäftsaktivitäten dar.

Im Berichtswesen als Controlling-Plattform benötigen wir somit ein Ordnungsgerüst (Ordnungsform, Struktur), auf dessen Grundlage systematisch aufbereitete Daten zur laufenden und zukünftigen Geschäftstätigkeit (Ergebnis- und Planungsrechnungen) in einer möglichst verständlichen „finanziellen Sprache" dargestellt und in eine entsprechende Diskussion eingebracht werden können.

Ein solches Ordnungsgerüst bestimmt die *Aussageform* und den *Detaillierungsgrad* der Steuerinformationen. Solche Steuerinformationen können den Charakter von Plan-Daten oder Ist-Daten haben (z.B. nach Kunden oder Regionen differenzierte Umsatzziele und Umsatzergebnisse). Auf der Berichtswesen-Plattform können solche Steuerinformationen die Erarbeitung von Korrekturmassnahmen veranlassen, deren finanzielle Wirkungen – „übersetzt" in finanzielle Plan- oder Feinsteuerungsgrössen (Ziele) – in das Messinstrumentarium des finanziellen und betrieblichen Rechnungswesens zurückfliessen, wo sie anschliessend beispielsweise zu einem Mehrjahresplan oder zu einer revidierten Erwartungsrechnung („letzten Schätzung") integriert werden. Diese kann ihrerseits wiederum den nächsten Input für die Berichtswesen-Plattform des Controllings darstellen usw.

Controlling-Aktivitäten auf der Berichtswesen-Plattform bilden deshalb Elemente eines kontinuierlichen Zielfindungs-, Zielvereinbarungs- und Feinsteuerungsprozesses, bei dem die finanziellen Ursachen und Folgen der Unternehmensentwicklung *transparent* und damit einer *zielgerichteten Beeinflussung* zugänglich gemacht werden.

Die vorliegenden Ausführungen sollen dazu Hilfe leisten, dass Sie sich als Leserinnen und Leser dieses Buches im Sinne eines Lerntransfers darüber Klarheit verschaffen können,

- welche *Controlling-Informationen* für die Führung Ihres eigenen Bereiches oder Unternehmens eine wichtige Bedeutung aufweisen,
- welche *Controlling-Instrumente* (Messinstrumentarium) zu deren Erarbeitung notwendig sind und
- wie Sie mit der Problematik von *Planung* und *Feinsteuerung* im Rahmen des *Berichtswesens*
  - von der *Psycho-Logik* (Verhaltensgrundsätze bei der Bewältigung von Controlling-Aufgaben) und
  - von der *Logik* (Form und Struktur von Berichten) her angemessen umgehen können.

Zu diesem Zweck soll die im Modul 1 vorgestellte Idee von Controlling als Zusammenspiel von Planung und Feinsteuerung beim Lesen des Buches im Sinne eines „Selbst-Controllings" ein erstes Anwendungsfeld finden.

Zu Beginn aller grösseren Kapitel findet sich für Ihren Überblick und zum Zweck der groben Umschreibung des Lernzieles eine Zusammenfassung des Stoffes. Daraus können Sie entnehmen, welche Grundkenntnisse im bzw. in den folgenden Kapitel vermittelt werden sollen. Wenn Sie sich entsprechend sattelfest fühlen, empfiehlt es sich, das Ziel anzupassen, d.h. den daran anschliessenden Text bis zur nächsten Zusammenfassung zu überspringen.

Am Schluss des Moduls werden Sie eine Frageliste vorfinden, anhand derer Sie selber prüfen können, in welchen Gebieten Sie sich möglicherweise noch etwas unsicher fühlen. Zum Zwecke der Unterstützung Ihrer persönlichen „Feinsteuerung" finden Sie neben den Fragen auch die entsprechenden Seitenangaben, wohin Sie zurückspringen können, um zielgerichtet allfällige Lücken zu füllen.

Controlling als betriebswirtschaftliches Fachgebiet hat eine Tradition. Das vorliegende Buch nimmt wertvolle Stränge einer über Jahre gewachsenen, in Praxis und Lehre bewährten Controlling-Tradition auf. In diesem Sinne orientieren sich die Ausführungen dieses Buches im wesentlichen an folgender empfehlenswerter Literatur:

Deyhle, A./Steigmeier, B. und Autorenteam – 1993
Controller und Controlling. Bern: Haupt

Rieder, L./Siegwart, H. – 1993
Neues Brevier des Rechnungswesens. Bern: Haupt

Siegwart, H. – 1992
Kennzahlen der Unternehmungsführung. 4. überarbeitete und erweiterte Auflage, Bern: Haupt

Hilfreiche Angaben zu den behandelten Themen finden sich auch in:

Deyhle, A. – 1992
Controller-Praxis. 9. Auflage, 2 Bände, Gauting/München: Management Service Verlag

Deyhle, A. – 1990
Controller-Handbuch. 3. Auflage, 6 Bände, Gauting/München: Management Service Verlag

Gomez, P. – 1993
Wertmanagement. Düsseldorf: Econ

Lanz, R. – 1992
Controlling in kleinen und mittleren Betrieben. 3. Auflage, Bern: Haupt

Staehelin, E. – 1988
Investitionsrechnung. 5. Auflage, Grüsch: Rüegger

Inhaltsverzeichnis

Modul 1
Zweck und Inhalt des Controllings

1.	Controlling im Rahmen der Gesamtführung	20
2.	Inhalt und Aufgaben des Controllings und des Controllers	23
2.1	Controlling als Führungsfunktion	23
2.2	Kernaktivitäten des Controllings	24
2.3	Aufgaben von Controller und Controller-Bereich	27

Modul 2
Finanzielles Rechnungswesen

1.	Was erfasst das finanzielle Rechnungswesen?	33
2.	Finanzbuchhaltung	34
2.1	Bilanz und Erfolgsrechnung	34
2.11	Bilanz	36
2.12	Erfolgsrechnung	41
2.2	Doppelte Buchhaltung	48
2.21	Bestandeskonten und Bewegungskonten als Gerüst der Buchhaltung	49
2.22	Die Grundlogik einer doppelten Buchhaltung	52
2.23	Der Weg von der Eröffnungs- zur Schlussbilanz	59
2.3	Buchhaltungsorganisation	65
3.	Ordnungsmässigkeit der Buchführung – rechtliche Anforderungen	68
3.1	Inhalt des Geschäftsberichtes	70
3.2	Mindestgliederung und -offenlegung von Bilanz und Erfolgsrechnung	71
3.3	Inhalt des Anhangs (Offenlegungspflichten)	73
3.4	Bewertungsregeln	73
4.	Probleme des Geschäftsabschlusses	74
4.1	Anspruchsgruppen des Geschäftsabschlusses	75

4.2	Divergierende Gesichtspunkte des Geschäftsabschlusses: betriebswirtschaftliche Erfolgsperspektive, Handelsrecht und Steuerrecht	76
5.	Auswertungen aus der Finanzbuchhaltung	83
5.1	Voraussetzungen	84
5.2	Cash Flow	86
5.21	Aussagekraft und Berechnung des Cash Flows	86
5.22	Der Cash Flow als Kernelement der Finanzierung	91
5.23	Der Cash Flow im Finanzierungskreislauf	93
5.3	Mittelflussrechnung (Kapitalflussrechnung)	94
6.	Finanzwirtschaftliche Kennzahlen als Grundlage für Bilanz- und Erfolgsanalysen	99

Modul 3
Betriebliches Rechnungswesen

1.	Grenzen des finanziellen Rechnungswesens aus der Sicht der Unternehmensführung	117
2.	Merkmale und Aufgaben des betrieblichen Rechnungswesens	119
3.	Grundbegriffe des betrieblichen Rechnungswesens	121
3.1	Kosten, Erlöse und Erlösträger	121
3.2	Sachliche und zeitliche Abgrenzungen	122
3.3	Deckungsbeitragsrechnung	123
3.31	Fixe und proportionale Kosten („Kostenspaltung")	124
3.32	Deckungsbeitrag	126
4.	Planungs- und Abrechnungsinstrumente des betrieblichen Rechnungswesens	129
4.1	Aufgaben der Kostenrechnung	135
4.2	Kostenartenrechnung	136
4.3	Kostenstellenrechnung	139
4.4	Kalkulation	147
4.41	Zweck und Notwendigkeit der Kalkulation	147
4.42	Aufgaben der Vor- und Nachkalkulation	147
4.43	Komponenten einer Produkte-Kalkulation	149
4.44	Vollkosten- und Teilkostenkalkulation	152
4.5	Einzelprodukteweise Deckungsbeitragsrechnung als Erlösrechnung	158
4.6	Managementerfolgsrechnung als mehrstufige Deckungsbeitragsrechnung	161

4.61	Aufbau und Aussagekraft	161
4.62	Aussagekraft einer Managementerfolgsrechnung	169
4.7	Aufbaulogik von Managementerfolgsrechnung und einzelprodukteweiser Deckungsbeitragsrechnung (Prinzip der mehrstufigen Deckungsbeitragsrechnung)	174
4.8	Problematik der Aufteilung (Schlüsselung) von Fixkosten auf einzelne Produktgruppen oder Sparten	176
4.9	Break-even-Analyse – ein Instrument zur Visualisierung und Verdeutlichung des Rechnens mit Deckungsbeiträgen	181

Modul 4
Investitionsrechnung

1.	Investitionsrechnung	188
2.	Investition und Investitionsarten	189
3.	Investitionsrechnung und Kostenrechnung	191
4.	Investitionsplanung und Investitionsrechnung	192
5.	Methoden der Investitionsrechnung	193
5.1	Der Zeitwert von Geld	193
5.2	Vergleich statischer und dynamischer Methoden der Investitionsrechnung	195
6.	Die wichtigsten Rechnungselemente der Investionsrechnung	195
7.	Fallbeispiel Investitionsrechnung	198
7.1	Ausgangsdaten	198
7.2	Amortisationsrechnung (Pay-Back-Methode)	199
7.3	Gegenwartswertmethode (Kapitalwertmethode)	200
7.31	Beispiel bei jährlich gleichbleibendem Nutzen	201
7.32	Beispiel bei jährlich unterschiedlichem Nutzen	202
7.4	Methode des internen Ertragssatzes	203
7.41	Berechnung des internen Ertragssatzes bei jährlich gleichbleibendem Nutzen (Maschine B)	203
7.42	Berechnung des internen Ertragssatzes bei jährlich unterschiedlichem Nutzen (Maschine C)	203
7.5	Annuitätsrechnung	205
7.6	Welche der beiden Investitionen soll nun aufgrund der Investitionsrechnungen getätigt werden?	206
7.7	Nutzwertanalyse	207
8.	Abschließende Überlegungen zur Investitionsrechnung	209

Modul 5
Berichtswesen (Reporting)

1.	Berichtswesen als Fokus des Controllings	213
2.	Planungsrechnungen	214
2.1	Überblick	214
2.2	Budgetierung (Operative Jahresplanung)	217
2.3	Mehrjahresplanung	222
3.	Statusberichte (Ergebnisrechnungen) zur Feinsteuerung	232
3.1	Logik und Psychologie im Umgang mit Statusberichten	232
3.2	Kategorien von Statusberichten	233
3.3	Verkaufserfolgsrechnung als Instrument zur Steuerung des Geschäftserfolges („Controller-Bericht")	234
3.31	Struktur und Handhabung des Controller-Berichtes	235
3.32	Berichtsfenster 1 – relevante Zahlen für die Standortbestimmung	237
3.33	Berichtsfenster 2 – Abweichungsanalyse	237
3.34	Berichtsfenster 3 – Ursachenanalyse und Schlussfolgerungen	238
3.35	Berichtsfenster 4 – Massnahmen	238
3.36	Berichtsfenster 5 – Erwartungsrechnung	239
3.37	Berichtsfenster 6 – Aktionsplan	239
3.4	Kennzahlenübersichten	240
3.41	Finanzwirtschaftliche Kennzahlenübersicht im Mehrjahresvergleich	240
3.42	Ertragsstrukturanalyse der einzelnen Geschäftsbereiche im Mehrjahresvergleich	241
3.43	Periodenübersichten von betrieblichen Kennzahlen	241
3.5	Kostenstellen-Soll-Ist-Vergleich (Kostenstellenbericht)	241
4.	Schlussbemerkungen	244

Anhang

Anhang I: Hilfstabellen Abzinsungsfaktoren	247
Anhang II: Beispiele für die Berichtsformulare aus Modul 5	251
Anhang III: Abbildungsverzeichnis	263
Anhang IV: Stichwortverzeichnis	267

Modul 1

Zweck und Inhalt des Controllings

Im Modul 1 sollen folgende Inhalte vermittelt werden:

- Controlling ist ein zentrales Element der *finanzwirtschaftlichen Führung*. Ausgangspunkt des Controllings bilden die Vorgänge der *Finanzierung* und der *Investition*, welche bei der Firmengründung und im weiteren Verlauf der unternehmerischen Tätigkeit eine zentrale Rolle spielen.
- Der *Return on Investment* (ROI, Gesamtkapitalrentabilität) ist eine wichtige finanzwirtschaftliche Kennziffer, da sie einen Indikator für die Verzinsung der investierten Mittel und damit für den Erfolg der unternehmerischen Tätigkeit darstellt.
- Geldeingänge und Geldausgänge einerseits sowie Gütereingänge und Güterausgänge andererseits fallen üblicherweise *zeitlich* auseinander. Dies führt dazu, dass im Unternehmen Geld gebunden wird, das verzinst werden muss. Zudem muss eine Liquiditätsreserve gehalten werden.
- Die Ziele des Controllings und aller Anstrengungen im Rahmen der finanzwirtschaftlichen Führung sind zum einen die *langfristige Sicherung der finanziellen Stabilität* des Unternehmens sowie zum anderen die *Überprüfung der Wertschöpfungsaktivitäten* auf ihren Beitrag zur Schaffung eines erfolgswirtschaftlichen Wertzuwachses.
- Controlling ist eine *„Führungsphilosophie"* des Vorschaudenkens und der Vorsorgetherapie, findet überall im Unternehmen statt, ist ein ständiger Steuerungs- und Lernprozess und umfasst alle *finanzwirtschaftlichen* Aspekte der Führung.
- Kernaktivitäten des Controllings sind die konsequente, systematische *Planung* sowie die beharrliche *Feinsteuerung*.
- *Planung* wird im Controlling verstanden als ein partizipativer Prozess der Zielvereinbarung und Massnahmenbestimmung im „Gegenstromprinzip". Als Instrumente stellt das Controlling verschiedene Planungsrechnungen zur Verfügung, deren Aussagefähigkeit von einem zweckmässigen Planungssystem abhängt.

- *Feinsteuerung* umfasst eine periodische Standortbestimmung, Abweichungsanalysen, Ursachenanalysen, Erwartungsrechnungen und Entscheidungsrechnungen.
- Der Controller-Bereich ist mit den *Aufgaben* betraut, für eine zweckmässige *finanzielle Transparenz* im Unternehmen zu sorgen, das finanzwirtschaftliche Bewusstsein bei den Verantwortungsträgern zu fördern und eine optimale Steuerung des Unternehmens mit Hilfe von quantitativ erhebbaren Grössen zu ermöglichen.

Wenn Ihnen dieser Stoff bereits vertraut ist, könnte es für Sie sinnvoll sein, die folgenden Ausführungen zu überspringen. Die nächste kurze Zusammenfassung findet sich auf den Seiten 34/35.

1 Controlling im Rahmen der Gesamtführung

Controlling ist ein zentrales Element der *finanzwirtschaftlichen Führung*. Controlling hat also auf der einen Seite mit Geld und mit Finanzen und auf der anderen Seite mit Führung zu tun. Auf den Aspekt der Führung werden wir im Kapitel 2 eingehen.

Jedem Unternehmen werden insbesondere bei der Gründung im Rahmen der Finanzierung durch Geldgeber Geldmittel zur Verfügung gestellt, die durch das Unternehmen investiert werden. Diese Vorgänge – Finanzierung und Investition – bilden den Ausgangspunkt unserer Betrachtungen. Alle Geldgeber haben selbstverständlich das Ziel, dass ihre Geldmittel in irgendeiner Form zurückbezahlt werden. Sie dürfen mit Recht erwarten, dass diese Rückzahlung den ursprünglich zur Verfügung gestellten Betrag übersteigt. Ein Unternehmen muss also einen finanziellen Mehrwert schaffen, der mindestens dazu ausreicht, die Mittel der Geldgeber zu verzinsen und sie angemessen für das eingegangene Risiko zu entschädigen.

Der *Return on Investment* (ROI, Gesamtkapitalrentabilität) ist eine zentrale finanzwirtschaftliche Kennziffer. Sie bildet einen wichtigen Indikator für die Verzinsung der investierten Mittel. Die Elemente des ROI lassen sich graphisch mit Hilfe eines sogenannten „ROI-Stammbaumes" darstellen. Der ROI-Stammbaum besteht im wesentlichen aus zwei Strängen:

- Im oberen Strang wird dargestellt, wie ausgehend von den Verkaufserlösen am Markt der Gewinn (Jahresüberschuss) zustandekommt.

- Im unteren Strang wird dargestellt, in welcher Form das dem Unternehmen zur Verfügung gestellte Kapital in den Betriebsmitteln gebunden wird.

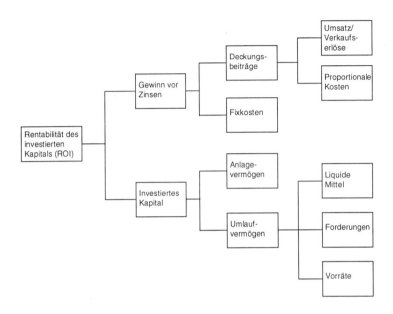

Abbildung 1: ROI-Stammbaum

Bei der finanzwirtschaftlichen Führung kommt aber auch dem *Zeitaspekt* eine wichtige Bedeutung zu, denn Geldausgang und Geldeingang auf der einen Seite und Gütereingang und Güterausgang auf der anderen Seite liegen normalerweise zeitlich auseinander. Dies führt zu einer Bindung von Geld (Kapital) in Anlagegütern, Lagern und Geldforderungen, was zwei Konsequenzen nach sich zieht:

- Zum einen kostet diese Bindung von Kapital etwas: einen *Zins*.
- Zum anderen bedarf es eines „Expansionsgefässes", das die Schwankungen zwischen Geldeingängen und Geldausgängen auffangen kann: eine *Liquiditätsreserve*.

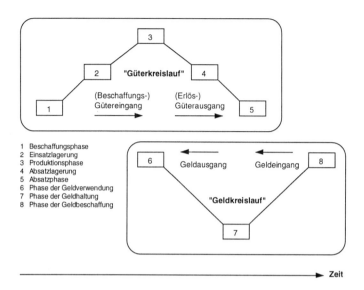

Abbildung 2:
Zeitverschobener Güter- und Geldkreislauf (in Anlehnung an Rieder/Siegwart 1993, 18)

Controlling und alle Anstrengungen im Zusammenhang mit der finanzwirtschaftlichen Führung haben somit zwei Ziele:
- Zum einen geht es darum, die *finanziellen Ansprüche* der Geldgeber (Aktionäre, Banken, Lieferanten usw.) und aller weiteren Anspruchsgruppen, denen gegenüber ein Unternehmen finanzielle Verpflichtungen eingeht (also auch der Arbeitnehmer usw.), jederzeit effizient befriedigen zu können. Dazu bedarf es der langfristig gesicherten *finanziellen Stabilität* eines Unternehmens.
- Zum anderen sind alle Wertschöpfungsaktivitäten ständig daraufhin zu überprüfen, inwiefern sie einen *Mehrwert* schaffen, also zum wirtschaftlichen Erfolg, zum *erfolgswirtschaftlichen Wertzuwachs* eines Unternehmens beitragen.

Beim Ziel der *finanziellen Stabilität* geht es insbesondere um:
- die stetige Aufrechterhaltung von *Liquidität* und Zahlungsfähigkeit,
- *Sicherheit*, d.h. die ständige Bereitschaft, auch ein gewisses Mass an unvorhersehbaren Entwicklungen finanziell verkraften zu können (Markteinbrüche, konjunkturelle Krisen, Strukturwandel usw.),

– eine risikogerechte, verkraftbare Investitionspolitik,
– eine frist- und risikogerechte Kapitalstruktur und um
– die Erhaltung von Handlungsfreiheit und Unabhängigkeit.

Bezugspunkte des *erfolgswirtschaftlichen Wertzuwachses* sind:

– Gewinn,
– Mittel(zu)fluss, Cash Flow (aus betrieblicher Tätigkeit),
– Rentabilität, d.h. eine angemessene Verzinsung der investierten Geldmittel, und
– Wirtschaftlichkeit, d.h. Wertzuwachs durch sämtliche Wertschöpfungsaktivitäten.

Soll nun das Controlling wirksam zum erfolgswirtschaftlichen Wertzuwachs beitragen, dann genügt es nicht, sich nur an Geldgrössen (Wertgrössen) zu orientieren. Vielmehr muss es sich ganz stark auf die Vorgänge des geschäftlichen Alltages ausrichten. Es geht also beim Controlling nicht nur um Geld und um Führung, sondern vielmehr auch darum, alle zentralen Vorgänge und Abläufe des betrieblichen Alltages daraufhin zu untersuchen und darzustellen, welche kurzfristigen und langfristigen Konsequenzen sie finanziell für einen Betrieb haben. Controlling ist damit letztlich mit einem *Dolmetscher* vergleichbar: es übersetzt Geschäftsfälle von der Sprache des Verkaufs-, Produktions-, Einkaufs-, Büropersonals usw. („Grossauftrag von Kunde X"), in die *allgemein verständliche Sprache der Zahlen* („bringt einen zusätzlichen Deckungsbeitrag von ... SFr./DM"). Dadurch übernimmt das Controlling eine Art Dolmetscher- oder Brückenfunktion.

2 Inhalt und Aufgaben des Controllings und des Controllers

2.1 Controlling als Führungsfunktion

Controlling ist ein Schlagwort, das in die meisten Unternehmen Eingang gefunden hat. Es wird aber nicht überall im gleichen Sinne verwendet, und es gibt diesbezüglich auch nicht die „richtige" Definition. In den folgenden Überlegungen wird versucht, eine zweckmässige und bewährte Vorstellung zu vermitteln, was unter Controlling zu verstehen ist.

Was ist also Controlling?

- Controlling ist zunächst einmal eine *„Führungsphilosophie"*, d.h. eine „Denkhaltung", die idealerweise von jeder verantwortungsbewussten Führungskraft gelebt wird. Es ist eine Philosophie des Vorschaudenkens und der Vorsorgetherapie.
- Controlling findet *überall* statt, auch im persönlichen Alltag – mehr oder weniger systematisch und methodisch abgestützt.
- Controlling ist ein *ständiger Steuerungs- und Lernprozess*. Controlling kann man nicht einfach technokratisch einführen. Controlling zeigt sich vielmehr in bestimmten Denkhaltungen (wie Zukunfts-, Team- und Handlungsorientierung) und bestimmten Wertvorstellungen (wie Fairness und Transparenz), die in einem Unternehmen ständig gefördert und gepflegt werden müssen. Nur wenn das gewohnheitsmässige Argumentieren und Handeln des betrieblichen Alltages zunehmend durch solche Denkhaltungen und Wertvorstellungen geprägt wird, kann das Potential von Controlling genutzt werden. Die Effektivität des Controllings hängt somit nicht nur von der sachgerechten Anwendung bestimmter Instrumente und Technologien (z.B. Informationstechnologie) ab, sondern ganz besonders auch von der *verhaltensbezogenen* Verankerung bestimmter Denkhaltungen, Wertvorstellungen und Gewohnheiten in der Unternehmenskultur.
- Inhaltlich umfasst Controlling nicht alle Aspekte, die im Prozess der Führung bearbeitet werden müssen, wohl aber *alle finanzwirtschaftlichen*.

2.2 Kernaktivitäten des Controllings

Controlling umfasst im wesentlichen zwei zentrale Kernaktivitäten:

- konsequente, systematische *Planung* und
- beharrliche, *vorausschauende Feinsteuerung*.

1. Konsequente Planung[2]

„Wer kein Ziel hat, für den ist jeder Wind bzw. Weg der richtige!"
Jedes verantwortungsbewusste Verhalten in einem sozialen Gebilde beginnt damit, dass man sich systematisch Gedanken über die Zukunft macht und versucht, für eine bestimmte Zeit (Planungsperiode) anspruchsvolle, aber dennoch grundsätzlich erreichbare Ziele zu setzen. Hierzu gehört auch die Bestimmung der Massnahmen, die zur Zielerreichung führen sollen.

Im Bereich der finanzwirtschaftlichen Führung schlägt sich dies in verschiedenen *Planungsrechnungen* nieder. Beispiele: Kostenplanung, Erlösplanung, Budget, Planung des Verkaufserfolges, Plan-Kalkulationen, Investitionsrechnungen usw. Aussagefähige Planungsrechnungen setzen ein zweckmässiges *Planungssystem* voraus.

2. Vorausschauende Feinsteuerung

Am Ende einer Planungsperiode (überrascht und) resigniert festzustellen, dass man die gesteckten Ziele nicht erreicht hat, bringt niemandem etwas. Der mehr oder weniger rauhe Wind, der einem auf dem Weg zum Ziel vom idealen Pfad abbringen kann, lässt sich nie – auch in einer noch so guten Planung – vorausberechnen. Unter solchen Verhältnissen ist Feinsteuerung unumgänglich. Eine zweckmässige Feinsteuerung beinhaltet folgende fünf Elemente:

– Erstens gehört dazu eine klare (allenfalls periodische) Standortbestimmung. „Was haben wir bis jetzt erreicht? Wo stehen wir jetzt?" Im Bereich der finanzwirtschaftlichen Führung wird dies mit Hilfe *von Ist-Rechnungen* erreicht. Aussagefähige Ist-Rechnungen setzen ein zweckmässiges *Abrechnungssystem* voraus.
– In einem nächsten Schritt muss in einer *Abweichungsanalyse* ermittelt werden, inwiefern wir uns noch auf dem ursprünglich angestrebten Pfad befinden.
– Als weiteren Schritt bedarf es einer *Ursachenanalyse* für die aufgetretenen Abweichungen. „Haben wir den Markt falsch eingeschätzt oder zuwenig intensiv bearbeitet? Sind uns die Kosten davongelau-

---

2 Unter Planung verstehen wir einen partizipativen Prozess der Zielvereinbarung („Zieldialog") und Massnahmenbestimmung im „Gegenstromprinzip". Dieser beginnt „top-down" mit der Vorgabe klarer Zielvorstellungen der Geschäftsleitung, die anschliessend auf Teilziele heruntergebrochen und „bottom-up" in einem Abstimmungsprozess mit der Sichtweise der in den Leistungserstellungsprozess unmittelbar eingebundenen Mitarbeiter (z.B. mit Kundenkontakt) harmonisiert werden müssen.

fen? Welche Ursachen sind dafür verantwortlich, dass wir uns nicht auf dem anvisierten Kurs befinden?"
- Nachdem wir nun ermittelt haben, wieviel und warum wir von unserem geplanten Pfad abgewichen sind, gilt es wieder, das ursprünglich angestrebte Ziel in den Blick zu bekommen. Dabei stellen wir uns die Frage, was wir nun am besten unternehmen, um das Ziel doch noch zu erreichen bzw. wo wir hinkommen werden, wenn wir aus der jetzigen Situation das Beste herausholen. Diese Anstrengungen finden ihren Niederschlag in einer *Erwartungsrechnung*. „Wo wollen wir aufgrund der aktuellen Position und Entwicklungstrends am Ende doch noch hingelangen? Welche Massnahmen müssen von wem und bis wann ergriffen werden?"
- Für eine zielführende Feinsteuerung bedarf es eines letzten sehr wichtigen Elementes, das die periodischen Standortbestimmungen und Korrekturmassnahmen ergänzt. Es sind dies *Entscheidungsrechnungen*, beispielsweise Auftragskalkulationen und Investitionsrechnungen, die Orientierungshilfe verleihen sollen bei allen Entscheidungen, die von grösserer, aber auch kleinerer Tragweite sind.
  · Sollen wir diesen Auftrag zu diesem Preis noch hereinnehmen?
  · Um wieviel muss mein Umsatz steigen, damit sich diese Promotionskampagne auszahlt?
  · Um wieviel muss die Verkaufsmenge steigen, damit sich die Anschaffung dieser Maschine lohnt?
  · Was kostet es unseren Betrieb, wenn wir die Lieferfristen um ein Drittel kürzen möchten?
  · Wieviel Kosten müssen mit dieser neuen Abpackmaschine gespart werden können, damit sie sich innert nützlicher Frist amortisiert?

Was ist demzufolge Controlling sicher nicht? Controlling ist:

- weder *Kontrolle* („organisierte Besserwisserei durch Kontrolleure", Geheimdienst, Misstrauensorganisation)
- noch ein Fortschreiben der Buchhaltung in die Zukunft (im Sinne einer finanziellen Prognose oder „Hellseherei").

2.3 Aufgaben von Controller und Controller-Bereich[3]

Das vorangegangene Kapitel zeigt auf, dass Controlling eine bestimmte Denkweise, ein Denkschema darstellt, das jede Führungskraft verinnerlichen sollte. Planung und Feinsteuerung sind Tätigkeiten, die bei jeder zielgerichteten Tätigkeit unverzichtbar sind. Es ist also keinesfalls nur der Controller, der Controlling betreibt. Was ist dann aber die eigentliche Aufgabe eines Controllers und seines Bereiches?

Der Controller ist dafür verantwortlich, die *Voraussetzungen* zu schaffen, dass *alle* Akteure im Unternehmen Controlling betreiben können. Dazu muss der Controller-Bereich[4] im wesentlichen drei Aufgabengebiete betreuen.

- Der Controller-Bereich ist *erstens* verantwortlich für eine angemessene finanzielle *Transparenz* in einem Unternehmen. Zu diesem Zwecke sind – unterstützt durch entsprechende Systeme:
    - alle Geschäftsfälle eines Unternehmens *wert-* und *mengen*mässig[5] zu erfassen, d.h.
    - für die einzelnen Produkte, Dienstleistungen und Prozesse wie auch für das Unternehmen als Ganzes ist der wertmässige Erfolg/Misserfolg
    - bezüglich *Vergangenheit* (für die Feinsteuerung*)* und *Zukunft* (für die Planung*)* zu ermitteln.

- Der Controller-Bereich ist *zweitens* verantwortlich für die Förderung des finanzwirtschaftlichen *Bewusstseins*. Hierzu muss er eine Brückenbauerfunktion ausüben, nämlich,
    - die *„reale, physische Welt"*, d.h. Aktivitäten, Einkaufs- und Verkaufsmengen, Beanspruchung von Maschinenzeit, Durchlaufzeiten, Lagerhöhen usw., also alle *Mengengrössen*, verbinden
    - mit der *finanziellen* Welt, d.h. den *geldmässigen* Auswirkungen all dieser Vorgänge.

---

3 Unter Controller-Bereich verstehen wir die Abteilung, die sich vor allem mit der Ausgestaltung und Weiterentwicklung des Messinstrumentariums (finanzielles und betriebliches Rechnungswesen, siehe Module 2 und 3) beschäftigt (siehe hierzu auch Deyhle/Steigmeier 1993, 157 f.).
4 Je nach Grösse eines Unternehmens muss der Controller-Bereich aufgeteilt werden, z.B. in einen Marketing-, einen Einkaufs-, einen Logistik- und einen Produktionscontrollerbereich, die dann ihrerseits fachlich von einem zentralen Controller koordiniert werden.
5 Wertmässig bedeutet in Geldeinheiten (SFr./DM), mengenmässig bezieht sich demgegenüber auf Mengeneinheiten (Stückzahl, Maschinenstunden, Anzahl Materialbezüge, Auslieferungen usw.).

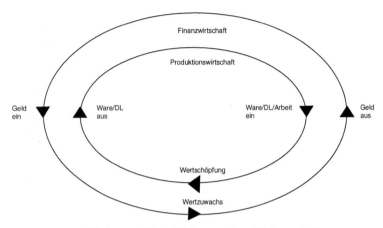

Abbildung 3: Wertschöpfung und Wertzuwachs

Dabei müssen sowohl für die Vergangenheit als auch für die Zukunft die folgenden drei Fragen beantwortet werden können[6]:

Vergangenheit

- *Wo*, in welchen Bereichen, Abteilungen, Stellen sind in der Abrechnungsperiode welche Kosten entstanden?
- *Wofür*, für welche Produkte, Leistungen und Aufträge sind welche Kosten entstanden?
- *Womit*, d.h. mit welchen Marktleistungen auf der Grundlage welcher Infrastruktur, hat unser Unternehmen in einzelnen Teilmärkten ihren Erfolg erzielt?

Zukunft

- *Wo*, in welchen Bereichen, Abteilungen, Stellen dürfen in der Planungsperiode welche Kosten entstehen?

---

6 Der erste Fragenblock richtet den Blick zurück in die unmittelbare Vergangenheit. Seine Beantwortung dient der *Feinsteuerung*. Der zweite Fragenblock ist zukunftsgerichtet und dient der *Planung*.

- *Wofür,* für welche Produkte, Leistungen und Aufträge dürfen welche Kosten entstehen? Was dürfen also unsere Leistungen kosten?
- *Womit,* d.h. mit welchen Marktleistungen auf der Grundlage welcher Infrastruktur, will unser Unternehmen in einzelnen Teilmärkten ihren Erfolg erzielen?

– Der Controller-Bereich ist *drittens* verantwortlich für eine optimale Steuerung des Unternehmensgeschehens mit Hilfe von quantitativ erhebbaren Grössen. Dies setzt voraus, dass sämtliche Verantwortungsträger wissen, an welchen quantitativen und insbesondere finanziellen Grössen sie sich bei der Führung des Geschäftes und den dabei zu lösenden Aufgaben orientieren sollen und was diese Grössen bedeuten.

Der Controller bzw. sein Bereich nimmt also für das Gesamtunternehmen eine *Servicefunktion* wahr. Er *unterstützt* wie ein *Navigator* die Führung eines Unternehmens auf dem ungewissen Weg durch die Zeit. Controlling entsteht damit aus der *Kooperation* von Manager (Führungskraft) und Controller.

Der Manager betreibt das Geschäft und ist *verantwortlich für das Ergebnis,* d.h. den *wirtschaftlichen Erfolg* (siehe Abbildung 4).

Controlling muss selber wirtschaftlich sein! Deshalb muss der Controller als Führungskraft auch im eigenen Bereich Controlling-Aufgaben wahrnehmen. Controlling ist nicht gratis, sondern beansprucht Ressourcen. Der Controller-Bereich erbringt interne Dienstleistungen. Diese müssen zur rechten Zeit, in der richtigen, gewünschten Aussageform und zu – für das Gesamtunternehmen – günstigen Konditionen erarbeitet werden. Auch dazu bedarf es der Planung und Feinsteuerung.

Je kleiner ein Betrieb, um so weniger ist dieser in der Lage, sich einen vollzeitig arbeitenden Controller oder gar einen entsprechenden Bereich zu leisten. Dies führt dazu, dass in kleinen Betrieben viele Aufgaben eines Controllers durch den Buchhalter oder gar einen externen Treuhänder erbracht werden müssen – zumindest, was die die Datenaufbereitung betrifft.

Andererseits muss aber in kleinen Betrieben auch der Geschäftsleiter selber einiges an Arbeiten des Controlling-Bereiches (z.B. die Erstellung von Kalkulationen usw.) übernehmen, dies gewissermassen in Personalunion als Manager und zugleich Controller.

Abbildung 4:
Controlling und Controlling-Kooperation (Quelle: Deyhle/Steigmeier 1993, 26)

Je kleiner ein Betrieb also ist, desto grösser wird die Schnittmenge zwischen *Manageraufgaben* und Controlleraufgaben ausfallen. Um so wichtiger werden dann aber auch ausreichende Kenntnisse des Geschäftsführers hinsichtlich der konzeptionellen Grundlagen, Instrumente und Dienstleistungsfunktionen des Controlling-Bereiches.

In grösseren Betrieben führt der *Controller* den *Controller-Bereich* (z.B. den Controller-Dienst, das Rechnungswesen und die Buchhaltung). Dabei ist er vor allem verantwortlich für die Transparenz des Ergebnisses, d.h. für

- die Entwicklung und Wartung eines aussagefähigen *Planungssystems, Rechnungs- und Berichtswesens* mit einer zweckmässigen *Betriebsdatenerfassung*
- *Schulung* und *Ausbildung*
- die *Koordination* von Planungs- und Budgetarbeiten und das Zusammenführen einzelner Pläne zu einem Gesamtplan
- die Durchführung von *Ursachen- und Abweichungsanalysen* und die Erarbeitung von Alternativen zur Gegensteuerung

- die Koordination der *Erwartungsrechnung*
- die *Signalisation von „Exceptions"* beim Überschreiten bestimmter, idealerweise in der Planung bereits festgelegter Checkpoints
- *Beratung* und *Unterstützung* der Führungskräfte in Spezialproblemen: z.B. Abweichungsanalysen, Investitionsrechnungen, Ermittlung und Darstellung der finanz- und erfolgswirtschaftlichen Konsequenzen möglicher Entscheidungsalternativen wie Kauf/Verkauf von Unternehmen, Outsourcing-Entscheidungen, Standortentscheidungen usw. (ohne Verschiebung der Verantwortung für die Entscheidung auf den Controller!).

Fassen wir zusammen: Unter Controlling verstehen wir den (integrierten) Prozess einer systematischen und konsequenten Planung sowie einer kontinuierlichen Feinsteuerung, der sich auf die finanzwirtschaftlichen Aspekte der Unternehmensführung bezieht.

Selbst-Controlling: Modul 1

	Frage	Unsicher?	Wenn ja Seite
1	Welche Erwartungen haben Kapitalgeber an das Unternehmen?		20
2	Beschreiben Sie in Ihren eigenen Worten die Bedeutung des ROI und dessen Berechnung.		20
3	Welche Ziele verfolgt das Controlling im Zusammenhang mit der finanzwirtschaftlichen Führung?		22
4	Wer betreibt Controlling?		24
5	Welche Aktivitäten spielen im Rahmen des Controllings eine zentrale Rolle und wie hängen diese zusammen?		24
6	Welches sind die vier wichtigsten Elemente der Feinsteuerung?		25
7	Welche Aufgabenbereiche sollten vom Controller wahrgenommen werden?		27/30
8	Warum schreibt man Controlling mit C und nicht mit K?		26
9	Welche Instrumente werden im Rahmen des Controllings zur Datenaufbereitung benötigt?		Module 2, 3, 4 und 5

Modul 2
Finanzielles Rechnungswesen

1 Was erfasst das finanzielle Rechnungswesen?

Das finanzielle Rechnungswesen hat eine alte Tradition, nicht zuletzt deswegen, weil auch staatliche Institutionen teilweise schon in früher Zeit Rechenschaft ablegen mussten, wie sich ihre Einnahmen zusammensetzten und wofür diese Einnahmen im Verlaufe einer bestimmten Periode ausgegeben wurden. Das Konzept der doppelten Buchhaltung wurde bereits im Mittelalter vor mehr als 500 Jahren von einem gelehrten Franziskaner-Mönch (Luca Pacioli) entwickelt und hat seither keine grundlegenden konzeptionellen Änderungen erfahren.

Wir halten hier folgendes fest:

– Das finanzielle Rechnungswesen hält *alle geldmässig relevanten Beziehungen* zwischen Unternehmen und Umwelt fest. Hierzu gehören die Umsatzerlöse, Zinszahlungen an die Banken, Lohnzahlungen, Steuerzahlungen, Zinserträge von gewährten Darlehen usw.
– Das finanzielle Rechnungswesen dient der Darstellung von Vermögen und Schulden, der Eigentumsverhältnisse, der *Liquidität* und *Rentabilität* des Gesamtunternehmens. Wichtig zu vermerken ist hier also, dass, wenn wir von finanziellem Rechnungswesen sprechen, immer die Leistung eines Unternehmens als Ganzheit (insbesondere als juristischer Person) zur Diskussion gestellt wird. Weiter stehen immer *aktuelle Bestandesgrössen* und in der unmittelbaren Vergangenheit erwirtschaftete finanzielle Ergebnisse im Zentrum der Überlegungen.
– Das finanzielle Rechnungswesen befriedigt vor allem auch die Bedürfnisse *externer* Anspruchsgruppen. Dabei stehen folgende Interessen im Vordergrund:

Anspruchsgruppe	Interessen
Unternehmen	Informationsgrundlage zur finanzwirtschaftlichen Steuerung
Mitarbeiter	Ertrags- und Finanzkraft im Hinblick auf eine angemessene Entlöhnung und die Erhaltung der Arbeitsplätze
Fremdkapitalgeber	Sicherheit der Kredite
Aktionäre/Finanzanalysten	Rentabilität, Risiko, Erfolgsentwicklung, Dividende, Wertzuwachs
Staat	Steuern, Gläubigerschutz, Sicherung von Arbeitsplätzen

Abbildung 5:
Anspruchsgruppen und deren Interessen an finanzwirtschaftlichen Informationen

2 Finanzbuchhaltung

2.1 Bilanz und Erfolgsrechnung

Im Kapitel 2.1 sollen folgende Inhalte vermittelt werden:

- Das finanzielle Rechnungswesen hält *alle geldmässig relevanten Beziehungen* zwischen Unternehmen und Umwelt fest.
- Es dient der Darstellung von Vermögen und Schulden, der Eigentumsverhältnisse, der Liquidität, des Periodenerfolges (Gewinn/Verlust) und der Rentabilität des Gesamtunternehmens.
- In der *Bilanz* wird die *Vermögens- und Schuldenlage* eines Betriebes zu einem bestimmten Zeitpunkt dargestellt.
- Auf der *linken* Seite der Bilanz sind *alle Vermögensbestandteile* aufgeführt. Wichtigste Kategorien bilden das Umlaufvermögen (Geld, Forderungen, Vorräte) und das Anlagevermögen (Sachanlagen, Immobilien, Finanzanlagen, immaterielle Anlagen). Zuoberst finden sich diejenigen Vermögenspositionen, die am leichtesten in Geld umgewandelt werden können, zuunterst diejenigen, die am schwierigsten zu liquidieren („versilbern") sind. Unternehmen, die nach der 4. bzw. 7. EU-Richtlinie oder dem § 266 (Ergänzende Vorschriften für Kapitalgesellschaften) des deutschen Handelsgesetzbuches (HGB) bilanzieren, haben diese Positionen genau in der umgekehrten Reihenfolge aufzuführen.
- Auf der *rechten* Seite der Bilanz ist dargestellt, welche Anspruchsgruppen welche *finanziellen Ansprüche* gegenüber einem Betrieb geltend

machen dürfen. Wichtigste Kategorien bilden das Fremdkapital (kurzfristiges und langfristiges) und das Eigenkapital. Das Fremdkapital stellt die Schulden eines Unternehmens dar. Die Positionen des Fremdkapitales unterliegen einer bestimmten Fälligkeit, oder sie sind zumindest innert einer bestimmten Frist kündbar. Das Eigenkapital bringt demgegenüber den Wert des Vermögens der Eigentümer eines Betriebes zum Ausdruck. Eigenkapital ist Risikokapital, weil keinerlei Rückzahlungsverpflichtungen bestehen. Umgekehrt haben die Eigenkapitalgeber (= Eigentümer) weitestgehende Verfügungsrechte über ein Unternehmen (Einflussnahme auf die Geschäftstätigkeit, Verkauf des ganzen Betriebes usw.). Die Schuldenpositionen sind nach Massgabe ihrer abnehmenden Fälligkeit von oben nach unten aufgeführt. Unternehmen, die nach der 4. bzw. 7. EU-Richtlinie oder dem deutschen Handelsrecht (§ 266 HGB, Ergänzende Vorschriften für Kapitalgesellschaften) bilanzieren, haben diese Positionen wiederum genau in der umgekehrten Reihenfolge aufzuführen.
- Da es sinnlos ist, den Wertzuwachs, d.h. den finanziellen Erfolg, für die gesamte (in den meisten Fällen unbegrenzte) Lebensdauer eines Betriebes festzuhalten, ist man gezwungen, die Geschäftstätigkeit zeitlich in Perioden zu gliedern.
- Zur Ermittlung des Erfolges einer Geschäftsperiode dient die *Erfolgsrechnung*.
- In einer Erfolgsrechnung finden sich auf der *linken* Seite die *Aufwandspositionen* und auf der *rechten* Seite die *Ertragspositionen*.
- Die Festlegung von Abrechnungsperioden bringt allerdings *zeitliche Abgrenzungsprobleme* von Aufwands- und Ertragspositionen mit sich.
- Der *Reingewinn* eines Unternehmens ist zum einen definiert als Überschuss der Ertragspositionen über die Aufwandspositionen. Damit wird er in der Erfolgsrechnung auf der linken Seite ausgewiesen. Der Reingewinn eines Unternehmens ist zum anderen definiert als Überschuss des Aktivenzuwachses über den Passivenzuwachs. Damit wird er in der Bilanz auf der rechten Seite ausgewiesen. Für einen allfälligen Verlust gilt dies in analoger Form, aber seitenverkehrt.

Wenn Ihnen dieser Stoff bereits vertraut ist, könnte es für Sie sinnvoll sein, die folgenden Ausführungen zu überspringen. Die nächste kurze Zusammenfassung findet sich auf Seite 48.

2.11 Bilanz

Unter Bilanz oder Bilanzierung (Erstellung einer Bilanz) versteht man die Gegenüberstellung des Vermögens und des Kapitals eines Unternehmens zu einem bestimmten Zeitpunkt. Die Bilanz stellt einen Status, eine *Bestandesrechnung* dar, aus der hervorgeht, wie sich das Vermögen zusammensetzt und wie dieses Vermögen finanziert ist, d.h. wem dieses Vermögen eigentlich gehört. In der Sprache der Finanzbuchhaltung werden dabei das Vermögen als *Aktiven* bezeichnet, die Schulden bzw. das Kapital als *Passiven*. Eine Bilanz kann man schematisch als grosses Konto (d.h. mit Hilfe eines Kontenkreuzes) darstellen. Nachfolgend findet sich ein Beispiel einer Bilanz.

Bilanz der X-AG per 31.12.1996

Aktiven		Passiven	
Umlaufvermögen		*Fremdkapital*	
Flüssige Mittel	6000	Kurzfristiges Fremdkapital	
Debitoren (Forderungen)	20000		
Vorräte	13000	Kreditoren	16000
		Kontokorrent	10000
		Langfristiges Fremdkapital	
		Darlehen	23000
		Hypotheken	25000
Anlagevermögen		*Eigenkapital*	
Mobilien	25000	Grundkapital	32000
Immobilien	30000	Reserven	5000
Beteiligungen	20000	Gewinn	3000
= Bilanzsumme	114000	= Bilanzsumme	114000

Abbildung 6: Beispiel einer Bilanz

Auf der linken Seite einer Bilanz befinden sich die Aktiven, d.h. alle Vermögenswerte, über die ein Unternehmen verfügen kann. Diese Vermögenswerte werden in die beiden Kategorien *Umlaufvermögen* und *Anlagevermögen* unterteilt.

Im Umlaufvermögen befinden sich solche Vermögensposten, die sich mit der laufenden Geschäftstätigkeit gewissermassen ständig erneuern (z.B. liquide Mittel, Kundenforderungen, Vorräte).

Im Anlagevermögen befinden sich demgegenüber all diejenigen Posten, die als Teil der Unternehmensinfrastruktur längerfristig für die betriebliche Leistungserstellung zur Verfügung stehen (so z.b. Informationstechnologie-Architektur, Mobiliar, Fahrzeuge, Immobilien usw.).

Umlaufvermögen

Flüssige (liquide) Mittel	Kasse, Postcheck und Bankguthaben
Wertschriften	kurzfristig liquidierbare Wertschriften (Aktien, Obligationen)
Forderungen	Kundenguthaben (Debitoren), Wechselguthaben
Vorräte	Roh- und Hilfsstoffe, Halb- und Fertigfabrikate, Ware in Arbeit
Transitorische Aktiven	Abgrenzposten (aktivierte Aufwendungen der Folgeperiode[7])

Anlagevermögen

Materielles Anlagevermögen	Mobiliar, Fahrzeuge, Maschinen, Immobilien (Gebäude, Grundstücke)
Finanzanlagen/Beteiligungen	längerfristig gehaltene Anteilsrechte an anderen Unternehmen
Immaterielles Anlagevermögen	Patente, Lizenzen, Goodwill

Auf der Seite der *Aktiven* (links in der Bilanz) sind also die Vermögenswerte des Unternehmens zusammengestellt. Die Aktivseite gibt an, wofür das Kapital (d.h. die finanziellen Mittel) im Rahmen von Investitionsaktivitäten (Mittelverwendung) verwendet wurde. Die Reihenfolge der Aktiven entspricht der Liquidierbarkeit, d.h. zuerst wird das relativ leicht zu „verflüssigende" Umlaufvermögen und danach das Anlagevermögen

---

7 Ein Unternehmen erhält am 30.11.01 die Rechnung einer Versicherungsprämie für das Jahr 02, die sie (z.B. um einen Rabatt zu realisieren) unverzüglich, d.h. im Jahre 01, zahlt. Dies führt zu einem Vermögensabfluss (in der Bilanz per 31.12.01) bzw. einem Aufwand in der Erfolgsrechnung (1.1–31.12.01), der eigentlich *erst im Jahre 02* anfällt. Um dennoch ein periodengerechtes, korrektes Ergebnis auszuweisen, wird per 31.12.01 eine entsprechende *transitorische* („vorübergehende") „Korrektur-buchung" vorgenommen. Dabei wird der betroffene Betrag dem Konto Versicherungsprämien (im „Haben", Aufwandsminderung) gutgeschrieben und in der Bilanz auf das Konto transitorische Aktiven gebucht. Per 1.1.02 werden die transitorischen Aktiven mit dem umgekehrten Buchungssatz wieder aufgelöst.

aufgeführt. Unternehmen, die nach der 4. bzw. 7. EU-Richtlinie oder dem § 266 (Ergänzende Vorschriften für Kapitalgesellschaften) des deutschen Handelsgesetzbuches (HGB) bilanzieren, haben diese Positionen genau in der umgekehrten Reihenfolge aufzuführen.

Auf der *rechten* Seite einer Bilanz befinden sich die *Passiven*. Ein Unternehmen ist nicht ein Gebilde, das gewissermassen aus dem Nichts entsteht, sondern hinter jedem Unternehmen stehen Einzelpersonen oder Institutionen (Banken usw.), die durch die Bereitstellung entsprechender Geldmittel, d.h. durch Finanzierungsaktivitäten, die Gründung eines Unternehmens möglich gemacht haben. Dadurch entstehen zwischen Kapitalgebern und Unternehmen bestimmte Verpflichtungen, die auf der Passivseite einer Geschäftsbilanz dargestellt werden. Die Passiven setzen sich aus drei Hauptgruppen zusammen: zunächst einmal aus den beiden Kategorien Fremdkapital und Eigenkapital.

Für das Fremdkapital bestehen im allgemeinen rechtlich einforderbare Rückzahlungsverpflichtungen, d.h. Gläubiger des Unternehmens wie Lieferanten, Banken, Obligationäre usw. können aufgrund vertraglicher Vereinbarungen die Rückzahlung ihrer Forderungen in einer bestimmten Höhe und zu einem bestimmten Zeitpunkt rechtlich geltend machen.

Das Fremdkapital lässt sich seinerseits nochmals unterteilen in kurz- und langfristiges Fremdkapital. Zum kurzfristigen Fremdkapital werden normalerweise Verbindlichkeiten gezählt, die innerhalb eines Jahres fällig werden.

Im Gegensatz zum Fremdkapital bestehen für das *Eigenkapital keine Rückzahlungsverpflichtungen*. Ein Aktionär hat lediglich das Recht auf Auszahlung eines Gewinnanteils (Dividende) und bestimmte Mitwirkungsrechte hinsichtlich der Geschäftsführung. Er kann aber *nicht* an eine Unternehmensleitung gelangen und die Rückzahlung des investierten Eigenkapitals fordern, sondern lediglich versuchen, seine Aktien (Eigenkapitalanteile) an eine Drittperson zu veräussern.

Weil das Eigenkapital nicht rückzahlungspflichtig ist, dient es insbesondere dem Auffangen allfälliger Verluste. Deshalb sprechen wir beim Eigenkapital auch von Risikokapital.

Auf der Passivseite wird somit ausgewiesen, auf welche Weise (woher) das Kapital (d.h. die finanziellen Mittel) im Rahmen der *Finanzierung* (Mittelaufbringung) beschafft wurde, das zur (An-)Schaffung des Vermögens benötigt wurde. Die Reihenfolge der Passiven entspricht der Fälligkeit der Verbindlichkeiten. Unternehmen, die nach der 4. bzw. 7. EU-Richtlinie oder dem deutschen Handelsrecht (§ 266 HGB, Ergänzende Vorschriften für Kapitalgesellschaften) bilanzieren, haben diese

Fremdkapital

Kurzfristiges Fremdkapital

Kreditoren	Lieferantenschulden oder -kredite
Kurzfristige (Bank-)Schulden	Kontokorrentkredit, kurzfristige Darlehen von Dritten
Kurzfristige Rückstellungen	Rückstellungen für kurzfristige Risiken
Transitorische Passiven	Abgrenzposten (passivierte Erträge der Folgeperiode[8])

Langfristiges Fremdkapital

Langfristige Bankschulden	Mittel- und langfristige Kredite
Langfristige Darlehen	Langfristige Schulden gegenüber Drittpersonen, Obligationsanleihen
Hypotheken	Langfristige, grundpfandgesicherte Schulden
Langfristige Rückstellungen	Rückstellungen für langfristige latente Risiken

Eigenkapital

Grundkapital	Aktienkapital, Stammkapital, Genussscheine bzw. Kapitaleinlagen
Reserven (Rücklagen)	gesetzliche und freie
Gewinnvortrag	
Reingewinn (+) bzw. Reinverlust (−)	

Positionen wiederum genau in der umgekehrten Reihenfolge aufzuführen. Jede Bilanz ist stets ausgeglichen, d.h. zu jedem Zeitpunkt ist die Summe aller Vermögenswerte stets gleich der Summe der Kapitalien eines Unternehmens. Im Rahmen der Geschäftstätigkeit entwickeln sich Aktiven und Passiven je nach Geschäftserfolg unterschiedlich. Die entsprechende Differenz zeigt den erwirtschafteten Gewinn (Überschuss der

---

8 Ein Jahresumsatzbonus stellt eine Ertragsminderung dar, die *erst im Folgejahr* (02) nach Feststellung des tatsächlichen Jahresumsatzes den betroffenen Kunden gutgeschrieben werden kann. Um dennoch ein periodengerechtes, korrektes Ergebnis auszuweisen, wird per 31.12.01 eine „Korrekturbuchung" vorgenommen. Diese Korrekturbuchung dient dazu, die entsprechende Ertragsminderung dem alten Jahr (01) zu belasten. Hierzu muss per 31.12.01 der betroffene Betrag einerseits dem Warenertrag (im „Soll" der Erfolgsrechnung) belastet und andererseits in der Bilanz als transitorisches Passivum verbucht werden. Per 1.1.02 werden die transitorischen Passiven mit dem *umgekehrten* Buchungssatz wieder aufgelöst.

Aktiven gegenüber den Passiven) bzw. Verlust (Überschuss der Passiven gegenüber den Aktiven) an.

> Aktiven = Passiven
> Aktiven = Passiven + *Gewinn der Periode*
> Aktiven + *Verlust der Periode* = Passiven

Die Summe aller Vermögenswerte bezeichnet man als Bilanzsumme. Sie ist gleich der Summe aller Kapitalien.

Daraus ergibt sich schematisch die in Abbildung 7 folgende Grundstruktur jeder Bilanz (entweder mit einem Reingewinn *oder* einem Reinverlust).

Die Bilanz resultiert aus einer *Zeitpunktbetrachtung*. Vermögen und Kapital werden an einem bestimmten Stichtag einander gegenübergestellt, z.B. am Jahreswechsel. Im Laufe des Geschäftsjahres erbringt das Unternehmen Leistungen, erwirbt Vermögen und beansprucht finanzielle Mittel. Alle diese Geschäftsfälle sind mit Wertverschiebungen verbunden, die sich in der Bilanz niederschlagen.

Bilanz

Vermögen		Schulden	
Umlaufvermögen *UV*	Flüssige Mittel Wertschriften Forderungen Vorräte Transitorische Aktiven	Kreditoren Kurzfristige (Bank-) Schulden Kurzfristige Rückstellungen Transitorische Passiven	*Kurzfristiges Fremdkapital KFK*
Anlagevermögen *AV*	Materielles Anlagevermögen Finanzanlagen/ Beteiligungen Immaterielles Anlagevermögen	Darlehen Hypotheken Darlehen Langfristige Rückstellungen	*Langfristiges Fremdkapital LFK*
		Aktienkapital Reserven Gewinnvortrag	*Eigenkapital EK*
	Reinverlust der Bilanz	*Reingewinn der Bilanz*	
= Bilanzsumme		= Bilanzsumme	

Abbildung 7: Schematischer Aufbau einer Bilanz

2.12 Erfolgsrechnung[9]

Um den Erfolg eines Unternehmens genau ermitteln zu können, müsste man den Wertzuwachs des Vermögens über die *ganze* Lebensdauer dieses Unternehmens betrachten. In dieser Hinsicht wären am Ende der Lebensdauer alle Vermögenswerte zu „versilbern" (zu verkaufen) und alle Schulden zurückzuzahlen. Vom sich daraus ergebenden Betrag wäre das ursprünglich durch die Eigentümer eingeschossene und in der Zwischenzeit möglicherweise erhöhte Eigenkapital abzuziehen. Was

---

9 Die Erfolgsrechnung (ER) wird vielfach – insbesondere in Deutschland – auch als Gewinn- und Verlustrechnung (GuV) bezeichnet. In Deutschland finden sich die Vorschriften für Gliederung und Inhalt der GuV in §§ 275-277 HGB (Ergänzende Vorschriften für Kapitalgesellschaften).

dann noch verbliebe, würde den finanziellen Wertzuwachs des Unternehmens während der ganzen Lebensdauer darstellen. Eine derartige Erfolgsermittlung ist natürlich nicht praktikabel. Die langfristige und in den meisten Fällen zeitlich unbegrenzte Erhaltung der Lebensfähigkeit eines Unternehmens stellt ja geradezu ein zentrales Ziel unternehmerischer Tätigkeit dar.

Die Unternehmensleitung, die Eigentümer, die übrigen Kapitalgeber und andere Anspruchsgruppen wollen jedoch laufend über den Geschäftsverlauf und den daraus resultierenden finanziellen Erfolg orientiert sein. Dies bedingt, dass wir Abrechnungs- oder Erfolgsperioden festlegen – und zwar relativ kurzfristige. Dies kann sehr schwierige *zeitliche Abgrenzungsprobleme* mit sich bringen.

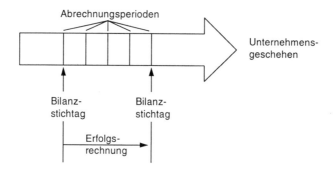

Abbildung 8: Unternehmensgeschehen und Abrechnungsperioden

Die Wertverschiebungen oder Geschäftsfälle, die während einer bestimmten Periode (beispielsweise einem Jahr) auflaufen und zu einem Wertzuwachs oder (infolge Leistungsverzehr) zu einem Wertverzehr eines Unternehmens führen, werden in der *Erfolgsrechnung* festgehalten. Die Erfolgsrechnung zeigt auf eine strukturierte Weise einen Zusammenzug aller Wertverschiebungen, die im Laufe einer Periode in einem Unternehmen angefallen sind. Sie ist nicht – wie die Bilanz – eine

Bestandesrechnung, sondern eine *Bewegungsrechnung.* Sie dient also dazu, aufzuzeigen, welche Wertverschiebungen in welcher Weise zum Periodenerfolg beigetragen haben. Diese Wertverschiebungen lassen sich in die beiden grossen Kategorien *Aufwand (Wertverzehr)* und *Ertrag (Wertzuwachs)* unterteilen.

Wie eine Bilanz kann man auch eine Erfolgsrechnung als grosses Konto (d.h. mit Hilfe eines Kontenkreuzes) darstellen. Nachfolgend findet sich das Beispiel einer Erfolgsrechnung.

Erfolgsrechnung der X-AG vom 1.1. – 31.12.1996

Aufwand		Ertrag	
Materialaufwand	25000	Umsatz	88000
Personalaufwand	45000	Zinsertrag	1000
Übriger Fremdleistungsaufwand	5000	Beteiligungsertrag	300
Energieaufwand	7000	Bestandesänderungen	1200
Zinsaufwand	2500	Eigenleistungen	3000
Abschreibungen	5000		
Steuern	1000		
Reingewinn	*3000*		
	93500		93500

Abbildung 9: Beispiel einer Erfolgsrechnung

Auf der linken Seite einer Erfolgsrechnung befinden sich die Aufwandspositionen, auf der rechten die Ertragspositionen.

Aufwand

Materialaufwand	Aufwand für Roh- und Hilfsstoffe sowie für Halbfabrikate von Dritten
Personalaufwand	Löhne, Gehälter, Sozialleistungen
Zinsaufwand	Kapitalzinsen, eventuell Mieten
Fremdleistungsaufwand	für Energie, Unterhalt, Reparaturen, Versicherungen, Beratung, administrative Hilfsmittel (EDV)
Abschreibungen (AV) Wertberichtigungen (UV)	Aufwand, der die periodenbezogene Abnutzung/Entwertung des Anlagevermögens (AV) und von Teilen des Umlaufvermögens (UV) zum Ausdruck bringt
Steuern	Ertrags- und Kapitalsteuern, Gebühren, Abgaben
Gewinn	Ertragsüberschuss, „Zins"[10] für das Eigenkapital

Ertrag

Umsatz	Umsätze mit Dritten aus dem Verkauf und der Erstellung von Produkten und Dienstleistungen
Zinsertrag	Zinsertrag aus Wertschriften usw.
Beteiligungsertrag	Ertrag aus Beteiligungen
Bestandesänderungen	Bestandeszunahmen bzw. -abnahmen (Aufwand) von Roh- und Hilfsstoffen, Halb- und Fertigfabrikaten[11]
	Eigenleistungen Wert der Eigenherstellung von Anlagen und Immobilien
eventuell Verlust	Aufwandsüberschuss

> Aufwand + *Gewinn* = Ertrag
> Aufwand = Ertrag + *Verlust*

Die Differenz zwischen Ertrag und Aufwand bildet den Gewinn bzw. Verlust. Übersteigt der Aufwand einer Periode den Ertrag dieser Periode, dann

---

10 Im Gegensatz zu den Fremdkapitalzinsen, die vom Unternehmen jedem einzelnen Gläubiger geschuldet werden, hat ein Aktionär keinen zum voraus festgelegten, rechtlich einforderbaren Anspruch auf einen Gewinnanteil. Dementsprechend wird das Eigenkapital auch als Risikokapital bezeichnet, weil es im Falle von risikobehafteten Geschäftsaktivitäten dem Auffangen der damit verbundenen Verluste dient.

11 Werden in einer Abrechnungsperiode mehr Verkaufsprodukte verkauft, als in dieser Periode produziert wurden, ist damit eine Lagerabnahme verbunden. Diese Lagerabnahme (Abnahme eines Aktivums) entspricht einem Aufwand, der als Bestandesänderung von Fertigfabrikaten verbucht werden muss. Dasselbe gilt für den umgekehrten Fall.

entsteht ein Verlust für ein Unternehmen, im umgekehrten Fall ein Gewinn.

Die Summe aller Aufwandspositionen (plus allfälligem Periodengewinn) bezeichnet man als Summe der Erfolgsrechnung. Sie ist gleich der Summe aller Ertragspositionen (plus allfälligem Periodenverlust).

Daraus ergibt sich schematisch folgende Grundstruktur jeder Erfolgsrechnung:

Erfolgsrechnung

Aufwand	Ertrag
Material- und Warenaufwand („Anschaffungskosten")	Netto-Erlöse
Brutto-Gewinn	
Personal- und übriger Betriebsaufwand	Zinsertrag Eigenerstellte Anlagen
Betriebsergebnis	
Ausserordentlicher Aufwand Betriebsfremder (neutraler) Aufwand	Ausserordentlicher Ertrag Betriebsfremder (neutraler) Ertrag
Unternehmenserfolg: Reingewinn	Reinverlust
= Summe der Erfolgsrechnung	= Summe der Erfolgsrechnung

Abbildung 10: Schematischer Aufbau einer Erfolgsrechnung

Diese Grundstruktur widerspiegelt die Vorteile einer *mehrstufigen Erfolgsrechnung*. Bei einer mehrstufigen Erfolgsrechnung wird klar herausgearbeitet, welchen Einfluss

- die Differenz zwischen Nettoerlösen und Fremdleistungen (z.B. Rohstoffe, zugekaufte Halbfabrikate usw.), d.h. der Bruttogewinn (Marge),
- die „normale" betriebliche Tätigkeit (Betriebsergebnis) sowie
- ausserordentliche (einmalig anfallende) Elemente und neutrale (betriebsfremde) Komponenten

auf den gesamten Unternehmenserfolg ausüben.

Die künstliche Aufteilung des Unternehmensgeschehens in Abrechnungsperioden bringt *Abgrenzungsprobleme* mit sich. Mit Hilfe von transitorischen Posten oder der Verbuchung von Bestandesänderungen versucht man, diesen Problemen Herr zu werden. Dennoch lässt sich der Periodenerfolg nie ganz genau berechnen, weil die *periodengerechte Aufwands- und Ertragsermittlung* mit Annahmen und Schätzungen verbunden ist. Eines dieser Probleme ist beispielsweise die periodengerechte Zuordnung von Forschungs- und Entwicklungsaufwand sowie von Schulungsaufwand oder von Werbeaufwand. So dürfte in all diesen Fällen der geschaffene Nutzen oft erst in späteren Perioden, d.h. mit einer nicht unerheblichen Zeitverzögerung anfallen.

Auf der Ertragsseite können zum Beispiel bei der Abwicklung von mehrjährigen Grossprojekten die Leistungserbringung und die Ertragswirksamkeit dieser Leistungen (Ablieferung an den Kunden) auseinanderklaffen. Mit periodengerecht kalkulierten bzw. ausgehandelten Kundenanzahlungen usw. kann dieses Spannungsfeld allerdings etwas entschärft werden.

Ein weiteres Problem ist die sachgerechte Ermittlung des Abschreibungsaufwandes. Bei einer Produktionsanlage beruht er auf einer Vielzahl von Annahmen. Dazu gehören beispielsweise Annahmen, welche die physische Lebensdauer (Abnutzung, Verschleiss), den technologischen Fortschritt, zukünftig erforderliche Verfahrensänderungen zum Zwecke einer verbesserten Produktequalität, aber auch die erwartete Marktentwicklung (insbesondere bei modischen Absatzgütern) betreffen. Abrechnungstechnisch wurden hierzu verschiedene Abschreibungsmethoden entwickelt.

Bei einer korrekten *Bilanzierung* ergeben sich also nicht nur *zeitliche Abgrenzungsprobleme*, sondern auch noch Schwierigkeiten der *sachgerechten Bewertung* im Rahmen der Inventarisierung. Die „korrekte" Bewertung von Vermögen und Verbindlichkeiten eines Unternehmens (z.B. Bewertung der Materialvorräte, Bildung von Rückstellungen für künftige Schadensfälle usw.) unterliegt unausweichlich einem gewissen Ermessensspielraum. Normalerweise geht man bei der Vermögensbeurteilung von der Fortführung des Unternehmens aus, was dann zu einem sogenannten Fortführungswert führt. Demgegenüber fallen Liquidationswerte von Vermögenspositionen in den meisten Fällen wesentlich tiefer aus.

Fassen wir zusammen:

> *Bilanz* = Zeit*punkt*betrachtung
> *Erfolgsrechnung* = Zeit*raum*betrachtung
>
> Die Unterteilung des Unternehmensgeschehens in Abrechnungsperioden ist vor allem zum Zwecke der Erfolgsermittlung und -steuerung durch die Unternehmensführung notwendig.
>
> Die *periodengerechte* Ermittlung des Unternehmenserfolgs ist mit dem Problem der periodengerechten zeitlichen Abgrenzung und letztlich auch der korrekten Bewertung (sachlichen Abgrenzung) von Geschäftsfällen verbunden.
>
> Die häufigsten Abrechnungsperioden sind das (Kalender-)Jahr, das Semester, das Quartal und der Monat (die beiden letzteren primär zum Zwecke der internen Erfolgsermittlung und Erfolgssteuerung).

Selbst-Controlling: Modul 2, Kapitel 1 – 2.1

	Frage	Unsicher?	Wenn ja Seite
1	Was erfasst das finanzielle Rechnungswesen und wie werden Mengengrössen berücksichtigt?		33
2	Was wird im Rahmen des finanziellen Rechnungswesens dargestellt?		33
3	Was steht jeweils auf der linken und der rechten Seite der Bilanz?		36
4	Nach welchem Kriterium sind die Positionen auf den beiden Seiten der Bilanz jeweils geordnet?		37/39
5	Wieso wird das Eigenkapital auch als Risikokapital bezeichnet?		38
6	Wieso ist die Bilanz eine Zeitpunktbetrachtung?		40
7	Wozu dient die Erfolgsrechnung?		42
8	Was steht jeweils auf der linken und der rechten Seite der Erfolgsrechnung?		43
9	Wieso ist die Erfolgsrechnung eine Zeitraumbetrachtung?		43
10	Warum ergeben sich bei der Bilanzierung und der Erstellung der Erfolgsrechnung Abgrenzungsprobleme?		46
11	Wie hängen Bilanz und Erfolgsrechnung zusammen?		Kapitel 2.2

2.2 Doppelte Buchhaltung

In den Kapiteln 2.2 und 2.3 sollen folgende Inhalte vermittelt werden:

- Im Alltag eines Unternehmens läuft eine Vielzahl von Geschäftsaktivitäten ab. Die einzelnen Geschäftsfälle werden in der *Finanzbuchhaltung* nach einer bestimmten Logik (Set von Vorschriften) registriert und geordnet.
- „Sammelgefässe" der Geschäftsfälle sind die *Konten*. Jedes Konto lässt sich wie die Bilanz und die Erfolgsrechnung als T-Kreuz (Kontenkreuz) darstellen. Die linke Seite eines Kontenkreuzes bezeichnet man mit „SOLL", die rechte Seite mit „HABEN".
- Bilanzkonten sind *Bestandeskonten*, die Konten der Erfolgsrechnung sind *Bewegungskonten*.
- Jeder Geschäftsfall berührt ohne Ausnahme immer *zwei* Konten, beim einen Konto die SOLL-Seite, beim anderen Konto die HABEN-Seite. „Keine Buchung ohne Gegenbuchung", das heisst, dass jeder Betrag, der auf ein bestimmtes Konto gebucht wird, muss im selben Moment auch auf die gegenüberliegende Seite eines zweiten Kontos gebucht werden. Deshalb sprechen wir von einer *doppelten Buchhaltung*.
- Bilanz und Erfolgsrechnung sind *„spiegelbildlich"* aufgebaut, indem die Aktiven der Bilanz den Ertragspositionen der Erfolgsrechnung und die Passiven der Bilanz den Aufwandspositionen der Erfolgsrechnung gegenüberstehen.
- Jeder Geschäftsfall muss auf einem *Buchungsbeleg* festgehalten werden. Dabei erfolgt die Kontierung, bei der ein Buchungssatz festgelegt wird, woraus die Zuweisung eines Betrages auf die eine Seite eines bestimmten Kontos und auf die gegenüberliegende Seite eines anderen Kontos erfolgt.
- Eine gute Buchhaltungsorganisation dient der korrekten Verbuchung aller Geschäftsfälle und der zeitgerechten Erstellung des Geschäftsabschlusses (spätestens am 1. März des Folgejahres). Zudem müssen für das *betriebliche Rechnungswesen rechtzeitig* die notwendigen Daten für monatliche, vierteljährliche und halbjährliche *Zwischenberichte* bereitgestellt werden.
- Für eine ordnungsgemässe effiziente Buchhaltung benötigt man deshalb einen Kontenplan, eine Belegstruktur, interne Kontierungsrichtlinien, ein Buchungsjournal, ein Hauptbuch, je nach Grösse und Komplexität eines Betriebes diverse Hilfsbuchhaltungen und vorgelagerte Buchungssysteme.

Wenn Ihnen dieser Stoff bereits vertraut ist, könnte es für Sie sinnvoll sein, die folgenden Ausführungen zu überspringen. Die nächste kurze Zusammenfassung findet sich auf den Seiten 68/69.

2.21 Bestandeskonten und Bewegungskonten als Gerüst der Buchhaltung

Jedes Unternehmen entfaltet die verschiedensten Aktivitäten, um ihre Ziele und Aufgaben zu erfüllen:

- Sie *investiert*, d.h. sie kauft Grundstücke, baut, erwirbt Material und Maschinen, gewährt Darlehen.
- Sie *finanziert* sich, zum einen aus der eigenen betrieblichen Tätigkeit (Cash Flow), zum anderen durch Kapital von aussen. Eine solche Fremdfinanzierung kann z.B. durch eine Kreditaufnahme, eine Kapitalerhöhung oder durch die Beanspruchung des Zahlungsziels bei Lieferanten erfolgen.
- Das Unternehmen *verkauft* ihre Güter und Dienstleistungen und *beschafft* die notwendigen Sachmittel. Sie *zahlt* Löhne und Gehälter für ihre Mitarbeiter sowie Rechnungen (z.B. mittels Bank-Überweisung).

All diese Ereignisse werden als *Geschäftsfälle* bezeichnet, mit denen Wertverschiebungen verbunden sind.

Auf welche Weise können nun Bilanz und Erfolgsrechnung erstellt werden? Diese Aufgabe fällt der *Finanzbuchhaltung* zu. Sie hat die Aufgabe, alle Geschäftsfälle (Wertverschiebungen) *lückenlos festzuhalten, zu kontieren und zu verbuchen.*

Die *Buchhaltung* ist im Grunde genommen nichts anderes als ein raffinierter *Registrierungsmechanismus*. Registriert und verarbeitet werden dabei alle Geschäftsfälle mit finanzwirtschaftlicher Wirkung – oder andersherum gesagt: die finanzwirtschaftlichen Wirkungen der Geschäftstätigkeit.

Diese Verarbeitung erfolgt über Konten. Konten sind ein Strukturierungsmittel der Buchhaltung. Jedes Konto bildet schematisch gesehen ein „T-Kreuz". Die linke Seite eines solchen Kontenkreuzes wird von alter Tradition her mit SOLL bezeichnet, die rechte Seite mit HABEN.

Dabei haben wir uns sämtliche bisher erläuterte Positionen in der Bilanz (z.B. Liquide Mittel, Vorräte, Immobilien, Kreditoren, Hypotheken usw.) und Erfolgsrechnung (Personalaufwand, Zinsaufwand, Abschreibungen, Verkaufserlöse usw.) als Konten vorzustellen.

Abbildung 11: Graphische Darstellung eines Kontos in Form eines Kontenkreuzes

Die Differenz zwischen SOLL (links) und HABEN (rechts) nennt man den *Saldo* eines Kontos, die Ermittlung dieser Differenz *Saldierung*.

Wie bereits erörtert, stellen auch Bilanz und Erfolgsrechnung *aggregierte Konten* dar. Deren Saldo bildet den *Reingewinn (eventuell Reinverlust) der Periode*, der in der Bilanz und Erfolgsrechnung identisch sein muss.

	Bilanz per 31.12.01		
	Aktiven	Passiven	
Ertrag minus Aufwand	Reingewinn der Erfolgsrechnung	Reingewinn der Bilanz	Aktiven minus Passiven
	Aufwand	Ertrag	
	Erfolgsrechnung 1.1. bis 31.12.01 (Summenbilanz)		

Abbildung 12:
Schematische Darstellung des Zusammenspiels von Bilanz und Erfolgsrechnung

Die Bilanz registriert *Vermögen* und *Schulden* an einem *Stichtag*. Deshalb haben *alle Bilanzkonten* den Charakter von *Bestandeskonten* (z.B. Kasse, Post, Darlehen usw.). Diese Bestandeskonten verändern sich wie Reserve-Behälter, die mit einer Flüssigkeit gefüllt sind; sie nehmen das eine Mal zu, das andere Mal wieder ab usw. Die Bilanz selber ist das am höchsten aggregierte Bestandeskonto, welches das Gesamtvermögen und die Gesamtschulden eines Unternehmens ausweist.

Die Erfolgsrechnung registriert wie ein *Sammelgefäss* alle *Wertzuwächse* und *Wertverminderungen* (Wertverzehr), die während einer Periode auflaufen. Die einzelnen *Erfolgskonten* der Erfolgsrechnung haben deshalb den Charakter von *Bewegungskonten*. Mit Hilfe der Aufwandskonten werden alle anfallenden Aufwendungen gesammelt, auf den Ertragskonten alle auflaufenden Erträge. Analog zur Bilanz ist die Erfolgsrechnung das am höchsten aggregierte Bewegungskonto, weil es den gesamten „Fluss" an Wertzuwächsen und Wertverminderungen ausweist.

Fassen wir zusammen:

– Bilanzkonten = Bestandeskonten:
  - *Aktiv-Konten* registrieren Zu- und Abgänge von Vermögen
  - *Passiv-Konten* registrieren Ab- und Zugänge von Schulden

– Erfolgskonten = Bewegungskonten:
  - *Aufwandskonten* registrieren den Wertverzehr, d.h. alle auflaufenden Aufwendungen (und sachlich damit zusammenhängenden Aufwandsminderungen).
  - *Ertragskonten* registrieren alle Wertzuwächse, d.h. alle auflaufenden Erträge (und sachlich damit zusammenhängenden Ertragsminderungen).

Nun übertragen wir diese Überlegungen auf die Kontenform:

Vermögen – Aktiv-Konto A (Beispiel Postcheck)	
Zugänge von Vermögen (+)	Abnahme von Vermögen (-)

Schulden – Passiv-Konto B (Beispiel Hypotheken)	
Abnahme von Schulden (-)	Zugänge von Schulden (+)

Aufwandskonto C (Beispiel Personalaufwand)	
Aufwandszunahme (+)	Aufwandsminderung (-)

Ertragskonto D (Beispiel Zinsertrag)	
Ertragsminderung (-)	Ertragszunahme (+)

2.22 Die Grundlogik einer doppelten Buchhaltung

Der Logik einer *doppelten Buchhaltung* liegen drei einfache, aber sehr folgenreiche Ideen im Sinne von Regeln oder Konventionen zugrunde:

- Jeder Geschäftsfall berührt ohne Ausnahme immer *zwei* Konten. „Keine Buchung ohne Gegenbuchung", d.h. jeder Betrag, der auf ein bestimmtes Konto gebucht wird, muss im selben Moment auch auf die gegenüberliegende Seite eines zweiten Kontos gebucht werden. Deshalb sprechen wir von einer *doppelten* Buchhaltung.
- Bei jeder Buchung wird somit stets beim einen Konto zum Beispiel auf die *linke* Seite (Soll) gebucht und beim anderen Konto auf die *gegenüberliegende* Seite, d.h. in diesem Fall auf die *rechte* Seite (Haben). Daraus entsteht stets eine Symmetrie von Buchungen. Bei einer korrekten Verbuchung aller Geschäftsfälle muss demzufolge die Summe aller Buchungen auf die linke Seite und die Summe aller Buchungen auf die rechte Seite *immer identisch* sein.
- Bilanz und Erfolgsrechnung sind *spiegelbildlich* aufgebaut (siehe Abbildung 12: Schematische Darstellung des Zusammenspiels von Bilanz und Erfolgsrechnung). Vereinfacht gesagt stehen sich grundsätzlich
  - einerseits Aufwandspositionen (Erfolgsrechnung, linke Seite) und Schuldenerhöhungen (Passiven, Bilanz, rechte Seite) und
  - andererseits Vermögenszuwächse (Aktiven, Bilanz, linke Seite) und Ertragspositionen (Erfolgsrechnung, rechte Seite) gegenüber.

Aus dieser Logik ergibt sich, dass der Reingewinn auf der linken Seite der Erfolgsrechnung haargenau dem Reingewinn auf der rechten Seite der Bilanz entspricht. Oder mit anderen Worten:

In dem Masse, in dem in einer bestimmten Periode die erzielten Erträge (Wertzuwächse) eines Unternehmens die aufgelaufenen Aufwände (Wertverzehr) übersteigen, muss auch das Gesamtvermögen dieses Unternehmens *haargenau im gleichen Masse* gegenüber den Gesamtschulden gewachsen sein. Dieser Zusammenhang wird im Kapitel 2.23 (Der Weg von der Eröffnungs- zur Schlussbilanz) durch ein Beispiel dargestellt. Die doppelte Buchhaltung stellt somit eine äusserst raffinierte Kodierungslogik dar.

Jeder Geschäftsfall muss auf einem *Buchungsbeleg* festgehalten werden. Dabei erfolgt die Kontierung, d.h. die Zuweisung oder Kodierung eines Betrages auf die linke Seite eines bestimmten Kontos und auf die rechte Seite eines anderen Kontos.

Mit der Kontierung, d.h. der Erstellung eines Buchungsbeleges, legen wir also fest, welche zwei Konten der Bilanz und/oder der Erfolgsrechnung im Soll bzw. im Haben durch einen bestimmten Geschäftsfall tangiert werden. Diesen Beleg übertragen wir anschliessend ins Journal, welches chronologisch fortlaufend fortgeführt wird.

Bei der Erstellung des Buchungsbeleges erfolgt also die Zuordnung eines von einem Geschäftsfall generierten Geldbetrages zu zwei Konten der Bilanz und/oder Erfolgsrechnung. Dazu legen wir einen *Buchungssatz* fest.

Journal

Beleg-datum	*Buchungssatz*		Buchungstext (Beschreibung)	Betrag (SFr./DM)
	Soll	Haben		
23.5.	Personal-aufwand	Bank	Zahlung der Löhne	200000
24.5.	Postcheck	Verkaufs-orlöco	Zahlung Faktura Nr. 10201	80000
27.5.	Waren-aufwand	Bank	Zahlung Lieferung Nr. 226	50000
...	–	–	–	–
...	–	–	–	–

Abbildung 13: Beispiel von Buchungssätzen in einem Journal

Bei einer doppelten Buchhaltung wird jeder Geschäftsfall auf zwei (verschiedenen) Konten verbucht, und zwar einmal im Soll und einmal im Haben.

Soll-Buchung = Eintrag im Soll, d.h. Eintrag *links*
Haben-Buchung = Eintrag im Haben, d.h. Eintrag *rechts*

Aufbau eines Buchungssatzes (mit Auszahlung der Löhne als Beispiel):

„Soll-Konto" an „Haben-Konto"   *Betrag*
Personalaufwand an Bank   *240000*

Ein Buchungssatz gibt an, auf welches Konto die Soll-Buchung und auf welches Konto die Haben-Buchung eines Geschäftsfalls zu erfolgen hat. Ferner wird der Betrag genannt, der dem einen Konto zu belasten und dem anderen Konto in gleicher Höhe gutzuschreiben ist.

Im Buchungssatz wird immer zuerst das Konto für die Soll-Buchung (links) und dann das Konto für die Haben-Buchung (rechts) genannt. Zwischen beiden Konten steht das Wort „*an*" oder ein Bindestrich (z.B. Kasse – Darlehen).

Im folgenden findet sich eine Auswahl möglicher Buchungssätze in Kombination mit einer Erläuterung möglicher Geschäftsfälle, die hinter diesen Buchungssätzen stehen könnten. Um die folgenden Buchungssätze nachvollziehen zu können, empfiehlt es sich, das Lesezeichen zur Hand zu nehmen, wo die Konventionen der Verbuchung von Geschäfsfällen in Bilanz- und Erfolgskonten festgehalten sind.

Buchung 1: Kasse an Darlehen   400000

Dieser Buchungssatz besagt, dass das Unternehmen ein Darlehen in Höhe von 400000 aufgenommen hat und das Geld bar bezahlt wurde. Auf dem Aktiv-Konto Kasse sind 400000 im Soll (links) zu buchen und auf dem Passiv-Konto Darlehen 400000 im Haben (rechts).

Buchung 2: Wertschriften an Bank   28000

Es sind für 28000 Wertschriften durch eine Bankzahlung erworben worden. Auf dem Konto Wertschriften erfolgt die Buchung im Soll (links). Das Bankkonto (Kontokorrent) wird dementsprechend belastet, d.h. dort erfolgt die Buchung im Haben (rechts).

I Buchung 3: Debitoren an Umsatz   150000

Für 150000 konnten Verkaufsprodukte auf Rechnung (Kredit) an einen Kunden verkauft werden. Die Forderungen gegenüber einem Kunden nehmen zu, deshalb steht der Betrag von 150000 im Soll (links). Die dem Kunden erbrachte Leistung stellt dagegen einen Ertrag dar und wird deshalb im Haben (rechts) auf dem Ertragskonto Umsatz gebucht.

I Buchung 4: Unterhalt Immobilien an Kreditoren   7500

Nachdem eine Fassade des Firmengebäudes neu gemalt werden musste, ist inzwischen die Rechnung (mit einer Zahlungsfrist) von 30 Tagen eingetroffen. Der Betrag von 7500 wird im Soll (links) auf das Aufwandskonto Unterhalt Immobilien gebucht. Gleichzeitig nehmen damit die Verbindlichkeiten gegenüber dem Maler als Lieferanten zu, weshalb die Gegenbuchung auf das Konto Kreditoren im Haben (rechts) vorgenommen wird.

I Buchung 5: Mobilien an Kreditoren   10000

Der Betriebsleiter musste mit einem neuen, leistungsfähigeren PC ausgerüstet werden, der in der Bilanz aktiviert wird. Die Rechnung wird im laufenden Monat bezahlt werden. Deshalb buchen wir die Wertvermehrung von 10000 im Soll (links) des Kontos Mobilien, während die Gegenbuchung im Haben des Kontos Kreditoren (rechts) vorgenommen wird.

I Buchung 6: Abschreibungen an Maschinen   6000

Auf dem Maschinenpark werden Abschreibungen im Betrage von 6000 vorgenommen. Dies widerspiegelt die Abnutzung (Wertabnahme) des Maschinenparks. Deshalb erfolgt die Buchung im Soll (links) des Aufwandskontos Abschreibungen. Die Gegenbuchung erfolgt im Haben (rechts) des Kontos Maschinen.

I Buchung 7: Baukredit an Hypotheken   200000

Die Bank hat den Baukredit für einen Neubau in eine Hypothek, d.h. eine grundpfandgesicherte Forderung, umgewandelt. Deshalb steht der Betrag von 200000 beim Konto Baukredit im Soll (links, Abnahme einer Schuld) und im Konto Hypotheken im Haben (rechts, Zunahme einer Schuld).

I Buchung 8: Kreditoren an Bank 35000

Eine Rechnung wird per Bank bezahlt. Sowohl die Lieferantenschulden als auch das Bankkonto nehmen ab. Deshalb wird der Betrag von 35000 beim Kreditorenkonto ins Soll (links) gebucht und beim Bankkonto ins Haben (rechts).

Je nach der Auswirkung solcher Geschäftsfälle auf die Bilanz unterscheidet man folgende Arten der Wertverschiebung:

Art der Wertverschiebung	*Erfolgswirksame Buchung:* Ein Konto der Erfolgsrechnung wird verändert und gleichzeitig ein Konto der Bilanz. Damit verändern sich die Gesamtsaldi von Bilanz und Erfolgsrechnung und damit der Gewinn. Auch die Bilanzsumme und die Summe der Erfolgsrechnung werden davon tangiert.			
Beispiele	Buchungen 3, 4 und 6 Umsatz, Betriebsaufwand			
Graphische Darstellung	Bilanz		Erfolgsrechnung	
	Aktiven	Passiven	Aufwand	Ertrag
(1)	Konto A1 (+/-)			Konto E1 (+/-)
oder (2)		Konto P2 (+/-)	Konto A2 (+/-)	
	Die vier nachfolgenden Wertverschiebungen betreffen ausschliesslich die Bilanz und haben demzufolge keinen Einfluss auf den Gewinn. Sie werden deshalb allesamt als *nicht-erfolgswirksame* Buchungen bezeichnet.			

Art der Wertverschiebung	*Aktivtausch:* Ein Aktiv-Konto (Vermögenskonto) der Bilanz wird erhöht und ein anderes gleichzeitig um denselben Betrag vermindert. Die Bilanz bleibt ausgeglichen: Aktiven = Passiven.
Beispiele	Buchung 2 Barkauf von Ersatzteilen für den Maschinenpark an Lager
Graphische Darstellung	

Bilanz		Erfolgsrechnung	
Aktiven	Passiven	Aufwand	Ertrag
Konto A1 (+)			
Konto A2 (−)			

Art der Wertverschiebung	*Passivtausch:* Ein Passiv-Konto (Schuldenkonto) der Bilanz wird erhöht und ein anderes gleichzeitig um denselben Betrag vermindert. Auch hierbei bleibt die Bilanz im Gleichgewicht.
Beispiele	Buchung 7 Umwandlung von kurz- in langfristige Schulden
Graphische Darstellung	

Bilanz		Erfolgsrechnung	
Aktiven	Passiven	Aufwand	Ertrag
	Konto P1 (+)		
	Konto P2 (−)		

Art der Wertverschiebung	*Bilanzverlängerung:* Ein Aktiv-Konto und ein Passiv-Konto der Bilanz werden gleichzeitig um den gleichen Betrag erhöht. Die Bilanz bleibt ausgeglichen. Die Bilanzsumme (alle Aktiven und alle Passiven addiert) vergrössert sich.
Beispiele	Buchungen 1 und 5 Materialkauf an Lager, zahlbar innert 30 Tagen
Graphische Darstellung	

Bilanz		Erfolgsrechnung	
Aktiven	Passiven	Aufwand	Ertrag
Konto A1 (+)	Konto P1 (+)		

Art der Wertverschiebung	*Bilanzverkürzung:* Ein Aktiv-Konto und ein Passiv-Konto werden gleichzeitig um den gleichen Betrag vermindert. Die Bilanzsumme verkleinert sich. Die Bilanz bleibt ausgeglichen.			
Beispiele	Buchung 8 Zahlung von Lieferantenrechnungen per Postscheck			
Graphische Darstellung	Bilanz		Erfolgsrechnung	
	Aktiven	Passiven	Aufwand	Ertrag
	Konto A1 (-)	Konto P1 (-)		

Abbildung 14: Erfolgswirksame und erfolgsunwirksame Wertverschiebungen

Aus den vier möglichen *nicht-erfolgswirksamen* Wertverschiebungen ist zu erkennen, dass die Bilanz immer im Gleichgewicht bleibt. Dies wird dadurch erreicht, dass im System der doppelten Buchhaltung zu jeder Buchung eine entsprechende Gegenbuchung erfolgt. Dazu ein ganz einfaches Zahlenbeispiel:

Zahlenbeispiel

Ein Unternehmer gründet ein Geschäft und stellt eine Bilanz auf (Buchungssatz: Kasse an Eigenkapital):

Aktiven		Passiven	
Kasse	10000	Eigenkapital	10000

Er kauft eine Maschine für SFr./DM 6000.-- und zahlt sie bar (= Aktivtausch). Die Bilanz hat sich dadurch wie folgt geändert (Buchungssatz: Anlagen an Kasse):

Aktiven		Passiven	
Kasse Anlagen	4000 6000	Eigenkapital	10000
	10000		10000

Der Unternehmer nimmt in Hinblick auf kommende Lieferantenrechnungen ein Darlehen in Höhe von SFr./DM 5000.-- auf (= Bilanzverlängerung, Buchungssatz: Kasse an Darlehen):

Aktiven		Passiven	
Kasse	9000	Darlehen	5000
Anlagen	6000	Eigenkapital	10000
	15000		15000

Fassen wir kurz zusammen:

> Die Bilanz ist eine Zeit*punkt*betrachtung.
> Die Erfolgsrechnung ist eine Zeit*raum*betrachtung.
>   Nur Buchungen, die sowohl ein Bilanzkonto als auch ein Konto der Erfolgsrechnung berühren, sind *erfolgswirksam*.
> Demzufolge sind Buchungen, die *zwei* Bilanzkonten oder *zwei* Konten der Erfolgsrechnung berühren, *nicht erfolgswirksam*.
>   *Nicht-erfolgswirksame* Geschäftsfälle wirken sich so auf die Bilanz aus, dass sich das Gleichgewicht, d.h. das Verhältnis zwischen der Höhe der Aktiven und der Höhe der Passiven, nicht verändert.
>
> | | |
> |---|---|
> | *Aktivtausch* | ein Aktivum (+), ein anderes (-) |
> | *Passivtausch* | ein Passivum (+), ein anderes (-) |
> | *Bilanzverlängerung* | ein Aktivum und ein Passivum (+) |
> | *Bilanzverkürzung* | ein Aktivum und ein Passivum (-) |

2.23 Der Weg von der Eröffnungs- zur Schlussbilanz[12]

Auf den Konten der Bilanz und der Erfolgsrechnung werden nach der Logik der doppelten Buchhaltung lückenlos sämtliche Geschäftsfälle einer Abrechnungsperiode erfasst.

Jedes *Aktiv-Konto* erhält als *Bestandeskonto* zu Beginn der Periode aus der Eröffnungsbilanz einen Anfangsbestand im Soll (links). Alle Vermögenszugänge werden im Soll (links) und alle Vermögensabgänge im Haben (rechts) gebucht. Zum Abschluss der Periode wird die Diffe-

---

12 Die *Schlussbilanz* einer bestimmten Abrechnungsperiode ist normalerweise wieder die *Eröffnungsbilanz* der *nächstfolgenden* Periode.

renz zwischen Soll (links) und Haben (rechts) gebildet und der so entstandene Saldo im Haben (rechts) des Kontos ausgewiesen und im Soll (links) in die Schlussbilanz aufgenommen.

Jedes *Passiv-Konto* erhält als *Bestandeskonto* zu Beginn der Periode ebenfalls einen Anfangsbestand, aber im Haben (rechts). Alle Kapitalzugänge werden im Haben und die entsprechenden Abgänge im Soll (links) verbucht. Der Saldo des Passiv-Kontos wird im Soll ausgewiesen und von dort ins Haben (rechts) der Schlussbilanz übertragen.

Aufwands- und Ertragskonten weisen als Bewegungskonten keine Anfangsbestände, sondern nur Schlussaldi auf.

Am Schluss der Abrechnungsperiode werden die *Salden der Bilanzkonten* zusammengefasst zur *Schlussbilanz*. Der Saldo der Schlussbilanz entspricht dem Bilanzgewinn oder -verlust, der identisch ist mit dem Reingewinn der Erfolgsrechnung.

Die *Salden der Erfolgskonten* werden zusammengefasst zur *Erfolgsrechnung*. Der Saldo der Erfolgsrechnung ist der Reingewinn oder -verlust, der auch in der Bilanz erscheint.

Die Aktionäre einer Aktiengesellschaft haben keinen rechtlichen Anspruch auf einen Zins. Dennoch stellt der Reingewinn des Jahres im Grunde genommen den „Zins" dar, der mit dem investierten Eigenkapital erwirtschaftet wurde. Die Aktionäre haben grundsätzlich das Recht, über die *Verwendung* des erwirtschafteten Reingewinnes zu entscheiden. Der Gewinn kann im wesentlichen:

- den Reserven (Eigenkapital) zugeschlagen und damit der weiteren Unternehmensentwicklung zur Verfügung gestellt werden.
- als Dividende ausgeschüttet und damit dem Unternehmen entzogen werden.
- dem Gewinnvortrag zugeschlagen werden. Damit bleibt er im Unternehmen, steht aber in einer nächsten Periode zusammen mit dem Gewinn der nächsten Periode für die nächste Gewinnverteilung zur Verfügung.

Diese drei Möglichkeiten können im Rahmen bestimmter gesetzlicher Vorschriften über die Gewinnverteilung grundsätzlich beliebig kombiniert werden.

Im folgenden finden sich zuerst ein kurzer schematischer Ausschnitt aus einem Zahlenbeispiel, danach ein vollständiges Zahlenbeispiel einer Aktiengesellschaft. Abschliessend soll ein rein schematisches Beispiel den Gesamtablauf und die Logik verdeutlichen, die im Verlaufe einer Buchungsperiode zur Anwendung kommt.

Ausschnitt aus einem Zahlenbeispiel

Eröffnungsbilanz per 1.1.1996

Aktiven		Passiven	
Liquide Mittel	84000	Kreditoren	54000
......		......	
.		.	
.		.	
.		.	
......		......	

Aktiv-Konto Liquide Mittel

Soll		Haben	
Anfangsbestand	84000	......	
......		......	
......		Abgänge	
Zugänge		insgesamt	142000
insgesamt	126000		
		Endbestand (Saldo)	68000

Passiv-Konto Kreditoren

Soll		Haben	
......		Anfangsbestand	54000
......		......	
Abgänge		......	
insgesamt	146000	Zugänge	
		insgesamt	138000
Endbestand (Saldo)	46000		

Schlussbilanz per 31.12.1996

Aktiven		Passiven	
Liquide Mittel	68000	Kreditoren	46000
......		......	
......		,,,,,,	
.		.	
.		.	
.		.	
......		......	

Vollständiges Zahlenbeispiel

Eröffnungsbilanz per 1.1.1996

Aktiven		Passiven	
Kasse	10	Bankschulden	20
		Aktienkapital	30
Maschinen	50	Reserven	10
Bilanzsumme	60	Bilanzsumme	60

Aktiv-Konten

Kasse
10	60
120	35
5	S = 40

Maschinen
50	5
	S = 45

Passiv-Konten

Bankschulden
	20
S = 20	

Eigenkapital
	40
S = 40	

Aufwandskonten

Personalaufwand
60	
	S = 60

Übriger Aufwand
35	
5	
	S = 40

Ertragskonten

Verkaufserlöse
	120
S = 120	

Übriger Ertrag
	5
S = 5	

S=Saldo

Schlussbilanz I per 31.12.1996

Aktiven		Passiven	
Kasse	40	Bankschulden	20
Maschinen	45	Aktienkapital	30
		Reserven	10
		Gewinn	25
Bilanzsumme	85	Bilanzsumme	85

Erfolgsrechnung vom 1.1.-31.12.1996

Aufwand		Ertrag	
Personalaufwand	60	Verkaufserlöse	120
Übriger Aufwand	40	Übriger Ertrag	5
Gewinn	25		
Summe	125	Summe	125

Schlussbilanz II per 31.12.1996 (Eröffnungsbilanz per 1.1.1997)

Aktiven		Passiven	
Kasse	40	Kreditoren	10
		Bankschulden	20
Maschinen	45	Aktienkapital	30
		Reserven	25
Bilanzsumme	85	Bilanzsumme	85

Gewinnverteilung

Gewinn -	Kreditoren Dividende	10
Gewinn -	Reserven	15
Total		25

Abbildung 15: Schematische Zahlenbeispiele einer Aktiengesellschaft (Quelle: in Anlehnung an Rieder/Siegwart 1993, 39)

Im nachfolgenden schematischen Beispiel finden sich die Bilanz und die Erfolgsrechnung der X-AG mit zwei Aktiv-Konten (A1 und A2), zwei Passiv-Konten (B1 und B2), zwei Aufwandskonten (C1 und C2) und zwei Ertragskonten (D1 und D2).
Die *Eröffnungsbuchungen* der Eröffnungsbilanz lauten:

> Aktiv-Konto A1 an Eröffnungsbilanz: *Eröffnungssaldo A1*
> Aktiv-Konto A2 an Eröffnungsbilanz: *Eröffnungssaldo A2*
> ... ...
> Eröffnungsbilanz an Passiv-Konto B1: *Eröffnungssaldo B1*
> Eröffnungsbilanz an Passiv-Konto B2: *Eröffnungssaldo B2*

Demgegenüber lauten die *Abschlussbuchungen* der Schlussbilanz:

> Schlussbilanz an Aktiv-Konto A1: *Schlussaldo A1*
> Schlussbilanz an Aktiv-Konto A2: *Schlussaldo A2*
> ... ...
> Passiv-Konto B1 an Schlussbilanz: *Schlussaldo B1*
> Passiv-Konto B2 an Schlussbilanz: *Schlussaldo B2*

Beim Geschäftsabschluss bedarf nicht nur die Bilanz, sondern auch die Erfolgsrechnung der *Abschlussbuchungen*. Sie lauten schematisch:

> Erfolgsrechnung an Aufwandskonto C1: *Schlussaldo C1*
> Erfolgsrechnung an Aufwandskonto C2: *Schlussaldo C2*
> ... ...
> Ertragskonto D1 an Erfolgsrechnung: *Schlussaldo D1*
> Ertragskonto D2 an Erfolgsrechnung: *Schlussaldo D2*

Wenn die ganze Geschäftsperiode hindurch korrekt gebucht wurde, dann muss der nun verbleibende Saldo, d.h. der Reingewinn oder Reinverlust in der *Schlussbilanz* und in der Erfolgsrechnung identisch sein. Der entsprechende letzte Buchungssatz lautet:

> Schlussaldo Erfolgsrechnung
> an Schlussaldo Schlussbilanz *Reingewinn (Betrag in SFr./DM)*
>
> oder allenfalls
>
> Schlussaldo Schlussbilanz an
> Schlussaldo Erfolgsrechnung *Reinverlust (Betrag in SFr./DM)*

In Abhängigkeit von der rechtlichen Form des Unternehmens kann der ermittelte Gewinn der Schlussbilanz (oder wenigstens ein Teil davon) zur Verteilung freigegeben werden. Dafür kann eine Weiterverbuchung des Gewinnes auf die folgenden Passiv-Konten, also ein Passivtausch, in Frage kommen: Eigenkapital, Privat-, Dividenden-, Reserven-, Tantiemen-, Personalfürsorge-, Gewinnvortragskonto oder vorerst ein Gewinnverteilungskonto. Man erhält damit die *Bilanz nach Gewinnverteilung* (oder eine Schlussbilanz II).

Bilanz X-AG vom 31.12.1996

Aktiv-Konto A1 (Vermögen)		Passiv-Konto B1 (Schulden)	
Eröffnungssaldo A1	Abnahme von Vermögen (-)	Abnahme von Schulden (-)	Eröffnungssaldo B1
Zugänge von Vermögen (+)			Zunahme von Schulden (+)
	Schlussaldo A1	Schlussaldo B1	

Aktiv-Konto A2 (Vermögen)		Passiv-Konto B2 (Schulden)	
Eröffnungssaldo A2	Abnahme von Vermögen (-)	Abnahme von Schulden (-)	Eröffnungssaldo B2
Zugänge von Vermögen (+)			Zunahme von Schulden (+)
	Schlussaldo A2	Schlussaldo B2	

Erfolgsrechnung der X-AG vom 1.1. bis 31.12.1996

Aufwandskonto C1		Ertragskonto D1	
Aufwandszunahme (+)	Aufwandsminderung (-)	Ertragsminderung (-)	Ertragszunahme (+)
	Schlussaldo C1	Schlussaldo D1	

Aufwandskonto C2		Ertragskonto D2	
Aufwandszunahme (+)	Aufwandsminderung (-)	Ertragsminderung (-)	Ertragszunahme (+)
	Schlussaldo C2	Schlussaldo D2	

Abbildung 16:
Veränderung von Bilanz und Erfolgsrechnung im Laufe einer Geschäftsperiode

Zusammenfassend wird der Geschäferfolg einer Periode mit Hilfe der folgenden Elemente und „Systematik" ermittelt:

Bestandesrechnung
- Eröffnungs*bilanz*
- Aktiv- und Passiv-Konten (= Bestandeskonten)
- Schluss*bilanz* mit Bilanzgewinn/-verlust

Bewegungsrechnung
- Aufwands- und Ertragskonten (= Erfolgskonten)
- *Erfolgsrechnung* mit Reingewinn/-verlust

Jeder erfolgswirksame Geschäftsfall erscheint zum einen auf einem Konto der Erfolgsrechnung (Soll oder Haben) und die entsprechende Gegenbuchung auf einem Bestandeskonto der Bilanz (Haben oder Soll). Demzufolge muss sich in der Bilanz (insbesondere in der Schlussbilanz) ein Gewinn oder Verlust in gleicher Höhe wie in der Erfolgsrechnung einstellen.

2.3 Buchhaltungsorganisation

Die ordnungsgemässe und effiziente Führung einer Buchhaltung bedarf einiger Hilfsmittel, die dazu dienen, die lückenlose Verarbeitung (Verbuchung) verschiedenster Geschäftsfälle zu standardisieren und zu systematisieren.

Eine gute Organisation der Buchhaltung muss nicht nur die korrekte Verbuchung aller Geschäftsfälle sicherstellen, sondern auch eine zeitgerechte Erstellung des Geschäftsabschlusses. Dieser sollte *spätestens am 1.3. des Folgejahres* vorliegen.

Zudem müssen für das betriebliche Rechnungswesen rechtzeitig die notwendigen Daten für monatliche, vierteljährlich und halbjährliche *Zwischenberichte* vorliegen (siehe hierzu Modul 3 und 5).

Zu den wichtigsten Strukturierungshilfsmitteln einer zweckmässigen Buchhaltung gehören:

- Kontenplan
- Belegstruktur
- Buchungsjournal
- Hauptbuch
- Hilfsbuchhaltungen, vorgelagerte Buchungssysteme

Die Vielzahl der Konten muss in eine bestimmte Ordnung gebracht werden. Das unternehmensindividuelle Ordnungssystem der Konten bezeichnet man als *Kontenplan*. Dieser stellt zusammen mit den allgemein gültigen Buchungsregeln und den internen Kontierungsrichtlinien sicher, dass eine einheitliche und eindeutige Verbuchung aller auftretenden Geschäftsfälle bzw. deren Belege erfolgt. Der Kontenplan ist somit ein Gliederungsschema für die Konten eines Unternehmens. Da die Struktur und der Detaillierungsgrad eines zweckmässigen Kontenplanes sehr stark von der Geschäftstätigkeit, der Branche, aber auch landesspezifischen (rechtlichen) Gegebenheiten abhängt, mag eine Anlehnung an einen branchen- oder landesspezifischen Kontenrahmen hilfreich sein. In einem solchen Falle leitet sich dann die Gliederung und Numerierung der Konten von den branchenspezifischen Kontenschemen ab, welche die Kontenklassen und -gruppen vorgeben.

Ein *Kontenrahmen* ist ein *standardisierter Gliederungsvorschlag* für die Struktur der in einer Branche oder einem Land verwendeten Kontenpläne.

Alle Geschäftsfälle mit finanzwirtschaftlichen Auswirkungen müssen in einem ersten Schritt auf einem Beleg festgehalten werden. Die *Belegstruktur* entspricht einem Standardformular (einer Input-Maske), in dem alle wesentlichen Informationen zur Verbuchung und allenfalls weiteren Verarbeitung im betrieblichen Rechnungswesen standardisiert festgehalten werden müssen. Hierzu gehören auf jeden Fall die Felder Belegnummer, Belegdatum, Soll- und Haben-Konto, Text und Betrag sowie ergänzend dazu beispielsweise Kostenart, Kostenstelle und/oder Auftragsnummer.

Im *Buchungsjournal* sind sämtliche Bewegungen (oder Buchungssätze) in chronologischer Reihenfolge aufgeführt.

Im *Hauptbuch* werden die Einträge dagegen kontenweise gegliedert, woraus dann mit Leichtigkeit eine Bilanz und Erfolgsrechnung erstellt werden kann.

Während früher umfangreiche manuelle Arbeiten (Durchschreibebuchhaltung) notwendig waren, um diese beiden Dokumentationsformen zu erhalten, bedarf es mit moderner Informationstechnologie lediglich einer einmaligen Erfassung der Belege. Die Buchhaltung lässt sich somit auf verschiedene Arten abwickeln. Heute wird die Buchhaltung in den meisten Fällen massgeblich durch die EDV unterstützt. Was die Grundsystematik betrifft, eignet sich jedoch die 500 Jahre alte italienische Buchhaltung nach wie vor am besten.

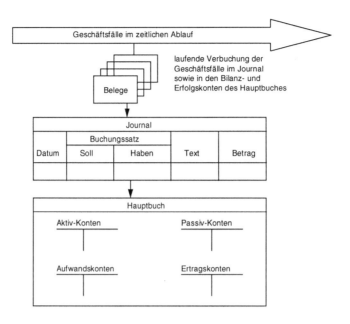

Abbildung 17: Verbuchung von Geschäftsfällen im zeitlichen Ablauf

Mit dem Wachstum von Unternehmen und dem Ziel einer administrativ einfachen Buchhaltungsorganisation sind im Rahmen einer optimalen Arbeitsteilung verschiedene zusätzliche, vorgelagerte Buchungssysteme (mit der gleichen Logik) entwickelt worden, die als *Hilfsbuchhaltungen* bezeichnet werden.

Erwähnt, aber nicht weiter ausgeführt, seien hier:

- Fakturierung
- Debitorenbuchhaltung
- Kreditorenbuchhaltung
  Materialbuchhaltung
- Lagerbuchhaltung (stille Reserven!)
  Anlagenbuchhaltung (stille Reserven!)
- Lohn- und Gehaltsbuchhaltung

Selbst-Controlling: Modul 2, Kapitel 2.2 – 2.3

Frage	Unsicher?	Wenn ja Seite
1 Was versteht man unter einem Geschäftsfall und was ist immer damit verbunden?		49
2 Wozu dienen Konten und wie sind sie aufgebaut?		49
3 Was ist der Saldo der Bilanz *und* der Erfolgsrechnung?		50
4 Welche Arten von Bestandeskonten gibt es und was registrieren sie jeweils?		51
5 Welche Arten von Bewegungskonten gibt es und was registrieren sie jeweils?		51
6 Wieso sind Bilanz und Erfolgsrechnung spiegelbildlich aufgebaut?		53
7 Wie ist ein Buchungssatz aufgebaut? Was wäre ein Beispiel für eine Buchung? Welche Konten sind jeweils wie betroffen?		54
8 Warum werden bei den Konten der Erfolgsrechnung *keine* Eröffnungsbuchungen vorgenommen?		60
9 Auf welchen Konten erscheinen *erfolgswirksame* Geschäftsfälle?		65
10 Für wen werden normalerweise Bilanzen und Erfolgsrechnungen erstellt?		Kapitel 3 und 4

3 Ordnungsmässigkeit der Buchführung – rechtliche Anforderungen

Im Kapitel 3 sollen folgende Inhalte vermittelt werden:

– Die Ordnungsmässigkeit der Buchführung ist *gesetzlich* vorgeschrieben und dient dem Schutz zentraler Anspruchsgruppen eines Unternehmens, d.h. vor allem den Gläubigern.
– Zur *allgemeinen Buchführungspflicht* gehört insbesondere die jährliche Erstellung von *Inventar*, *Betriebsrechnung* und *Bilanz*.
– Für *Aktiengesellschaften* gelten Sondervorschriften. Diese beziehen sich vor allem auf den *Geschäftsbericht* und umfassen *Bewertungsregeln* sowie Vorschriften zum Inhalt, zur Mindestgliederung von

Bilanz und Erfolgsrechnung und zum Inhalt des Anhangs (Offenlegungspflichten).
- Der Geschäftsbericht umfasst drei Hauptelemente, nämlich:
  - *Jahresrechnung*, bestehend aus Erfolgsrechnung, Bilanz und Anhang,
  - *Jahresbericht* und eventuell eine
  - *Konzernrechnung*.

Wenn Ihnen dieser Stoff bereits vertraut ist, könnte es für Sie sinnvoll sein, die folgenden Ausführungen zu überspringen. Die nächste kurze Zusammenfassung findet sich auf Seite 74.

Das finanzielle Rechnungswesen hält alle geldmässig relevanten Beziehungen zwischen Unternehmen und Umwelt fest. Das finanzielle Rechnungswesen befriedigt nicht zuletzt auch die Bedürfnisse *externer* Anspruchsgruppen, die ein Interesse aufweisen, das des gesetzlichen Schutzes würdig ist.

Dieser *gesetzliche Schutz* bezieht sich vor allem auf gewisse Mindestanforderungen an die Ordnungsmässigkeit der Buchführung. Dies betrifft insbesondere die Kapitalgesellschaften (AG, GmbH, die Genossenschaften), bei denen die (persönliche) Haftung und damit persönliche Belangbarkeit der verantwortlichen Unternehmer im Vergleich zu Personengesellschaften stark eingeschränkt ist.

Die *allgemeinen Vorschriften* des Obligationenrechtes (OR) über die Buchführung finden sich in Art. 957-964 OR.[13] Dazu enthält das OR[14] auch spezielle Buchführungsvorschriften zum Beispiel für:

- die Kollektiv- und Kommanditgesellschaften (Art. 558-560, 587 OR)
- Aktiengesellschaften und Kommanditaktiengesellschaften (Art. 662-671, 725 Abs. 2, 742, 743, 764 OR).

Art. 957 OR definiert die *Pflicht zur Buchführung* wie folgt (kursiv nicht im Original):

„Wer verpflichtet ist, seine Firma in das Handelsregister eintragen zu lassen, ist gehalten, diejenigen Bücher ordnungsgemäss zu führen, die

---

[13] In Deutschland gelten für die bisherigen und folgenden Ausführungen sinngemäss ähnliche rechtliche Vorschriften. Die entsprechenden Bestimmungen befinden sich im dritten Buch des Handelsgesetzbuches (Handelsbücher, §§ 238-339 HGB).

[14] In der Schweiz können ergänzend auch gewisse kantonal festgelegte *steuerrechtliche* Anforderungen an die Buchführungspflicht von Bedeutung sein.

nach Art und Umfang seines Geschäftes nötig sind, um die *Vermögenslage* des Geschäftes und die mit dem Geschäftsbetriebe zusammenhängenden *Schuld- und Forderungsverhältnisse* sowie die *Betriebsergebnisse*[15] der *einzelnen Geschäftsjahre* festzustellen."

Der Begriff der gesetzmässigen Buchführung ist rechtlich weiter gefasst als derjenige der Buchhaltung. Er umfasst nicht nur die buchhalterischen Eintragungen, sondern auch die Beschaffung und Aufbewahrung der hierzu erforderlichen Unterlagen (Belege, Auszüge, Abrechnungen, Geschäftskorrespondenz usw.). Für diese Dokumente besteht eine *Aufbewahrungspflicht* von *10 Jahren*.

Zur *allgemeinen Buchführungspflicht* gehört insbesondere die *jährliche Erstellung* von:

- Inventar,
- Betriebsrechnung und
- Bilanz.

Dabei gelten die nachfolgend erläuterten Grundsätze der *Bilanzwahrheit* und *Bilanzklarheit* und die Regel, dass alle Aktiven höchstens nach dem Werte anzusetzen sind, „der ihnen im Zeitpunkt, auf welchen die Bilanz errichtet wird, für das Geschäft zukommt" (Art. 960 OR).

Die *wichtigsten Sondervorschriften* sind jene für Aktiengesellschaften. Darin finden sich vor allem Vorschriften zum Geschäftsbericht:

- Inhalt
- Mindestgliederung von Bilanz und Erfolgsrechnung
- Inhalt des Anhangs (Offenlegungspflichten)
- Bewertungsregeln (Bewertung von Aktiven und Passiven)

3.1 Inhalt des Geschäftsberichtes

Gemäss Art. 662 OR ist für die Erstellung eines ordnungsgemässen Geschäftsberichtes der Verwaltungsrat verantwortlich. Er umfasst drei Hauptelemente, nämlich:

- Jahresrechnung, bestehend aus:
  · Erfolgsrechnung

---

15 Unter Betriebsergebnis wird *rechtlich* der Geschäftserfolg, also der Unternehmensgewinn verstanden.

- Bilanz
- Anhang
- Jahresbericht
- und eventuell eine Konzernrechnung.

Für die *Ordnungsmässigkeit der Rechnungslegung*, die eine möglichst zuverlässige Beurteilung der tatsächlichen Vermögenslage, der bestehenden Schulden und der damit im Zusammenhang stehenden Geschäftsentwicklung gewährleisten soll, sind folgende Grundsätze und Vorschriften zu beachten (Art. 662a OR):

- Vollständigkeit der Jahresrechnung
- Klarheit und Wesentlichkeit der Angaben
- Vorsicht
- Fortführung der Unternehmenstätigkeit
- Stetigkeit in Darstellung und Bewertung
- Unzulässigkeit der Verrechnung von Aktiven und Passiven sowie von Aufwand und Ertrag

3.2 Mindestgliederung und -offenlegung von Bilanz und Erfolgsrechnung

In der *Erfolgsrechnung* sind die

- betrieblichen
- ausserordentlichen
- betriebsfremden (neutralen)

Aufwendungen und Erträge gesondert auszuweisen. Im weiteren sind *gesondert* auszuweisen:

- beim *Ertrag* mindestens
  Erlös aus Lieferungen und Leistungen
  Finanzertrag
  Gewinn aus Veräusserungen von Anlagevermögen (übriger Betriebsertrag)

- beim *Aufwand* mindestens
  Material- und Warenaufwand
  Personalaufwand

Finanzaufwand
Abschreibungen
Übriger Betriebsaufwand

In der *Bilanz* sind

- Umlauf- und Anlagevermögen sowie
- Fremd- und Eigenkapital

gesondert auszuweisen. Weiter zu differenzieren ist dabei:

- beim Umlaufvermögen in:
    Flüssige Mittel
    Forderungen aus eigenen Lieferungen und Leistungen
    Andere Forderungen
    Vorräte
    Aktive Rechnungsabgrenzungsposten (Transitorische Aktiven)

- beim Anlagevermögen in:
    Finanzanlagen
    Sachanlagen
    Immaterielles Anlagevermögen

- beim Fremdkapital in:
    Schulden aus bezogenen Lieferungen und Leistungen
    Andere kurzfristige Verbindlichkeiten
    Langfristige Verbindlichkeiten
    Rückstellungen
    Passive Rechnungsabgrenzungsposten (Transitorische Passiven)

- beim Eigenkapital in:
    Aktienkapital
    Gesetzliche und andere Reserven
    Bilanzgewinn

Im weiteren sind konzerninterne Verflechtungen, Verflechtungen mit Aktionären, Rechnungsabgrenzungsposten (transitorische Aktiven und Passiven) sowie ein allfälliger Bilanzverlust gesondert auszuweisen.

3.3 Inhalt des Anhangs (Offenlegungspflichten)

Der *Anhang* (Art. 663b OR) muss insbesondere folgende Angaben enthalten:

- Bürgschaften, Garantieverpflichtungen, Pfandbestellungen zugunsten Dritter (z.b. Hypotheken)
- Verpfändete Aktiven, Aktiven unter Eigentumsvorbehalt
- Nicht-bilanzierte Leasingverbindlichkeiten
- *Brandversicherungswerte* der Sachanlagen
- Verbindlichkeiten gegenüber Vorsorgeeinrichtungen
- Beträge, Zinssätze und Fälligkeiten der von der Gesellschaft ausgegebenen Anleihensobligationen
- Alle Beteiligungen, die für die Beurteilung der Vermögens- und Ertragslage der Gesellschaft wichtig sind.
- „den Gesamtbetrag der aufgelösten Wiederbeschaffungsreserven und der darüber hinausgehenden stillen Reserven, soweit dieser den Gesamtbetrag der neugebildeten derartigen Reserven übersteigt, wenn dadurch das erwirtschaftete Ergebnis wesentlich günstiger dargestellt wird."
- Angaben über Gegenstand und Betrag von Aufwertungen
- Angaben über Erwerb, Veräusserung und Anzahl eigener Aktien

3.4 Bewertungsregeln

Die Bewertungsregeln sind in Art. 665-670 OR festgehalten.

Anlagevermögen und Wertschriften ohne Kurswert dürfen höchstens zu Anschaffungs- oder Herstellkosten – abzüglich der notwendigen Abschreibungen – bewertet werden.

Zum Anlagevermögen gehören auch Beteiligungen. Beteiligungen sind Finanzanlagen, die mit der Absicht dauernder Anlage gehalten werden und eine massgebliche Einflussnahme (mindestens 20 %) ermöglichen.

Vorräte dürfen höchstens zu den Anschaffungs- oder Herstellkosten bewertet werden. Sind diese höher als ein allfälliger Marktpreis, so gilt dieser (Niederstwertprinzip).

Selbst-Controlling: Modul 2, Kapitel 3

Frage	Unsicher?	Wenn ja Seite
1 Wessen Bedürfnissen muss das finanzielle Rechnungswesen insbesondere entsprechen?		69
2 Welche Rechnungen/Dokumente müssen gemäss allgemeiner Buchführungspflicht erstellt werden?		70
3 Was muss der Geschäftsbericht beinhalten?		71
4 Warum sind betriebliche, ausserordentliche und betriebsfremde (neutrale) Aufwendungen und Erträge gesondert auszuweisen?		71
5 Wieso müssen stille Reserven im Anhang gesondert ausgewiesen werden?		73
6 Für wen werden Geschäftsabschlüsse erstellt und wie verändern sie sich in Abhängigkeit von der jeweiligen Zielgruppe?		Kapitel 4

4 Probleme des Geschäftsabschlusses

Im Kapitel 4 sollen folgende Inhalte vermittelt werden:

- Der Zweck der Bilanz und Erfolgsrechnung ist die Feststellung von Vermögen und Schulden sowie die Erfolgsermittlung.
- Die Vermögensgegenstände eines Unternehmens erfordern eine Bewertung. Bilanz und Erfolgsrechnung basieren daher auf *Bewertungen*.
- Der Bewertungsmassstab ist abhängig von den Anspruchsgruppen und deren Informationsbedarf über den Geschäftsgang. Betriebswirtschaftliche (interne), handelsrechtliche (externe) und steuerrechtliche Gesichtspunkte führen somit zu unterschiedlichen Bewertungsmassstäben und damit zu unterschiedlichen Abschlüssen.

Wenn Ihnen dieser Stoff bereits vertraut ist, könnte es für Sie sinnvoll sein, die folgenden Ausführungen zu überspringen. Die nächste kurze Zusammenfassung findet sich auf den Seiten 83/84.

Abschluss	Adressaten-gruppe	Interesse	Prinzipien/ Grundsätze
Betriebswirtschaftlicher Abschluss *Betriebswirtschaftlicher Gewinn (Unternehmenserfolg)*	*intern* Unternehmensführung	Optimale Grundlagen für die Planung und Feinsteuerung der Unternehmensaktivitäten Schutz der Arbeitnehmer	„Objektivität" möglichst gute, realitätsgerechte zahlenmässige Abbildung der laufenden Geschäftsentwicklung
Handelsrechtlicher Abschluss *Buchgewinn*	*extern* Kapitalgeber Gläubiger Öffentlichkeit	Gläubigerschutz	*Bilanzvorsicht* (Begrenzung der Bewertung des Vermögens nach oben) *Bilanzwahrheit Bilanzklarheit*
Steuerrechtlicher Abschluss *Steuerrechtlich relevanter Gewinn*	*extern* Steuerbehörde	Optimierung des Steuersubstrates und damit Erhaltung der langfristigen Lebensfähigkeit eines Unternehmens	Massgeblichkeit des *handelsrechtlichen* Abschlusses Bewertung des Vermögens *nach unten* begrenzt

Abbildung 18: Perspektiven des Geschäftsabschlusses im Überblick

4.1 Anspruchsgruppen des Geschäftsabschlusses

Der Zweck der Erstellung von Bilanz und Erfolgsrechnung liegt in der Feststellung der Vermögens- und Schuldenlage eines Unternehmens sowie in der Ermittlung des Periodenerfolges der Geschäftstätigkeit.

- Im Rahmen der *Unternehmensführung* werden diese Daten zur Überwachung der finanziellen Stabilität sowie zur Planung und Feinsteuerung des erfolgswirtschaftlichen Wertzuwachses des Unternehmens benötigt.
- Die *Steuerbehörde* ist an korrekten Bemessungsgrundlagen für die Besteuerung interessiert.
- Die *Eigentümer* und *Fremdkapitalgeber* erwarten Aussagen über die Sicherheit ihrer Kapitalanlage und die Ertragskraft des Unternehmens.
- Auch zwischen Unternehmen und *Lieferanten, Kunden, Mitarbeitern* und der *Öffentlichkeit* bestehen gegenseitige, teilweise sehr weitreichende Abhängigkeiten, die eine Informationspflicht über den Geschäftsgang des Unternehmens begründen und legitimieren.

Inhalt, Form und Umfang der Rechnungslegung, insbesondere die konkrete Gestaltung von Bilanz und Erfolgsrechnung, hängen nun ab von ihrer konkreten Zweckbestimmung. Während unterjährige Rechnungsausweise (Zwischenabschlüsse) vor allem in kleineren und mittleren, nicht-börsenkotierten Unternehmen eher interne Führungshilfsmittel darstellen, wird die *Jahresrechnung* (Jahresabschluss) ganz besonders auch auf die Bedürfnisse von unternehmensexternen Kreisen und der Mitarbeiter ausgerichtet.

| Bei der Erstellung von Bilanz und Erfolgsrechnung ist es unumgänglich, dass *Bewertungen* vorgenommen werden müssen (siehe Kapitel 3.4).

Dies betrifft zum einen die monetäre Bewertung von Vermögen wie Immobilien, Sachanlagen (Mobilien, Betriebsfahrzeuge) und immaterielles Anlagevermögen (Patente, Lizenzen, Marken). Dazu gehört aber auch eine Bewertung des Lagers (Halb- und Fertigfabrikate) und der Bonität von Kunden mit ausstehenden Kundenforderungen. Auch auf der Passivseite der Bilanz finden sich solche Posten wie zum Beispiel Garantierückstellungen, Rücknahmeverpflichtungen von Leasing-Gütern als Leasing-Geber, Rückstellungen für Risiken im Bereich der Produktehaftpflicht, Rückstellungen für Prozesskosten (juristische Auseinandersetzungen) usw.

4.2 Divergierende Gesichtspunkte des Geschäftsabschlusses betriebswirtschaftliche Erfolgsperspektive, Handelsrecht und Steuerrecht

Die Bewertungen von Vermögens- und Schuldenpositionen sowie den damit zusammenhängenden Geschäftsfällen der Erfolgsrechnung fällt nun je nach der gewählten Zweckbestimmung des Geschäftsabschlusses unterschiedlich aus:

– Die interne oder *betriebswirtschaftliche* Bilanz und Erfolgsrechnung verfolgt den Zweck, für die Unternehmensführung ein möglichst *„objektives"*, *sachgerechtes, realistisches Bild* zu ermitteln, damit auf dessen Grundlage zweckmässige Planungs-, Feinsteuerungs- und Entscheidungsfunktionen ausgeübt werden können. In Verbindung mit den Controlling-Instrumenten des betrieblichen Rechnungswesens (siehe Modul 3) spricht man dabei häufig auch von sogenannten Managementrechnungen.

Der *betriebswirtschaftliche Erfolg* eines Unternehmens wird oft durch den sogenannten „*Managementerfolg*" oder durch das „*operative Resultat*" zum Ausdruck gebracht. Kennzeichnend sind dabei die folgenden Elemente:

- kalkulatorische Abschreibungen, die möglichst den tatsächlichen Wertverzehr bzw. eine problemlose Wiederbeschaffung widerspiegeln.
- kalkulatorische Zinsen, welche die tatsächlichen Kapitalkosten als Ergebnis einer bestimmten Kapitalbindung durch das gesamte investierte Vermögen (oder zumindest durch das Nettoumlaufvermögen) zum Ausdruck bringen.
- kalkulatorischer Unternehmerlohn
- Ausschluss von Bewertungskorrekturen (Bildung/Auflösung stiller Reserven)
- Ausschluss bzw. gesonderter Ausweis ausserordentlicher und vor allem betriebsfremder (neutraler) Positionen

- Beim handelsrechtlichen Rechnungsausweis, der sich primär an die Kapitalgeber und an die Öffentlichkeit richtet, soll die wirtschaftliche Situation des Unternehmens keinesfalls besser dargestellt werden, als sie es tatsächlich ist. Dieser Schutzgedanke führt zunächst einmal zu einem ersten Prinzip, dem *Prinzip der Bilanzvorsicht*. Das Vorsichtsprinzip schlägt sich in der handelsrechtlichen *Höchstbewertungsvorschrift von Aktiven* nieder: Der Höchstwert ist der Tageswert zum Bilanzstichtag. Bei Kapitalgesellschaften sind die Vermögenswerte höchstens zum Anschaffungs- bzw. Herstellungswert abzüglich der Abschreibungen anzusetzen. Nach dem *Niederstwertprinzip* ist bei niedrigerem Tageswert dieser Tageswert zu nehmen.

Da ein Unternehmen den Höchstwert unterschreiten darf, können *stille Reserven* entstehen. Dies erfolgt hauptsächlich durch Unterbewertung von Aktiven (z.B. überhöhte Wertberichtigungen bzw. Abschreibungen auf Vorräten und Anlagen), aber auch etwa durch Überbewertung von Passiven (z.B. übersetzte Rückstellungen für Garantiearbeiten).

Stille Reserven entstehen auch durch nicht ausgewiesene Vermögensteile oder durch Aufführen fiktiver Passiven. Letzteres widerspricht im Gegensatz zu bilanziellen Unter- bzw. Überbewertungen jedoch einem zweiten wichtigen Prinzip, dem *Prinzip der Bilanzwahrheit*.

Stille Reserven können aber auch ohne Einflussnahme der Unternehmensführung entstehen, dann nämlich, wenn Vermögenswerte durch nicht beeinflussbare Gründe (Bodenpreis, Börsenkurs) stark steigen, z.B. Immobilien, Grundstücke, börsenkotierte Beteiligungen usw. Solche stillen Reserven nennt man – im Gegensatz zu den absichtlich (willkürlich) gebildeten – unwillkürliche stille Reserven.

Drittens sind nach dem *Prinzip der Bilanzklarheit* die verschiedenen Vermögensteile und Verbindlichkeiten sauber zu trennen (keine gegenseitigen Verrechnungen) und transparent zu gliedern.

Der handelsrechtliche Abschluss ist damit vor allem auf den *Schutz wichtiger externer Anspruchsgruppen* des Unternehmens ausgerichtet.

Das Handelsrecht *begrenzt* die Bewertung des Vermögens nach oben (Höchstbewertungsvorschriften)[16], was tendenziell eher zu einem (zu) tiefen Ausweis des Gewinnes führt.

- Das Interesse der *Steuerbehörde* liegt nun genau in der *umgekehrten* Richtung. Sie ist zugunsten der Öffentlichkeit um ein angemessenes Steueraufkommen bemüht. Dieses steigt natürlich mit der Höhe der ausgewiesenen Gewinne. Das Steuerrecht (Steuergesetz) begrenzt deshalb die Bewertung des Vermögens nach unten – beispielsweise durch eine Begrenzung der Abschreibungen – und die Bewertung von Schulden und Rückstellungen nach oben. Demzufolge wirken Handelsrecht und Steuerrecht bei Bewertungsfragen in entgegengesetzter Richtung.

Kann ein Unternehmen auf ein ausserordentlich erfolgreiches Geschäftsjahr zurückblicken, wird es bei der Erstellung des *steuerrechtlich relevanten Abschlusses* (Steuerbilanz und Steuererfolgsrechnung) versuchen, bei der Bewertung von Vermögen und Schulden alle legalen Möglichkeiten auszunutzen, um Steuern zu sparen – also *strikt* konform mit dem Handelsrecht, Vermögenswerte mit Hilfe von Abschreibungen und der Bildung von Rückstellungen möglichst *tief* auszuweisen, um dadurch den steuerbaren Gewinn zu mindern. Auf langfristige Sicht ist es zudem zweckmässig, in Fällen einer *progressiven* Ertragsbesteuerung möglichst ausgeglichene Gewinnausweise zu bilden.

Die Steuerbehörde versucht ihrerseits, zu tief angesetzte Aktiven

---

16 Analog zu den *Höchstbewertungsvorschriften* von Vermögensteilen auf der Aktivseite einer Bilanz sind *Tiefstbewertungsvorschriften* von Verpflichtungen und Rückstellungen auf der Passivseite einer Bilanz einzuhalten.

und überrissene gewinnmindernde Aufwendungen („verdeckte Gewinnentnahmen") über „Aufrechnungen" zu korrigieren, um damit zu einem angemessenen, d.h. steuerrechtlich konformen, Gewinnausweis zu gelangen.[17] Zudem verlangen die Steuerbehörden die Stetigkeit der angewandten Prinzipien bei der Bemessung der Abschreibungen.

– Zwischen Handelsrecht und Steuerrecht gilt das *Prinzip der Massgeblichkeit des handelsrechtlichen Abschlusses*. Dies bedeutet, dass steuerlich keine grösseren Beträge abgeschrieben werden dürfen, als handelsrechtlich tatsächlich abgeschrieben wurden. Das Gleiche gilt für die Besteuerung von Vermögenswerten, bei denen die handelsrechtliche Bewertung die Niederstgrenze markiert.

Fassen wir zusammen: Der Bewertungsmassstab eines Geschäftsabschlusses ist abhängig von den Anspruchsgruppen und deren Informationsbedarf über den Geschäftsgang. Betriebswirtschaftliche (interne), handelsrechtliche (externe) und steuerrechtliche Gesichtspunkte führen somit zu unterschiedlichen Bewertungsmassstäben und demzufolge zu unterschiedlichen Abschlüssen. Die folgende Abbildung stellt diese verschiedenen Gesichtspunkte nochmals zusammenfassend dar:

Abschluss	Adressatengruppe	Interesse	Prinzipien/ Grundsätze
Betriebswirtschaftlicher Abschluss *Betriebswirtschaftlicher Gewinn (Unternehmenserfolg)*	*intern* Unternehmensführung	Optimale Grundlagen für die Planung und Feinsteuerung der Unternehmensaktivitäten Schutz der Arbeitnehmer	*„Objektivität"* möglichst gute, realitätsgerechte zahlenmässige Abbildung der laufenden Geschäftsentwicklung
Handelsrechtlicher Abschluss *Buchgewinn*	*extern* Kapitalgeber Gläubiger Öffentlichkeit	Gläubigerschutz	*Bilanzvorsicht* (Begrenzung der Bewertung des Vermögens nach oben) *Bilanzwahrheit Bilanzklarheit*

---

17 Im Hinblick auf ein planbares, langfristig ausgeglichenes Steuersubstrat ist selbstverständlich auch eine Steuerbehörde nicht daran interessiert, ein Unternehmen unnötig zu schikanieren. Dies betrifft vor allem kleinere und mittlere Unternehmen. Allerdings geht es dabei lediglich um die Gestaltung von Ermessensspielräumen, die vom Gesetzgeber *absichtlich* offengelassen wurden. Selbstverständlich darf eine Steuerbehörde dabei nicht den Grundsatz der *Rechtsgleichheit* verletzen.

Abschluss	Adressaten-gruppe	Interesse	Prinzipien/Grundsätze
Steuerrechtlicher Abschluss *Steuerrechtlich relevanter Gewinn*	extern Steuerbehörde	Optimierung des Steuersubstrates und damit Erhaltung der langfristigen Lebensfähigkeit eines Unternehmens	Massgeblichkeit des *handelsrechtlichen* Abschlusses Bewertung des Vermögens *nach unten* begrenzt

Abbildung 19: Perspektiven des Geschäftsabschlusses im Überblick

Beispiel

Die Firma Meier AG ist ein Familienunternehmen. Die Aktionäre stammen von verschiedenen „Stämmen" der Familie. Deren Interessen gehen zum Teil recht weit auseinander, wenn es um die Zukunft des Unternehmens geht. Die einen sind interessiert an einem internen Wertzuwachs und an einem langfristigen Gedeihen des Unternehmens. Andere wiederum sehen ihre Beteiligung am Unternehmen als reine Wertanlage, in ihren Augen soll das Unternehmen deshalb vor allem als kurzfristig profitable „Cash-Maschine" funktionieren.

Das Jahr 1996 war ein äusserst profitables Jahr. Ursache hierfür war ein sehr günstiges konjunkturelles Umfeld, die Akquisition eines neuen Grosskunden sowie die Markteinführung eines Produktes mit hohem Nachholbedarf. In diesem Jahr wurde aber auch die gesamte Hard- und Software-Architektur ersetzt und eine neue integrierte Geschäftssoftware eingeführt. Damit waren Kosten in der Höhe von 2 Mio. SFr./DM verbunden.

1. Betriebswirtschaftliche Perspektive

Aus betriebswirtschaftlicher Perspektive ist die Informationstechnologie-Architektur auf einen Zeithorizont von mindestens 10 Jahren ausgelegt. Im Hinblick auf eine angemessene *Produkte-Kalkulation* sollen die vorgenommenen Investitionen in einem Zeitraum von 10 Jahren *linear*, d.h. jedes Jahr 10 % vom Anschaffungswert, abgeschrieben werden. Eine solche Lösung soll insbesondere auch sicherstellen, dass ausreichend Mittel für eine zukünftige Wiederbeschaffung bereitgestellt werden können.

Daraus ergeben sich folgende *betriebswirtschaftliche* Bilanz und Erfolgsrechnung:

Betriebswirtschaftliche Bilanz per 31.12.1996 (in 1000)				Betriebswirtschaftliche Erfolgsrechnung vom 1.1. – 31.12.1996 (in 1000)			
Umlaufvermögen	5000	Fremdkapital	3600	Diverse Aufwandspositionen	17500	Ertrag	20000
IT-Architektur (Hard-/ Software)	1800	Eigenkapital	9900	Abschr. IT-Arch.	200		
Übriges AV	9000	Reingewinn	2300	Reingewinn	2300		
	15800		15800		20000		20000

2. Handelsrechtliche Perspektive

Der im Vergleich zu den Vorjahren massiv gestiegene betriebswirtschaftliche Gewinn weckt natürlich den Appetit bestimmter Aktionärsgruppen auf die Ausschüttung einer hohen Dividende. Um diesen Ansprüchen entgegenzuwirken und einen nur leicht überdurchschnittlichen Gewinnausweis zu präsentieren, entschliessen sich der Verwaltungsrat und die Geschäftsleitung dazu, die vorgenommenen IT-Investitionen *progressiv*, d.h. im vorliegenden Fall jeweils 60 % vom Buchwert, abzuschreiben. Im ersten Jahr sollen somit 60 % der ursprünglichen Anschaffungskosten abgeschrieben werden, was folgende *handelsrechtliche* Bilanz und Erfolgsrechnung ergibt:

Handelsrechtliche Bilanz per 31.12.1996 (in 1000)				Handelsrechtliche Erfolgsrechnung vom 1.1. – 31.12.1996 (in 1000)			
Umlaufvermögen	5000	Fremdkapital	3600	Diverse Aufwandspositionen	17500	Ertrag	20000
IT-Architektur (Hard-/ Software)	800	Eigenkapital	9900	Abschr. IT-Arch.	1200		
Übriges AV	9000	Reingewinn	1300	Reingewinn	1300		
	14800		14800		20000		20000

3. Steuerrechtliche Perspektive

Die erhöhten Abschreibungen senken den ausgewiesenen Jahresgewinn und schmälern damit das Steuersubstrat. Deshalb rechnen die Steuerbehörden aufgrund entsprechender rechtlicher Vorschriften einen Teil –

im vorliegenden Fall seien dies 35 % – der vorgenommenen Abschreibungen wieder auf, was folgende *steuerrechtlich massgebliche* Bilanz und Erfolgsrechnung ergibt.

Steuerrechtliche Bilanz per 31.12.1996 (in 1000)				Steuerrechtliche Erfolgsrechnung vom 1.1. – 31.12.1996 (in 1000)			
Umlaufvermögen	5000	Fremdkapital	3600	Diverse Aufwandspositionen	17500	Ertrag	20000
IT-Architektur (Hard-/Software)	1500	Eigenkapital	9900	Abschr. IT-Arch.	500		
Übriges AV	9000	Reingewinn	2000	Reingewinn	2000		
	15500		15500		20000		20000

Selbst-Controlling: Modul 2, Kapitel 4

Frage		Unsicher?	Wenn ja Seite
1	Wer hat ein berechtigtes Interesse an der Erstellung eines Geschäftsabschlusses, und wie muss das Unternehmen diesem Interesse entsprechen?		76
2	Welche Probleme können sich aus der Notwendigkeit, Bewertungen vorzunehmen, jeweils ergeben (in welche Richtung wirken sich die Interessen der Anspruchsgruppen bei der Festlegung des Bewertungsansatzes jeweils aus)?		79/80
3	Wie lassen sich die Interessen der Anspruchsgruppen stichwortartig umschreiben?		79/80
4	Wie können sich die Anspruchsgruppen anhand weniger Zahlen einen guten Überblick über die aktuelle Situation des Unternehmens verschaffen?		Kapitel 5

5 Auswertungen aus der Finanzbuchhaltung

Im Kapitel 5 sollen folgende Inhalte vermittelt werden:

- Aus der Finanzbuchhaltung lassen sich Auswertungen vornehmen, die für die Unternehmensführung als Grundlage zur Beurteilung der *finanziellen Stabilität* und des *erfolgswirtschaftlichen Wertzuwachses* dienen können.
- Die Voraussetzungen für die Ermittlung von Kennzahlen sind:
  - Gute Gliederung von Bilanz und Erfolgsrechnung
  - Hohe Aktualität
  - Eindeutige Definition von Kontenzusammenfassungen
  - Klare und stabile Kontierungs- und Bewertungsregeln
  - Elimination der stillen Reserven
  - Klare Ausscheidung von betriebsfremden Aufwands- und Ertragspositionen und dementsprechend von nicht-betriebsnotwendigem Vermögen

- Der Cash Flow ist eine wichtige Ausgangsgrösse für die Mittelflussrechnung und wird verstanden als die von einem Unternehmen *selbst erarbeiteten Finanzmittel* (Zuwachs des Nettoumlaufvermögens) aus der betrieblichen Umsatztätigkeit.
- Beim Cash Flow stehen nicht nur reine Finanzmittelzuflüsse zur Diskussion, sondern *alle erfolgswirksamen Wertverschiebungen* des *gesamten Nettoumlaufvermögens*. Damit bezieht sich der Begriff Cash Flow *immer* auf eine Zu- oder Abnahme des Nettoumlaufvermögens.
- Der Cash Flow kann verkürzt definiert werden als die Summe von Gewinn und Abschreibungen.
- Der Cash Flow ist die *wichtigste Kennzahl* für die Beurteilung der *Selbstfinanzierungskraft* eines Unternehmens.
- Bei der Finanzierung, d.h. der Bereitstellung von Kapital und Finanzmitteln, wird unterschieden in *Aussenfinanzierung* (Eigen- und Fremdfinanzierung) und *Innenfinanzierung* (Selbst- und Verflüssigungsfinanzierung).
- Die Mittelflussrechnung ist das zentrale *Bindeglied* zwischen der rein *finanziellen* und der *erfolgswirtschaftlichen* Betrachtungsweise der Unternehmensaktivitäten.
- Die Mittelflussrechnung geht vom Unternehmensgewinn bzw. dem Cash Flow der Periode aus und zeigt auf,
  - wie diese Geldmittel während der Abrechnungsperiode im Unternehmen investiert worden sind,

- welche Desinvestitionen stattgefunden haben,
- welche Mittel durch Finanzierungsaktivitäten dem Unternehmen zugeflossen sind und
- welche Mittel durch Definanzierungsaktivitäten dem Unternehmen entzogen worden sind.

Wenn Ihnen dieser Stoff bereits vertraut ist, könnte es für Sie sinnvoll sein, die folgenden Ausführungen zu überspringen. Die nächste kurze Zusammenfassung findet sich auf Seite 99.

Aus der Finanzbuchhaltung lassen sich – immer bezogen auf ein Unternehmen als Ganzheit – eine Reihe wichtiger Auswertungen vornehmen, die für die Unternehmensführung als zentrale Grundlage zur Beurteilung der finanziellen Stabilität und des erfolgswirtschaftlichen Wertzuwachses dienen können.

Im folgenden wird zunächst die Ermittlung des Cash Flows und die Struktur einer Mittelflussrechnung besprochen, anschliessend werden die wichtigsten finanzwirtschaftlichen Kennzahlen dargestellt.

5.1 Voraussetzungen

Bevor aus der Finanzbuchhaltung Auswertungen, z.B. die Berechnung finanzwirtschaftlicher Kennzahlen, vorgenommen werden können, müssen ein paar wesentliche Vorbedingungen erfüllt sein, die allenfalls Zusatzarbeiten mit sich bringen können.

1. Gute Gliederung von Bilanz und Erfolgsrechnung

Zur Ermittlung aussagekräftiger Kennzahlen müssen Bilanz und Erfolgsrechnung übersichtlich und in einem solchen Detaillierungsgrad gegliedert sein, dass die gewünschten Kennzahlen auch tatsächlich ermittelt werden können.

2. Hohe Aktualität

Die Buchhaltung muss nachgeführt sein. Wenn beispielsweise halb- oder vierteljährlich ein *Zwischenabschluss* erarbeitet wird, dann müssen zur Ermittlung aussagefähiger Kennzahlen Aufwand und Ertrag zeitlich perdiodengerecht abgegrenzt sein. Beispiel: Versicherungsprämien und Abschreibungen, die normalerweise nur einmal jährlich gebucht werden, müssen auf die Quartale bzw. Semester verteilt werden.

3. Eindeutige Definition von Kontenzusammenfassungen

Kennzahlen arbeiten mit Aggregaten von zusammengezogenen Zahlen. Dies bedarf klarer Regeln, welche Kontensaldi in welche Aggregate einfliessen sollen. Ein Beispiel: Zur Bestimmung des Liquiditätsgrades I müssen die liquiden Mittel den kurzfristigen Verbindlichkeiten gegenübergestellt werden. Dabei muss klar definiert werden, was als liquide Mittel gilt. Wenn dazu Kasse, Post und Bank zählen, dann wäre weiter zu definieren, ob unter die Rubrik „Bank" nur das Kontokorrent-Konto fällt oder auch kurzfristig angelegte, täglich liquidierbare Wertschriften.

4. Klare und stabile Kontierungs- und Bewertungsregeln

Beim Arbeiten mit Kennzahlen spielen oft weniger die absoluten Werte der ermittelten Kennzahlen als deren Entwicklung über verschiedene Perioden hinweg eine zentrale Rolle. Damit solche *Zeitvergleiche* aussagekräftig ausfallen, bedarf es einer möglichst hohen Stabilität der Kontierungs- und Bewertungsregeln.

5. Elimination der stillen Reserven

Stabile Bewertungsregeln kommen insbesondere dort zum Tragen, wo aus steuerlichen oder bilanzpolitischen Überlegungen zum Beispiel über das betriebswirtschaftlich erforderliche Mass hinaus Abschreibungen getätigt oder Rückstellungen gebildet werden. Bevor Kennzahlen ermittelt werden, müssen Bilanz und Erfolgsrechnung um alle diese nicht dem tatsächlichen Geschäftsverlauf entsprechenden Elemente, d.h. um die *stillen Reserven*, bereinigt werden.

> Ausgangspunkt aller Auswertungen bildet also der *betriebswirtschaftliche* Abschluss mit dem *betriebswirtschaftlichen* Gewinn.

Somit dürfen für eine sachgemässe betriebswirtschaftliche Beurteilung der Geschäftsentwicklung ausschliesslich „gläserne" Zahlen, d.h. eine korrekt bereinigte Bilanz und Erfolgsrechnung, verwendet werden. Eine Vernachlässigung dieser Forderung kann dazu führen, dass beispielsweise *Trendbrüche im Geschäftsverlauf* oder andere Entwicklungen, die im Sinne eines Frühwarnindikators eine wichtige Bedeutung aufweisen, nicht (rechtzeitig) erkannt werden.

6. **Klare Ausscheidung von betriebsfremden Aufwands- und Ertragspositionen und dementsprechend von nicht-betriebsnotwendigem Vermögen**

Wenn in einem Unternehmen aus Traditionsgründen Aktivitäten abgewickelt werden, die nichts mit dem eigentlichen Kerngeschäft zu tun haben, dann sollten diese Aktivitäten nicht in die finanzwirtschaftliche Analyse der betrieblichen Tätigkeit einbezogen werden. Ein solches Beispiel wäre die Bewirtschaftung von Liegenschaften – sofern es sich dabei um *nicht-betriebsnotwendiges Vermögen* handelt. Idealerweise werden solche Aktivitäten in einer *mehrstufigen Erfolgsrechnung* ohnehin gesondert als *neutraler* Aufwand und Ertrag ausgewiesen.

Diese Forderung ist insbesondere auch dann von hoher Bedeutung, wenn der Eigentümer eines Unternehmens gewisse private, d.h. betriebsfremde Aktivitäten über sein Unternehmen abwickelt. Diese müssen zu einer klaren Beurteilung des Geschäftsverlaufes vom eigentlichen Geschäft getrennt ausgewiesen werden können.

5.2 Cash Flow

5.21 Aussagekraft und Berechnung des Cash Flows

Die Erfolgsrechnung dient dazu, das Zustandekommen des Periodenerfolges, ausgedrückt im Reingewinn/-verlust, transparent zu machen.

In den Reingewinn fliessen auch Grössen ein, die *nicht* mit einem *geldwirksamen* Mittelfluss (Ausgaben oder Einnahmen) verbunden sind. Hierzu gehören beispielsweise die Abschreibungen und die Bildung von Rückstellungen. Bei diesen Grössen ist zudem ein bisweilen *erheblicher Ermessensspielraum* für deren Bewertung vorhanden. Das Konzept des Cash Flows dient dazu, diese Nachteile zu umgehen.

Der Cash Flow ist eine wichtige Ausgangsgrösse für die Mittelflussrechnung. Die *Mittelflussrechnung* ist ihrerseits das zentrale *Bindeglied* zwischen der *finanziellen* und der *erfolgswirtschaftlichen* Betrachtungsweise der Unternehmensaktivitäten. In der Mittelflussrechnung wird eine transparente „Brücke geschlagen" zwischen dem Gewinn bzw. dem Cash Flow (d.h. dem erfolgswirtschaftlichen Wertzuwachs) und der Entwicklung der liquiden Mittel (d.h. der finanziellen Stabilität) eines Unternehmens.

Unter Cash Flow verstehen wir vereinfachend die von einem Unternehmen *selbst erarbeiteten Finanzmittel* (Zuwachs des Nettoumlaufvermögens) aus der betrieblichen Umsatztätigkeit.

Betrieblich bedeutet hier, dass neutrale, d.h. betriebsfremde Aufwendungen und Erträge, im Grunde genommen *nicht* in Cash Flow-Betrachtungen einbezogen werden dürfen, sondern getrennt ausgewiesen werden sollten. Diese Forderung wird in der Praxis allerdings nicht immer erfüllt.

Die selbst erarbeiteten Finanzmittel (Cash Flow) werden benötigt für:
- Investitionen ins Umlaufvermögen (Erhöhung der Debitoren und des Lagers),
- Ersatz- und Neuinvestitionen ins Anlagevermögen,
- Schuldentilgungen (Rückzahlung von Fremdkapital) und
- Dividendenzahlungen („Verzinsung" des Eigenkapitals).

Der Begriff *Cash* Flow hat allerdings den Nachteil, dass er vortäuscht, es ständen hier reine *Finanzmittelflüsse* zur Diskussion. Das ist insofern falsch, als in der Praxis beim Cash Flow nicht nur Zu- und Abflüsse der Bilanzpositionen Kasse, Post und Bank betrachtet werden, sondern alle erfolgswirksamen Wertverschiebungen des *gesamten Nettoumlaufvermögens*.

| Nettoumlaufvermögen = Umlaufvermögen[18] ./. kurzfristiges Fremdkapital

Bilanz der X-AG per 31.12.01

Aktiven	Passiven	
Umlaufvermögen	Kurzfristiges Fremdkapital	
(Liquide Mittel, Forderungen, Vorräte)		
	Langfristiges	Nettoumlaufvermögen
Anlagevermögen	Fremdkapital	
	+ Eigenkapital	

Abbildung 20: Schematische Darstellung des Nettoumlaufvermögens

---

18 Umlaufvermögen: Liquide Mittel, Forderungen, Vorräte

Aus dieser Definition geht klar der *geldnahe* Charakter des Nettoumlaufvermögens hervor. Das Nettoumlaufvermögen stellt denjenigen Teil des Umlaufvermögens dar, der potentiell für langfristige Investitionen zur Verfügung steht. Der Cash Flow ist jedoch *nicht* derjenige Betrag, der nach Ablauf der Abrechnungsperiode als zusätzlich erarbeitete, sozusagen *frei verfügbare liquide Mittel* vorliegt.

> Der Begriff *Cash Flow* bezieht sich also immer auf eine Zu- bzw. Abnahme des *Nettoumlaufvermögens* – und *nicht* der liquiden Mittel –, die sich aus der betrieblichen Umsatztätigkeit ergibt.
>
> Gerade in wachstumsstarken Unternehmen drückt sich der Cash Flow deshalb oft nicht in einem hervorragenden Liquiditätswachstum aus, sondern er kann bereits während der Abrechnungsperiode *laufend* durch die Zunahme der Debitoren (infolge Umsatzwachstums) und durch den Aufbau von Lagern gebunden (absorbiert) werden.
>
> Umgekehrt bringt ein Wachstum der Kreditoren eine gewisse Entlastung der Liquiditätssituation mit sich.

> *„Einnahmenwirksam"* bzw. *„ausgabenwirksam"*[19] meint also im folgenden:
> „ist mit einem Zuwachs bzw. einer Abnahme des *Nettoumlaufvermögens* verbunden."

Der Cash Flow kann auf direkte und indirekte Art berechnet werden.

Nach der *direkten* Berechnungsart ist der Cash Flow der Überschuss an finanziellen Mitteln, welcher dem Unternehmen aus dem Umsatzprozess während einer Periode zufliesst:

> Cash Flow = einnahmenwirksame Erträge ./.
> ausgabenwirksame Aufwände

---

19 Anstatt „*ausgaben*wirksam/nicht-*ausgaben*wirksam" werden oft auch die Begriffspaare „*bar*/nicht-*bar*" und „*liquiditäts*wirksam/*liquiditäts*unwirksam" verwendet. Bei diesen beiden Begriffspaaren besteht aber noch stärker die Gefahr, dass sie falsch interpretiert, d.h. unmittelbar auf die liquiden (flüssigen) Mittel (Kasse, Post, Bank) bezogen werden.

Der Cash Flow erscheint hier als Differenz zwischen einnahmenwirksamem Ertrag und Aufwand. Die *indirekte* Berechnung lautet dagegen folgendermassen:

| Cash Flow = *Gewinn* + nicht-ausgabenwirksame Aufwände ./. nicht-einnahmenwirksame Erträge

Diese Formel wird oft reduziert auf die *Kurzformel*:

| Cash Flow = Gewinn + Abschreibungen

Die beiden letzten Cash Flow-Formeln stimmen nur dann überein, wenn die Abschreibungen die einzige (erfolgswirksame) Aufwandsposition der Erfolgsrechnung ist, die *nicht* das Nettoumlaufvermögen berührt. In vielen Fällen gibt es jedoch noch weitere Posten (z.B. die Bildung oder Auflösung langfristiger Rückstellungen) mit der gleichen Wirkung wie die Abschreibungen. Ferner können Ertragspositionen (z.B. die Aktivierung von Eigenleistungen oder die Auflösung von langfristigen Rückstellungen) auftreten, die das Nettoumlaufvermögen *nicht* tangieren.

Im Idealfall gehen wir bei der Berechnung des Cash Flows von einer *bereinigten* Bilanz und Erfolgsrechnung aus.

Sofern der Cash Flow den Mittelzufluss aus *betrieblicher* Tätigkeit darstellen soll, müssen demnach auch alle neutralen, d.h. betriebsfremden, Positionen eliminiert werden.

Ausgangspunkt für die Berechnung des Cash Flows bildet somit der betriebswirtschaftliche Gewinn bzw. Verlust einer Abrechnungsperiode. Zu erinnern sei hier, dass „einnahmenwirksam" bzw. „ausgabenwirksam" im folgenden „ist mit einer Zu- bzw. Abnahme des Nettoumlaufvermögens verbunden" bedeutet.

Betriebswirtschaftlicher Gewinn
(gegebenenfalls Verlust als Minusposten)
+ nicht-ausgabenwirksame Aufwendungen
(Bildung stiller Reserven auf dem Umlaufvermögen, falls nicht bereits bereinigt)
Abschreibungen auf dem Anlagevermögen (Sachanlagen, Beteiligungen, immaterielles Anlagevermögen)
Erhöhung von langfristigen Rückstellungen
Verluste aus der Desinvestition von *Anlage*vermögen (*Sach*- und langfristige *Finanz*anlagen, direkt der Anlagenbuchhaltung zu entnehmen)

./. nicht-einnahmenwirksame Erträge
(Auflösung stiller Reserven auf dem Umlaufvermögen, falls nicht bereits bereinigt)
Aktivierung von Eigenleistungen
Auflösung von langfristigen Rückstellungen
Ertrag aus Desinvestitionen des *Anlage*vermögens (*Sach*- und langfristige *Finanz*anlagen, direkt der Anlagenbuchhaltung zu entnehmen)

= **Betriebswirtschaftlicher Cash Flow**
./. neutraler, ausgabenwirksamer Aufwand
+ neutraler, einnahmenwirksamer Ertrag
= **Brutto-Cash Flow**
./. Dividendenzahlungen
= **Netto-Cash Flow**

Weil – wie gezeigt wurde – das Nettoumlaufvermögen einen *geldnahen* Charakter hat, wird die Beschaffung finanzieller Mittel über den Cash Flow – nicht ganz korrekt – als *Selbstfinanzierung* bezeichnet.[20]

Nichtsdestoweniger ist der Cash Flow die *wichtigste Kennzahl zur Beurteilung der Selbstfinanzierungskraft* eines Unternehmens.

---

20 Nicht ganz korrekt ist diese Bezeichnung deshalb, weil eine durch den Cash Flow gespeiste „Selbstfinanzierung" aus dem erfolgswirksamen Umsatzprozess sich *nicht* auf die liquiden Mittel bezieht, sondern auf eine entsprechende Zunahme des Nettoumlaufvermögens.

In seiner Funktion als finanzwirtschaftliches Führungsinstrument hat der Cash Flow vor allem auch als Element von Kennzahlen eine hohe Bedeutung erlangt (siehe hierzu auch Kapitel 6, Cash Flow-Analyse).

Zur Beurteilung der *Verschuldungsgrenze* leistet beispielsweise die Kennzahl „Dynamischer Verschuldungsfaktor" gute Dienste: Der Verschuldungsfaktor gibt an, wievielmal der letzte Jahres-Cash Flow erarbeitet werden müsste, bis das Unternehmen seine gesamten effektiven Schulden getilgt hätte. Zusammenfassend lassen sich folgende Aussagen über den Cash Flow machen:

> Der Cash Flow:
> - ist der Überschuss an „finanziellen Mitteln" aus der betrieblichen Umsatztätigkeit
> - bezieht sich aber nicht strikt auf die liquiden Mittel, sondern auf die Entwicklung des Nettoumlaufvermögens
> - stellt die selbst erarbeiteten finanziellen Mittel für Investitionen ins Umlauf- und Anlagevermögen, für die Schuldentilgung und Dividendenzahlungen dar
> - ist ein aussagekräftiger Massstab für die Selbstfinanzierungskraft eines Unternehmens
> - bildet das Bindeglied zwischen einer strikt erfolgswirtschaftlichen und einer finanziellen Betrachtungsweise der Geschäftsentwicklung
>
> Indirekte Berechnung:
> Gewinn + nicht-ausgabenwirksamer Aufwand ./. nicht-einnahmenwirksamer Ertrag
>
> vereinfacht
>
> Gewinn + Abschreibungen

5.22 Der Cash Flow als Kernelement der Finanzierung

Bevor in einem nächsten Schritt der Aufbau einer Mittelflussrechnung behandelt wird, ist es notwendig, kurz die wichtigsten Finanzierungsformen zu behandeln. Eine Mittelflussrechnung kann nicht verstanden werden, ohne dass gewisse Grundbegriffe der Finanzierung bekannt sind.

Finanzierung ist die *Bereitstellung von Kapital oder Finanzmitteln.* Das Gegenstück zur Finanzierung sind Investitionen von finanziellen Mitteln in kurz- und langfristige Vermögenswerte (Umlauf- und Anlagevermögen), die für die Wertschöpfungsaktivitäten des Unternehmens benötigt werden.

Geldmittel werden zur Erbringung der unternehmerischen Wertschöpfung in Vermögenswerten gebunden, woraus im Umsatzprozess wiederum Geldeinnahmen entstehen. Investitions- und Finanzierungsaktivitäten bilden daher einen ständigen Kreislauf. Die finanziellen Mittel können aus verschiedenen Quellen stammen. Man unterscheidet allgemein folgende Finanzierungsarten:

- Eigenfinanzierung:
    Bereitstellung von Eigenkapital durch die Eigentümer
- Fremdfinanzierung:
    Bereitstellung von kurz- und langfristigem Fremdkapital durch Drittpersonen

Die Eigen- und Fremdfinanzierung bezeichnet man auch als *Aussenfinanzierung*, da die Kapitalien durch Kapitalgeber von aussen zugeführt werden. Weitere Finanzierungsarten sind:

- Selbstfinanzierung:
    Cash Flow-Finanzierung oder Finanzierung aus dem Umsatzprozess
- Verflüssigungsfinanzierung:
    Veräusserung von Vermögenswerten ausserhalb des Umsatzprozesses, Umwandlung in finanzielle Mittel (Desinvestitionen, z.B. Verkauf von Anlagen und Beteiligungen, Rückzahlung von gewährten Aktiv-Darlehen durch Drittpersonen)

Selbst- und Verflüssigungsfinanzierung werden auch als *Innenfinanzierung* bezeichnet.

Finanzierungsaktivitäten	Bereitstellung von finanziellen Mitteln
Investitionsaktivitäten	Anlage/Verwendung finanzieller Mittel

Finanzierungs- Aussenfinanzierung
arten – Eigenfinanzierung
Mittelbereitstellung durch Eigentümer
– Fremdfinanzierung
Mittelbereitstellung durch externe Kapitalgeber

Innenfinanzierung
– Selbstfinanzierung
Cash Flow (selbst erarbeitete Mittel)
– Verflüssigungsfinanzierung
Verkauf von Umlauf-/Anlagevermögen

5.23 Der Cash Flow im Finanzierungskreislauf

Die folgende Abbildung verdeutlicht die Bedeutung der *Selbstfinanzierung*, d.h. des Cash Flows im Rahmen der Finanzierung. Er stellt diejenige finanzwirtschaftliche Wachstumsquelle dar, die weder mit Verschiebungen in den Eigentumsverhältnissen (Finanzierung durch Eigenkapital) noch mit einer Verstärkung allenfalls unerwünschter Einflussmöglichkeiten durch Drittparteien (Fremdkapitalgeber) verbunden ist.

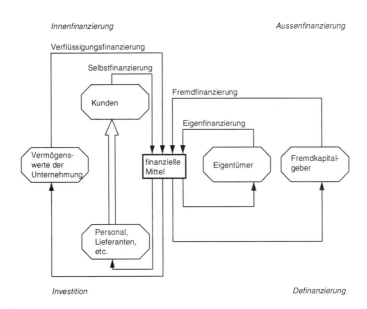

Abbildung 21: Selbstfinanzierung (Cash Flow) im Finanzierungskreislauf

5.3 Mittelflussrechnung (Kapitalflussrechnung)[21]

Eine Mittelflussrechnung ist – wie bereits erwähnt – das zentrale *Bindeglied* zwischen der finanziellen und der erfolgswirtschaftlichen Betrachtungsweise der Unternehmensaktivitäten. Denn in der Mittelflussrechnung wird die Brücke geschlagen zwischen dem erfolgswirtschaftlichen Wertzuwachs, d.h. dem Gewinn, und den Auswirkungen der betrieblichen Tätigkeit auf die finanzielle Stabilität, d.h. insbesondere auf die Entwicklung der liquiden Mittel eines Unternehmens.

> Die Mittelflussrechnung bezieht sich wie die Erfolgsrechnung auf eine bestimmte Abrechnungs*periode*. Sie geht vom Unternehmensgewinn bzw. Cash Flow der Periode aus und zeigt auf,
> – wie diese Geldmittel während der Abrechnungsperiode im Unternehmen investiert worden sind,
> – welche Desinvestitionen stattgefunden haben,
> – welche Mittel durch Finanzierungsaktivitäten dem Unternehmen zugeflossen sind und
> – welche Mittel durch Definanzierungsaktivitäten dem Unternehmen entzogen worden sind.
>
> Sie macht aus einer Gesamtperspektive heraus den *Zusammenhang zwischen Gewinn* bzw. *Cash Flow* und der Entwicklung der *liquiden Mittel* transparent.

In den vergangenen Jahren haben Cash Flow und „Mittelflussdenken" erheblich an Bedeutung gewonnen. Ein erfolgswirtschaftlicher Wertzuwachs ist nur unter Bedingungen erstrebenswert, die auch zu einer Stärkung der finanziellen Stabilität beitragen. Nur dann kann sich ein Unternehmen unerwarteten und unerwünschten Dritteinflüssen (z.B. Banken) entziehen. Eine gesunde Liquiditätssituation erhöht zudem die strategische Handlungsfreiheit (Akquisitionen usw.).

Den folgenden Ausführungen liegt ein Konzept zugrunde, das auch im Rahmen der Rechnungslegung international tätiger Grosskonzerne mehr und mehr Anwendung findet.[22] Die zunehmende Bedeutung einer einheitlich aufgebauten, aussagekräftigen Mittelflussrechnung ergibt

---

21 Die nachfolgenden Ausführungen sind eine Grundlage für das Verständnis einer zweckmässigen finanziellen Mehrjahresplanung (Kapitel 2.3, Modul 5).
22 Rechnungslegungsstandards des IASC

sich aus dem wachsenden Druck, den die Kapitalanleger (vor allem institutionelle Investoren) auf ihre Unternehmen ausüben, um mit Hilfe einer angemessen transparenten Rechnungslegung einen besseren Einblick in die finanzwirtschaftlichen Auswirkungen einer komplex verflochtenen Geschäftstätigkeit zu erlangen.

Die Mittelflussrechnung schlägt die Brücke vom Gewinn zur Entwicklung der liquiden Mittel. Ein wichtiges „Etappenziel" stellt dabei der Cash Flow dar. Wir haben den Cash Flow definiert als den Betrag, um den das Nettoumlaufvermögen (hauptsächlich aus betrieblicher Umsatztätigkeit) zunimmt.

Eine Mittelflussrechnung weist eine *Grundstruktur* mit den folgenden *drei* Elementen auf. Diese Struktur wird anschliessend anhand eines konkreten Beispiels erläutert.

1. Element: laufende Geschäftstätigkeit

> Brutto-Cash Flow („Selbstfinanzierung")
> ./. Investitionen ins Nettoumlaufvermögen, d.h.
> ./. Zunahme bzw. + Abnahme der *Kundenforderungen*
> ./. Zunahme bzw. + Abnahme der *Warenvorräte (Lager)*
> ./. Abnahme bzw. + Zunahme der *Lieferantenschulden*
> = Mittelfluss aus laufender Geschäftstätigkeit

2. Element: Investitionen/Desinvestitionen ins *finanzielle* Umlaufvermögen und ins Anlagevermögen (Wertverschiebungen auf der *Aktivseite* der Bilanz)

> ./. Investitionen in kurz- und langfristige *Finanz*anlagen
> + Desinvestitionen aus kurz- und langfristigen *Finanz*anlagen
> ./. Investitionen in *Sach*anlagen
> + Desinvestitionen von *Sach*anlagen
> ./. Investitionen in *Beteiligungen*
> + Desinvestitionen von *Beteiligungen*
> ./. Investitionen in *immaterielles* Anlagevermögen
> + Desinvestitionen von *immateriellem* Anlagevermögen
> = Mittelfluss aus Investitionsaktivitäten

3. Element: Vorgänge der Finanzierung/Definanzierung
(Wertverschiebungen auf der *Passivseite* der Bilanz)
- \+ Erhöhungen des *kurzfristigen* Fremdkapitals
- ./. Rückzahlungen von *kurzfristigem* Fremdkapital
- \+ Erhöhungen des *langfristigen* Fremdkapitals
- ./. Rückzahlungen von *langfristigem* Fremdkapital
- \+ Mittelzufluss aus *Kapitalerhöhungen* (Aktienkapital)
- ./. Mittelabfluss aus *Kapitalherabsetzungen* (Aktienkapital)
- ./. Dividendenzahlungen
- = **Mittelfluss aus Finanzierungsaktivitäten**

Zusammenfassend ergibt dies folgende Grundstruktur einer modernen Mittelflussrechnung:

- Mittelfluss aus *laufender Geschäftstätigkeit* (Element 1)
- \+ Mittelzu- oder Abfluss aus *Investitions*aktivitäten (Element 2)
- \+ Mittelzu- oder Abfluss aus *Finanzierungs*aktivitäten (Element 3)
- = **Veränderung des Bestandes an liquiden Mitteln**

Bei der Erarbeitung einer derartig konzipierten Mittelflussrechnung, d.h. der Berechnung der einzelnen Elemente, ist folgendes zu beachten:

Berechnung der Mittelzu- und -abflüsse

Mittelfluss aus laufender Geschäftstätigkeit
Mittelzu- und -abflüsse des Nettoumlaufvermögens können direkt durch Ermittlung der entsprechenden Differenzen der Bilanz entnommen werden.

Mittelfluss aus Investitions- und Finanzierungaktivitäten
Die Mittelflüsse von Investitions- und Finanzierungsaktivitäten können hingegen nur durch Rückgriff auf die einzelnen Konten bzw. die darin festgehaltenen Geschäftsfälle (Werte der Einzeltransaktionen: Käufe, Verkäufe, Mittelaufnahme, Mittelrückzahlung) rekonstruiert werden.

Nachfolgend findet sich ein Beispiel für eine Mittelflussrechnung, die in leicht veränderter Form im Geschäftsbericht eines schweizerischen Konzerns veröffentlicht wurde.

Mittelflussrechnung eines schweizerischen Konzerns:

	1994 (in Mio. SFr.)	1993 (in Mio. SFr.)
Jahresergebnis	13.5	23
Abschreibungen auf das Anlagevermögen	25.6	24.3
Veränderung langfristige Rückstellungen	3.9	- 0.8
Gewinne aus Veräusserung von Anlagevermögen	- 2.9	- 8.4
Cash Flow	**40.1**	**38.1**
(Zu-) Abnahme Kundenforderungen	- 3.1	10.5
(Zu-) Abnahme Warenvorräte	10.2	29.9
(Zu-) Abnahme Lieferantenverbindlichkeiten	- 12.1	- 7.9
Mittelfluss aus Betriebstätigkeit	**35.1**	**70.6**
Investitionen Sachanlagen	- 27.1	- 27.2
Investitionen Finanzanlagen	- 6.1	- 6.2
Investitionen immaterielle Anlagen	- 1.4	- 0.3
Desinvestitionen Sachanlagen brutto	12.3	20.6
Desinvestitionen übrige Finanzanlagen	0.1	2.1
Mittelfluss aus Investitionstätigkeit	**- 22.2**	**- 11**
Freier Cash Flow	**12.9**	**59.6**
Aufnahme (Rückzahlung) von Darlehen	13.2	37.5
Aufnahme (Rückzahlung) von Hypotheken	0.0	- 30.2
Dividendenausschüttung	- 7.0	- 7.0
Mittelfluss aus Finanzierungstätigkeit	**6.2**	**0.3**
Kurs- und Konsolidierungseinflüsse	- 1.6	- 3.9
Veränderung der flüssigen Mittel	**17.5**	**56**

Abbildung 22: Beispiel einer Mittelflussrechnung

Selbst-Controlling: Modul 2, Kapitel 5

Frage	Unsicher?	Wenn ja Seite
1 Wozu dienen Auswertungen aus der Finanzbuchhaltung?		84
2 Welche Beispiele gibt es für Aufwände oder Erträge, die bei unterjährigen Zwischenabschlüssen periodengerecht abgegrenzt werden müssen?		84
3 Welcher Abschluss sollte den Auswertungen zugrunde liegen? Wieso?		85
4 Welche Bedeutung besitzen *betriebsfremde* Aufwände, Erträge und Vermögensteile im Rahmen einer finanzwirtschaftlichen Analyse?		86
5 Was wird unter dem Cash Flow verstanden? Auf die Veränderung welcher Grösse bezieht sich der Cash Flow normalerweise?		86
6 Warum kann eine Firma trotz prächtigen Cash Flows illiquide werden?		88
7 Warum sind Abschreibungen nicht-ausgabenwirksame Aufwände? Welche weiteren Beispiel gibt es?		89
8 Worin besteht der Unterschied zwischen Brutto- und Netto-Cash Flow?		90
9 Zu welcher Form der Finanzierung könnte man den Cash Flow zählen? Warum stellt die Cash Flow-Finanzierung die günstigste Finanzierungsart dar?		92
10 Worin besteht der Unterschied zwischen Innen- und Aussenfinanzierung?		93
11 Warum ist die Mittelflussrechnung die Brücke zwischen der finanziellen und der erfolgswirtschaftlichen Betrachtungsweise? Zwischen welchen Grössen schlägt sie eine Brücke?		94
12 Warum gewinnt die Mittelflussrechnung insbesondere für Kapitalanleger immer mehr an Bedeutung?		95
13 Wieso wird eine Zunahme der Kundenforderungen zur Ermittlung des Mittelflusses aus laufender Geschäftstätigkeit vom Brutto-Cash Flow abgezogen? Warum wird eine Abnahme der Warenvorräte addiert?		95
14 Die Veränderung welcher Grösse erhält man am Ende einer Mittelflussrechnung?		96
15 Welche weiteren Möglichkeiten bestehen zur Beurteilung der finanzwirtschaftlichen Situation eines Unternehmens?		Kapitel 6

6 Finanzwirtschaftliche Kennzahlen als Grundlage für Bilanz- und Erfolgsanalysen

Im Kapitel 6 sollen folgende Inhalte vermittelt werden:

- Finanzwirtschaftliche Kennzahlen dienen als Indikatoren zur *Unterstützung* der *finanzwirtschaftlichen Planung und Feinsteuerung*.
- Bei der Auswahl der Kennzahlen sollte eine Fokussierung auf die tatsächlich geschäftsrelevanten Grössen erfolgen.
- Es können fünf Gruppen von Kennzahlen unterschieden werden:
  · Kennzahlen der Finanzierungsanalyse
  · Kennzahlen der Liquiditätsanalyse
  · Kennzahlen der Rentabilitätsanalyse
  · Kennzahlen der Cash Flow-Analyse
  · Kennzahlen aus der Betriebsdatenerfassung
- Die Aussagekraft von Kennzahlen ist vor allem im Rahmen von *Zeit-* und *Branchenvergleichen* von hoher Nützlichkeit.
- Folgende Grenzen der Aussagekraft von Kennzahlen sind immer im Auge zu behalten:
  · Bilanzkennzahlen stellen eine *Zeitpunktbetrachtung* dar. Sie können durch entsprechende Zufälle (oder Manipulationen) verfälscht sein.
  · Kennzahlen sind *vergangenheitsorientiert*. Zukünftige, zum Zeitpunkt des Geschäftsabschlusses vielleicht schon absehbare positive oder negative Entwicklungen finden keine Berücksichtigung. Über wichtige qualitative Grössen wie die Marktstellung und die Akzeptanz der eigenen Marktleistungen wird höchstens indirekt etwas ausgesagt.

Wenn Ihnen dieser Stoff bereits vertraut ist, könnte es für Sie sinnvoll sein, die folgenden Ausführungen zu überspringen. Die nächste kurze Zusammenfassung findet sich auf den Seiten 115-117.

Im folgenden findet sich ein Überblick mit einer Auswahl finanzwirtschaftlicher Kennzahlen als Indikatoren zur Unterstützung der finanzwirtschaftlichen Planung und Feinsteuerung im Überblick. Im konkreten Anwendungsfall mag es sinnvoll sein, die eine oder andere Definition sachgerecht anzupassen.[23] Obwohl nachfolgend die ge-

---

23 Im Hinblick auf die zeitliche Vergleichbarkeit sollten Definitionen möglichst selten geändert werden.

bräuchlichsten Definitionen aufgeführt werden, sind diese Definitionen – auch was die wissenschaftliche Theorie betrifft – nicht in Stein gehauen.

Jedes Unternehmen hat eine eigene Geschichte. Dabei wird es sich mehr oder weniger stark von vergleichbaren Unternehmen oder Konkurrenten unterscheiden. Diese Differenzierung kann sich auf die Technologie, die Fertigungstiefe, die Logistik, den Innovationsprozess, die aufgebauten Kundenbeziehungen, die Präsenz in bestimmten Märkten, das Verhältnis zu den Kapitalgebern usw. beziehen. Das Arbeiten mit Kennzahlen erfordert dementsprechend eine Selektion sinnvoller und aussagekräftiger Kennzahlen. Bei der Auswahl bzw. der Definition von Kennzahlen für ein bestimmtes Unternehmen geht es deshalb darum, auf der Grundlage des unternehmensspezifischen Bedarfs an Controlling-Informationen (insbesondere für die Planung und Feinsteuerung) eine möglichst kleine, individuelle, d.h. auf die konkrete Unternehmenssituation zugeschnittene Auswahl solcher Kennzahlen vorzunehmen. Das ausgewählte Set an Kennzahlen weist im Idealfall eine hohe Informations- und Steuerungsrelevanz im betrieblichen Alltag auf. Ebenso wichtig ist (insbesondere im Berichtswesen) eine Fokussierung auf die tatsächlich geschäftsrelevanten Einflussgrössen, damit der Überblick über das Wesentliche gewahrt bleibt.

Wir unterscheiden vereinfachend fünf Gruppen von Kennzahlen:

– Die *Finanzierungsanalyse* betrachtet zum einen die Struktur der Passivseite einer Bilanz und zum anderen die Bindungsdauer von Vermögen in Relation zur Fristigkeit des Kapitals, mit dem das Vermögen finanziert ist.
– Die *Liquiditätsanalyse* untersucht die Fähigkeit eines Unternehmens, auf kurze und mittlere Frist ihren Zahlungsverpflichtungen nachkommen zu können.
– Die *Rentabilitätsanalyse* bezieht sich auf eine Beurteilung des Gewinnes – insbesondere was das Verhältnis von Gewinn zu gebundenem Kapital eines Unternehmens betrifft.
– Die *Cash Flow-Analyse* dient dagegen einer Beurteilung des Zuflusses an finanziellen Mitteln aus betrieblicher Geschäftstätigkeit.
– Die Ermittlung *betrieblicher Kennzahlen* sprengt im Grunde genommen eine rein finanzwirtschaftliche Betrachtungsweise und bedarf deshalb zusätzlicher Informationen, die *nicht* der Bilanz und Erfolgsrechnung entnommen werden können, sondern teilweise eine sehr aufwendige *Betriebsdatenerfassung* erfordern (Produktivitätskennzahlen, Durchlaufzeit von Aufträgen usw.). Dennoch sind es gerade die betrieblichen Kennzahlen, deren Grunddaten gewisser-

massen am Ort des Geschehens erhoben werden müssen, die eine aktive Einflussnahme und Feinsteuerung ermöglichen. Im Unterschied zu den vier ersten Gruppen von Kennzahlen, deren Erhebung mehr oder weniger für jedes Unternehmen eine Mindestanforderung zur finanzwirtschaftlichen Führung darstellt, lässt sich jedoch nicht generell festlegen, welche der betrieblichen Kennzahlen sozusagen in jedem Unternehmen Anwendung finden müssen.

Nachfolgend werden in tabellarischer Form zunächst einmal die *wichtigsten* finanzwirtschaftlichen Kennzahlen und deren *Aussagekraft* erläutert. Nach dieser Erläuterung werden diese Kennzahlen in einer Übersicht zusammenfassend dargestellt.

Anschliessend findet sich für die gebräuchlichsten finanzwirtschaftlichen Kennzahlen eine Übersicht mit *allgemeinen Orientierungswerten*.

Danach wird eine Auswahl *betrieblicher Kennzahlen* aus den verschiedenen Funktionsbereichen eines Unternehmens vorgestellt.

Schliesslich finden sich ein paar zentrale Überlegungen, die beim Arbeiten mit Kennzahlen zu beachten sind. Hierzu gehört insbesondere die Forderung, dass Kennzahlen erst im Rahmen eines integrierten Systems, das Zeit- und Branchenvergleiche beinhaltet, aussagekräftige Schlussfolgerungen zulassen.

Finanzierungsanalyse

Kennzahl	Berechnungsformel	Aussagegehalt
Verschuldungsgrad	$\dfrac{\text{Fremdkapital} \times 100}{\text{Gesamtkapital}}$	Mit dem Fremdkapital sind im allgemeinen bestimmte Zahlungsverpflichtungen verbunden, z.B. die Zahlung von Zins oder generelle Rückzahlungsverpflichtungen (Tilgungsleistungen). Der Verschuldungsgrad weist deshalb auf das Konkursrisiko hin und bringt damit die finanzielle Risikobereitschaft der Unternehmensführung zum Ausdruck. Je grösser der Anteil des Fremdkapitals am Gesamtkapital ist, desto grösser ist die Gefahr, z.B. bei konjunkturellen Einbrüchen oder in einer Phase tiefgreifender struktureller Veränderungen als Folge von Zinszahlungen und allfälligen Rückzahlungsverpflichtungen illiquide zu werden.
Eigenfinanzierungsgrad	$\dfrac{\text{Eigenkapital} \times 100}{\text{Gesamtkapital}}$	Der Eigenfinanzierungsgrad ist die komplementäre Grösse zum Verschuldungsgrad. Je grösser der Anteil des Eigenkapitals am Gesamtkapital ist, desto besser kann ein Unternehmen allfällige Geschäftsverluste auffangen, ohne die Rückzahlung des Fremdkapitals zu gefährden. Aufgrund seiner Funktion als Risikopuffer hat die Höhe des Eigenkapitals nicht nur einen Einfluss auf das (verbleibende) Fremdfinanzierungspotential (Belehnungshöhe), sondern auch auf die gewährten Zinssätze auf dem Fremdkapital.
Deckungsgrad A	$\dfrac{\text{Eigenkapital} \times 100}{\text{Anlagevermögen}}$	Der Deckungsgrad A dient der Darstellung der Risikokongruenz, d.h. in welchem Ausmass das Anlagevermögen mit Risikovermögen (Eigenkapital) finanziert wurde. Nach der „Goldenen Finanzierungsregel" sollte das Anlagevermögen vollumfänglich durch Eigenkapital gedeckt sein. Die „Goldene Bilanzregel" fordert in ähnlicher Weise eine *Kongruenz* der *Liquidierbarkeit* von Vermögenspositionen (Aktiven) auf der einen Seite und der *Fristigkeit* von Zahlungsverpflichtungen (Fremdkapital) auf der anderen Seite.

Kennzahl	Berechnungsformel	Aussagegehalt
Deckungs-grad B	$\dfrac{\text{(Eigenkapital + langfristiges Fremd-kapital) x 100}}{\text{Anlagevermögen}}$	Der Deckungsgrad B dient nun genau der Darstellung der Fristenkongruenz, d.h. inwieweit das (langfristig notwendige) Vermögen durch Eigenkapital und langfristiges Fremdkapital gedeckt ist. Die „Goldene Bilanzregel" fordert deshalb, dass der Deckungsgrad B jederzeit 100 % überschreiten muss.

Liquiditätsanalyse

Kennzahl	Berechnungsformel	Aussagegehalt
Liquidität 1. Stufe (Liquiditätsgrad I) „Quick Ratio"	$\dfrac{\text{Zahlungsmittel x 100}}{\text{kurzfristiges Fremd-kapital}}$	Die „Quick Ratio" zeigt an, in welchem Ausmass liquide Mittel zur Deckung kurzfristig fälliger Forderungen von Gläubigern herangezogen werden können. Verschiedene Unternehmen zählen dabei sowohl im Zähler als auch im Nenner die verbindlich zugesagten, aber noch nicht beanspruchten Bankkredite dazu, weil dies ein realistischeres Bild der tatsächlichen Liquiditätssituation vermittelt. Idealerweise wird ein Liquiditätsgrad I exklusive und inklusive der nicht beanspruchten Bankkredite ermittelt.
Liquidität 2. Stufe (Liquiditätsgrad II) „Acid Test"	$\dfrac{\text{(Zahlungsmittel + Forderungen) x 100}}{\text{kurzfristiges Fremdkapital}}$	Der „Acid Test" zeigt an, in welchem Ausmass liquide Mittel und Forderungen gegenüber Schuldnern zur Rückzahlung des kurzfristigen Fremdkapitals verwendet werden können.
Liquidität 3. Stufe (Liquiditätsgrad III) „Current Ratio"	$\dfrac{\text{Umlaufvermögen x 100}}{\text{kurzfristiges Fremdkapital}}$	Die „Current Ratio" zeigt an, in welchem Ausmass kurzfristig liquidierbares Umlaufvermögen das kurzfristige Fremdkapital deckt. Unterschreitet die Current Ratio 100 % (Umlaufvermögen < krzfr. Fremdkapital), so liegt ein Verstoss gegen die „Goldene Bilanzregel" vor, da Teile des Anlagevermögens mit kurzfristigem Fremdkapital finanziert werden.

Kennzahl	Berechnungsformel	Aussagegehalt
Nettoumlaufvermögen	Umlaufvermögen ./. kurzfristiges Fremdkapital	Die Entwicklung des NUV im Zeitverlauf zeigt an, inwieweit die Fristenkongruenz-Regel eingehalten wurde. Ein negatives NUV (Umlaufvermögen < krzfr. Fremdkapital) bedeutet einen Verstoss gegen die „Goldene Bilanzregel". Ein Ansteigen des NUV zeigt eine vermehrte Finanzierung des Umlaufvermögens mit langfristig fälligem Kapital an.
Verbindlich zugesagte, aber *nicht ausgenützte* Bankkredite	Nicht beanspruchter Betrag und wichtigste Konditionen der zugesagten Kredite	Die bisher dargestellten Liquiditätskennzahlen sind als Bilanzkennzahlen *statischer* Natur. Sie können zudem durch „window dressing"-Massnahmen manipuliert werden. Eine wichtige Zusatzinformation stellen deshalb zugesagte, aber zum Bilanzierungszeitpunkt noch nicht ausgenützte Bankkredite dar.
Belehnungsgrad der Liegenschaften (Hypotheken)	__ % des Anschaffungswertes (Ø Alter __Jahre) __ % des aktuellen Verkehrswertes	In ähnlicher Weise zeigt der Belehnungsgrad der Liegenschaften an, inwieweit Hypotheken zur Aufnahme von Fremdkapital potentiell zur Verfügung stehen. Damit drückt diese Kennzahl ein Finanzierungs- oder Liquiditätspotential aus.
Debitorenziel	$\frac{\text{Ø Debitorenbestand} \times 360}{\text{Netto-Umsatz}}$	Das Debitorenziel zeigt an, wie schnell der Debitorenbestand „verflüssigbar" ist und inwieweit das auf den Rechnungen angegebene Zahlungsziel effektiv eingehalten wird. Damit stellt das Debitorenziel die wichtigste Grösse zur Bewirtschaftung des Debitorenbestands dar.

Kennzahl	Berechnungsformel	Aussagegehalt
Fertiglagerbestand (Wieviele Monate kann weiterverkauft werden, ohne dass produziert wird?)	$\dfrac{\varnothing \text{ Fertiglagerbestand} \times 12}{\text{Herstellkosten der verkauften Produkte}}$	Lagerbestände binden Kapital, das anderweitig eingesetzt werden könnte. Das im Lager „ruhende" und damit finanzwirtschaftlich unproduktive Kapital verursacht deshalb Opportunitätskosten. (Standardisierte) Fertigprodukte beinhalten die gesamte unternehmerische Wertschöpfung und binden deshalb am meisten Kapital. Deshalb bringt diese Kennzahl nicht nur die allgemeine Situation auf dem Absatzmarkt (konjunkturelle und saisonale Einflüsse, geforderte Lieferbereitschaft) zum Ausdruck, sondern lässt auch Rückschlüsse auf die Qualität der Logistik (Absatz- und Produktionsplanung, Lagerbewirtschaftung) zu. Allerdings ist damit nichts über die Qualität des Lagers ausgesagt (z.B. Anteile No-movers, Slow-movers).
Lagerumschlag	$\dfrac{\text{Netto-Umsatz}^{24}}{\varnothing \text{ Lagerbestand}}$	Der Lagerumschlag dient der Beurteilung der gesamten Lagerbewirtschaftung (und Logistik). Je höher der Lagerumschlag, desto geringer ist der Betrag an Kapital, das im Leistungserstellungsprozess gebunden ist und dadurch Opportunitätskosten verursacht.

---

24 Angemessener wäre es, hier die Herstellkosten der verkauften Produkte einzusetzen.

Rentabilitätsanalyse

Kennzahl	Berechnungsformel	Aussagegehalt
Eigenkapital-rentabilität ROE (Return on Equity)	$\dfrac{\text{Reingewinn (nach Steuern und nach Zinsen)} \times 100}{\text{Eigenkapital}}$	Der ROE zeigt die „Verzinsung" des Eigenkapitals an, das die Eigentümer einem Unternehmen zur Verfügung stellen.
Gesamtkapi-talrentabilität ROI (Return on Investment)	$\dfrac{(\text{Reingewinn + Fremd-kapitalzinsen}) \times 100}{\text{Gesamtkapital}^{25}}$	Der ROI zeigt die „Verzinsung" des gesamten investierten Kapitals an. Die Grössen ROE und ROI erlauben Vergleiche mit alternativen Anlage-möglichkeiten – es besteht ja theore-tisch die Möglichkeit, das Unterneh-men zu liquidieren und das erhaltene Kapital z.B. am Kapitalmarkt anzule-gen. Oft werden zur Position „Gewinn + Fremdkapitalzinsen" auch die Steuern hinzugezählt. Dies ergibt den EBIT (Earnings Before Interest and Taxes). Der EBIT ist eine internationale Ver-gleichsgrösse und erlaubt einen Ren-tabilitätsvergleich, ohne dass die Resul-tate der einzelnen Unternehmen durch länderspezifisch unterschiedliche Zinsstrukturen und Steuergesetzge-bungen verfälscht werden.
Kapitalum-schlags-häufigkeit	$\dfrac{\text{Netto-Umsatz}}{\text{Gesamtkapital}}$	Die Kapitalumschlagshäufigkeit ist ein Mass für die Kapitalintensität und die „Produktivität" des investierten Kapitals.
Umsatzren-tabilität ROS (Return on Sales)	$\dfrac{(\text{Reingewinn + Fremd-kapitalzinsen}) \times 100}{\text{Netto-Umsatz}}$	Der ROS gibt Aufschluss darüber, wie sich der Erfolg der unternehmerischen Tätigkeit am Markt im Zeitverlauf ent-wickelt. Auch hier wird bei internationa-len Vergleichen (z.B. zwischen Toch-tergesellschaften) oft mit dem EBIT gearbeitet.

25 (Anfangskapital + Endkapital) / 2

Cash Flow-Analyse

Kennzahl	Berechnungsformel	Aussagegehalt
Cash Flow-Rentabilität (Ertragskraft, Umsatzrendite)	$\dfrac{\text{Brutto-Cash Flow} \times 100}{\text{Netto-Umsatz}}$	Die Ertragskraft zeigt an, in welchem Ausmass durch den betrieblichen Umsatzprozess liquide Mittel zur weiteren Verwendung (Investitionen ins Umlauf-/Anlagevermögen, Rückzahlung von Fremdkapital, etc.) generiert wurden.
Selbstfinanzierungskraft	$\dfrac{\text{Investitionen ins Anlagevermögen} \times 100}{\text{Netto-Cash Flow}}$	Die Selbstfinanzierungskraft zeigt an, in welchem Ausmass der Cash Flow durch Investitionen ins Anlagevermögen in Anspruch genommen worden ist. Tauscht man Zähler und Nenner, so kann daraus entnommen werden, inwieweit die Investitionen ins Anlagevermögen aus selbst erarbeiteten Mitteln (Cash Flow) finanziert werden konnten.
Funds Position	Netto-Cash Flow ./. langfristige Investitionen	Die Selbstfinanzierungskraft kann auch als Differenzgrösse ausgedrückt werden und heisst dann Funds Position. Die Funds Position zeigt an, ob die getätigten Investitionen aus dem Cash Flow finanziert werden konnten (positiver Betrag) oder ob darüber hinaus verfügbare liquide Mittel bzw. zusätzliches Kapital in Anspruch genommen werden musste (negativer Betrag).
Dynamischer Verschuldungsfaktor	$\dfrac{\text{Gesamte langfristige Verbindlichkeiten}}{\text{Brutto-Cash Flow}}$	Der Dynamische Verschuldungsfaktor ist ein Mass für die Fähigkeit des Unternehmens, mit Hilfe von zukünftig selbst erarbeiteten Mitteln fällig werdende Verbindlichkeiten zu begleichen. Dabei wird von der Idealvorstellung bzw. Fiktion ausgegangen, dass der Cash Flow gleich bleibt und weder weitere Investitionen getätigt werden noch Dividende bezahlt wird.
Netto-Verschuldungsfaktor	$\dfrac{\text{Effektiv-Verschuldung}[26]}{\text{Brutto-Cash Flow}}$	Der Netto-Verschuldungsfaktor besitzt einen ähnlichen Aussagegehalt wie der Dynamische Verschuldungsfaktor, er berücksichtigt aber zusätzlich die bereits vorhandenen liquiden Mittel und Kundenforderungen.

26 Gesamtschulden ./. Zahlungsmittel ./. Forderungen (Debitoren)

Zusammenfassung

Kennzahl	Berechnungsformel
Verschuldungsgrad	$\dfrac{\text{Fremdkapital} \times 100}{\text{Gesamtkapital}}$
Eigenfinanzierungsgrad	$\dfrac{\text{Eigenkapital} \times 100}{\text{Gesamtkapital}}$
Deckungsgrad A	$\dfrac{\text{Eigenkapital} \times 100}{\text{Anlagevermögen}}$
Deckungsgrad B	$\dfrac{(\text{Eigenkapital} + \text{langfristiges Fremdkapital}) \times 100}{\text{Anlagevermögen}}$
Liquidität 1. Stufe (Liquiditätsgrad I)	$\dfrac{\text{Zahlungsmittel} \times 100}{\text{kurzfristiges Fremdkapital}}$
Liquidität 2. Stufe (Liquiditätsgrad II)	$\dfrac{(\text{Zahlungsmittel} + \text{Forderungen}) \times 100}{\text{kurzfristiges Fremdkapital}}$
Liquidität 3. Stufe (Liquiditätsgrad III)	$\dfrac{\text{Umlaufvermögen} \times 100}{\text{kurzfristiges Fremdkapital}}$
Nettoumlaufvermögen	Umlaufvermögen ./. kurzfristiges Fremdkapital
Debitorenziel	$\dfrac{\varnothing \text{ Debitorenbestand} \times 360}{\text{Netto-Umsatz}}$
Fertiglagerbestand	$\dfrac{\varnothing \text{ Fertiglagerbestand} \times 12}{\text{Herstellkosten der verkauften Produkte}}$
Lagerumschlag	$\dfrac{\text{Netto-Umsatz}}{\varnothing \text{ Lagerbestand}}$
Eigenkapitalrentabilität ROE (Return on Equity)	$\dfrac{\text{Reingewinn} \times 100}{\text{Eigenkapital}}$
Gesamtkapitalrentabilität ROI (Return on Investment)	$\dfrac{(\text{Reingewinn} + \text{Fremdkapitalzinsen}) \times 100}{\text{Gesamtkapital}}$
Umsatzrentabilität ROS (Return on Sales)	$\dfrac{(\text{Reingewinn} + \text{Fremdkapitalzinsen}) \times 100}{\text{Netto-Umsatz}}$
Kapitalumschlagshäufigkeit	$\dfrac{\text{Netto-Umsatz}}{\text{Gesamtkapital}}$
Cash Flow-Rentabilität (Ertragskraft, Umsatzrendite)	$\dfrac{\text{Brutto-Cash Flow} \times 100}{\text{Netto-Umsatz}}$
Selbstfinanzierungskraft	$\dfrac{\text{Investitionen ins Anlagevermögen} \times 100}{\text{Netto-Cash Flow}}$
Funds Position	Netto-Cash Flow ./. langfristige Investitionen
Dynamischer Verschuldungsfaktor	$\dfrac{\text{Langfristige Verbindlichkeiten}}{\text{Brutto-Cash Flow}}$
Netto-Verschuldungsfaktor	$\dfrac{\text{Effektiv-Verschuldung}}{\text{Brutto-Cash Flow}}$

Allgemeine Orientierungswerte für die gebräuchlichsten finanzwirtschaftlichen Kennzahlen

Kennzahl	Industriebetriebe	Handelsbetriebe
Verschuldungsgrad	< 50 %	< 75 %
Umlaufvermögensintensität[27]	30 – 40 %	60 – 70 %
Anlagendeckungsgrad II	> 100 %: genügend; > 120 %: gut	
Liquidität I	> 20 % oder: mindestens 2 Monatslöhne	
Liquidität II	> 80 %: genügend; > 100 %: gut	
Liquidität III	> 130 %: genügend; > 150 – 200 %: gut	
Debitorenziel	Als gut gilt ein Wert errechnet aus dem Zahlungsziel auf der Rechnung zuzüglich 50 %. Z.B. Bei 10 Tagen Zahlungsziel sind Werte unter 15 Tagen gut. Eventuell feiner nach Kunden-/Produktgruppen differenzieren	
Lagerumschlag	2 – 4 mal	4 – 6 mal
Umsatzrentabilität (ROS)	branchenabhängig	
Eigenkapitalrentabilität (ROE)	grundsätzlich 1.2 bis 1.5 mal über dem mittleren Zinssatz für langfristige Kredite	
Gesamtkapitalrentabilität (ROI)	grundsätzlich 1.2 mal über dem mittleren Zinssatz für langfristige Kredite	
Kapitalumschlag	0.9 bis 1.3 mal	1.7 bis 3.0 mal
Cash Flow-Rentabilität	branchenabhängig; höher in Branchen mit hohem Anlagevermögen und hohem Abschreibungsbedarf	
Verschuldungsfaktor	Werte unter 4 tendenziell gut (Annahme: keine Investitionen, keine Dividende, keine Mittelbindung durch das Nettoumlaufvermögen) Je kürzer die Lebenszyklen einer Branche, desto tiefer der Wert.	
Netto-Verschuldungsfaktor	Werte unter 3 tendenziell gut	
Selbstfinanzierungskraft	Ersatz- und Rationalisierungsinvestitionen (normale Investitionen): 1 Jahr Erweiterungs- und Wachstumsinvestitionen (ausserordentliche Investitionen): 3 – 5 Jahre	

27 Anteil des Umlaufvermögens am Gesamtvermögen

Beispiele für weitere *betriebliche* Kennzahlen

Kennzahl	Berechnungsformel
Frühwarn-Controlling	
Umsatz pro effektiv geleistete Arbeitsstunde	$\dfrac{\text{Netto-Umsatz}}{\text{Anzahl effektiv geleistete Arbeitsstunden}}$ [28]
Auftragseingang	Auftragseingang der Periode in SFr./DM
Auftragsbestand	
Lagerumschlag	$\dfrac{\text{Herstellkosten der } verkauften \text{ Marktleistungen der Periode} \times 12}{\text{Durchschnittlicher Lagerbestand der Periode [½} \times \text{(Anfangsbestand + Endbestand)]}}$
Marketing-Controlling	
ABC-Kontrolle nach:	Umsatz, Mengen, Margen, Altersstruktur der Produkte
Netto-Erlös pro Aussendienstmitarbeiter	
Erlösminderungen in % vom Brutto-Umsatz	
Promotionskosten in % vom Netto-Umsatz	
Marktanteil in %	
Relativer Marktanteil	$\dfrac{\text{Eigener Marktanteil} \times 100}{\text{Marktanteil des wichtigsten Konkurrenten}}$
Qualitäts-Controlling	
Auslieferungsqualität	$\dfrac{\text{Anzahl Reklamationen/Schadensfälle}}{\text{Abgewickelte Aufträge}}$
Retourmenge (Fertigungsmängel)	$\dfrac{\text{Retourmenge} \times 100 \text{ (in ME oder Warenwert in SFr./DM)}}{\text{Gesamtfertigungsmenge (in ME oder Warenwert in SFr./DM)}}$

---

[28] Die Verwendung der Grösse „effektiv geleistete Mitarbeiterstunden" – sofern aus technischer und wirtschaftlicher Sicht vernünftig ermittelbar – hat den Vorteil, dass damit Diskussionen, wer nun als Mitarbeiter zählt (z.B. Lehrlinge, Temporärarbeitskräfte usw.), umgangen werden können.

Kennzahl	Berechnungsformel
Produktions-Controlling	
Fixkostenintensität	$\dfrac{\text{Anteilige Produktionsfixkosten} \times 100}{\text{Total Herstellkosten der Produktion (prod. ME)}}$
Auslastungsgrad	$\dfrac{\text{Ist-Stunden} \times 100}{\text{Mögliche Stunden}}$
Arbeitsproduktivität	$\dfrac{\text{DB 0 (Brutto-Marge)}}{\text{effektiv geleistete Arbeitsstunden}}$
Maschinenproduktivität	$\dfrac{\text{DB 0 (Brutto-Marge)}}{\text{effektiv geleistete Maschinenstunden}}$
Logistik-Controlling	
Lieferzuverlässigkeit	$\dfrac{\text{Anzahl termingerechte Lieferungen} \times 100}{\text{Gesamtanzahl Lieferungen}}$ [29]
Lieferbereitschaftsgrad	Durchschnittliche Zeit zwischen Bestellung und Auslieferung
Durchlaufzeit	Durchschnittliche Zeit zwischen Eingang Rohmaterial (Zwischenprodukt) und Ausgang Zwischenprodukt (Fertigprodukt)
Umschlag Rohmateriallager	$\dfrac{\text{Materialaufwand} \times 12}{\text{durchschnittlicher Rohmaterialbestand der Periode } [\tfrac{1}{2} \times (\text{Anfangsbestand} + \text{Endbestand})]}$
Einkaufskosten pro Materialaufwand	

Kennzahlen haben die Aufgabe, im Sinne von *hoch aggregierten Indikatoren* die finanzielle Stabilität und den erfolgswirtschaftlichen Wertzuwachs eines Unternehmens zum Ausdruck zu bringen. Ein aussagekräftiges Bild über die tatsächliche finanzwirtschaftliche Situation eines Unternehmens kann allerdings nur dann gewonnen werden, wenn eine Reihe von Grundsätzen beachtet wird.

- Kennzahlen müssen von einer korrekten, d.h. bereinigten, betriebswirtschaftlichen Bilanz und Erfolgsrechnung und allenfalls von weiteren betrieblichen Datenquellen abgeleitet werden.
- Die Kennzahlen müssen in ihrem *Gesamtzusammenhang interpretiert* werden. Es gibt nicht „die richtige Kennzahl". Vielmehr muss sich jedes Unternehmen gut überlegen, welche (möglichst kleine) Auswahl an Kennzahlen es erlaubt, die wichtigsten Entwicklungen

---

29 bezogen auf ein Zeitfenster (z.B. 1 Tag, 5 Tage, 10 Tage, 1 Monat, 1 Quartal usw.)

in den Bereichen Liquidität, Rentabilität, Mittelfluss aus betrieblicher Tätigkeit (Cash Flow-Analyse) und Wirtschaftlichkeit gezielt zu erfassen.
- Die Kennzahlen müssen vor dem Hintergrund wichtiger *interner Entwicklungen* (z.b. Veränderungsprojekte) und *externer Trends* (Konjunktur, allgemeine Branchenentwicklung) interpretiert werden. Eine angemessene Interpretation von Kennzahlen setzt also stets die Berücksichtigung zusätzlicher „qualitativer" Informationen voraus.
- Als „Benchmarks" dürfen nicht einfach blindlings allgemeine Orientierungswerte verwendet werden. Meistens spielen unternehmens- oder branchenspezifische Eigenheiten eine ganz wichtige Rolle. Solche Eigenheiten erfordern deshalb einen *Zeit-* bzw. *Branchenvergleich*.

Zudem sind bei der Beurteilung von Kennzahlen auch die Probleme und Grenzen (an Aussagekraft) im Auge zu behalten, die bereits anlässlich der Ausführungen über die Bilanz und die Erfolgsrechnung erörtert wurden.

- Bilanzkennzahlen stellen eine *Zeitpunktbetrachtung* dar. Sie können durch Zufälle, gezielte Massnahmen wie „window dressing" oder gar Manipulationen „verfälscht" sein.
- Kennzahlen orientieren sich oft an der *Vergangenheit*. In solchen Fällen finden zukünftige, zum Zeitpunkt des Geschäftsabschlusses vielleicht schon absehbare, positive oder negative Entwicklungen keine Berücksichtigung. Zudem sind Kennzahlen kaum – oder höchstens indirekt – in der Lage, wichtige qualitative Grössen wie die Marktstellung oder das Zukunftspotential der eigenen Marktleistungen angemessen zum Ausdruck zu bringen.
- Demzufolge sollten Kennzahlen (z.B. ROI) nicht nur zur Beurteilung der Vergangenheit verwendet werden, sondern auch als *Plan-Eckwerte* und *Zielgrössen*. Nur dies ermöglicht – im Sinne eines zukunftsorientierten Controllings – eine kritische Beurteilung der kurz- und längerfristigen finanzwirtschaftlichen Wirkungen aktueller Trends sowie zukünftig geplanter Massnahmen und Projekte.

Wie bereits erwähnt, ist das Arbeiten mit Kennzahlen vor allem dann mit einem erkennbaren Nutzen verbunden, wenn dies im Rahmen von längerfristig angelegten Zeit- und Branchenvergleichen geschieht. Erst auf diese Weise wird es möglich, oder zumindest eher wahrscheinlich, grundlegende *Trendänderungen* und *Trendbrüche* (Marktentwicklung, Veränderungen in der eigenen Leistungsfähigkeit usw.) frühzeitig zu erkennen. Dies setzt allerdings voraus, dass ein konsistentes und langfristig möglichst stabiles Kennzahlensystem entwickelt und gepflegt wird. Dazu gehören sachbezogene, stabile Definitionen von Kennzahlen. Eine Auswahl möglicher Kennzahlen mit Definitionen wurde vorgängig vorgestellt. Jedes Unternehmen muss selber eine entsprechende Auswahl von Kennzahlen vornehmen. Dabei kann es sinnvoll sein, die vorgestellten Definitionen allenfalls an die Eigenheiten des eigenen Unternehmens oder der eigenen Branche anzupassen. Wenn indessen die gewählten Definitionen in kürzeren Abständen immer wieder geändert werden – gute Gründe für eine Anpassung lassen sich immer finden – dann verunmöglicht dies Zeit- und Branchenvergleiche. Dadurch wird es sehr schwierig, beispielsweise schleichende Trendänderungen von grundlegender Bedeutung in der Geschäftsentwicklung rechtzeitig zu erkennen, was existenzbedrohende Folgen nach sich ziehen kann. Zudem können solche Gewohnheiten in einem Unternehmen allmählich zu einer „Verpolitisierung" des Controllings führen. Die Gefahr einer Verpolitisierung ist besonders dann gross, wenn aufgrund von Kennzahlen individuelle Leistungsbeurteilungen vorgenommen werden. Die Verknüpfung von Kennzahlen und Anreizsystemen bedarf deshalb besonderer Aufmerksamkeit.

Schliesslich nützt das beste Kennzahlensystem nichts, wenn die Kennzahlen nicht für unternehmerische Entscheidungen herangezogen und damit zu einem Gegenstand der laufenden Führungstätigkeit werden. Was nicht oder nur selten zu einem Gesprächsthema wird, läuft längerfristig Gefahr, als bürokratische Schikane (miss)verstanden zu werden („Warum müssen wir eigentlich diesen Zahlenfriedhof produzieren?").

Selbst-Controlling: Modul 2, Kapitel 6

Frage	Unsicher?	Wenn ja Seite
1 Was ist hinsichtlich der Vergleichbarkeit von Kennzahlen zu beachten?		99
2 Im Rahmen der Finanzierungsanalyse kann eine Unterscheidung in Kennzahlen der vertikalen und der horizontalen Bilanzstruktur getroffen werden. Welche Kennzahlen gehören zur ersten, welche zur zweiten Art? (Hinweis: Betrachten Sie die zueinander in Beziehung gesetzten Grössen und deren Position in der Bilanz.)		102
3 Warum steigt mit dem Verschuldungsgrad das Konkursrisiko der Firma?		102
4 Welche Verbindungen bestehen zwischen dem Deckungsgrad B, der Liquidität 3. Stufe und dem Nettoumlaufvermögen? Was besagt die „Goldene Bilanzregel" in diesem Zusammenhang?		103/104
5 Warum sollte man mit einem Ein-Jahres-Kredit keine langfristigen Investitionen finanzieren (Problem der Fristenkongruenz)?		104
6 Was sagt die Selbstfinanzierungskraft aus?		107
7 Nehmen Sie an, Sie seien „Controller" einer Fussballmannschaft der Nationalliga A/ Bundesliga. Welche Kennzahlen würden Sie betrachten, um den Erfolg der Mannschaft abschätzen zu können? (Hinweis: Diese Kennzahlen können Sie auch selbst erfinden. Wichtig ist nur deren Aussagekraft!)		Kapitel 6
8 Welche Probleme und Grenzen sind bei der Kennzahlenanalyse immer im Auge zu behalten?		112
9 Wieso reicht das Messinstrumentarium des finanziellen Rechnungswesens nicht aus, um die Situation eines Unternehmens vollumfänglich beurteilen zu können?		Modul 3

Modul 3

Betriebliches Rechnungswesen

In den Kapiteln 1, 2 und 3 sollen folgende Inhalte vermittelt werden:

- Das finanzielle Rechnungswesen ist nicht in der Lage, die grundlegenden Ursachen für einen Gewinn oder allfälligen Verlust aufzuzeigen oder Informationen für wichtige Fragestellungen (z.b. förderungswürdige Produkte, Kostensenkungspotentiale usw.) zu liefern. Folgende Gründe können dafür angeführt werden:
  - Es werden lediglich *Wert*grössen und -flüsse erfasst, aber *keine Mengen*grössen.
  - Es werden nur Wertflüsse zwischen Unternehmen und Umwelt, aber *keine* innerbetrieblichen Wertflüsse festgehalten.
  - Die Buchhaltung ist ein vergangenheitsorientiertes Abrechnungsinstrument und liefert daher *keine zukunftsorientierten* Informationen für weiterführende Massnahmen.
- Die *Kostenarten- und die Kostenstellenrechnung* beantworten die Frage, *welche* Kosten in der Planungsperiode *wo* (d.h. in welchen Aktivitätsfeldern bzw. Verantwortungsbereichen) entstehen dürfen.
- Die *Kalkulation (Kostenträgerstückrechnung)* beantwortet die Frage, *wofür welche* Kosten entstehen dürfen.
- Die *Managementerfolgsrechnung* beantwortet die Frage, *womit* das Unternehmen in einzelnen Teilmärkten ihren Erfolg erzielen will.
- Im *betrieblichen Rechnungswesen* geht es um „genügend genaues" Rechnen sowie um sehr rasch erstellte, zukunftsorientierte und problembezogene, flexible Analysen.
- *Voraussetzung* für die Wirksamkeit der Instrumente des betrieblichen Rechnungswesens ist, dass die *Umsatz- und Kostenverantwortung* klar auf die einzelnen Bereiche und Personen aufgeteilt ist.
- Planungsrechnungen sind zentrale Elemente des periodischen Zielsetzungsprozesses eines Unternehmens. Der *Beitrag der Führungskräfte* besteht in der zielorientierten, systematischen und nicht zuletzt hartnäckigen Beeinflussung von Umsatz, Kosten und betriebsnotwendigem Vermögen.

- Bei Planungsrechnungen ist demnach zu beachten, dass sich die *Planung* auf die *beeinflussbaren* Faktoren einer Führungskraft bezieht und eine Selbstverpflichtung darstellt und dass Ziele so geplant und formuliert werden, dass sie realistisch, aber nur mit Anstrengung zu erreichen sind.
- Während im finanziellen Rechnungswesen die Grössen Aufwendungen und Erträge im Mittelpunkt stehen, spricht man im betrieblichen Rechnungswesen von *Kosten* und *Erlösen*.
- Unter *Erlös* wird der Gegenwert verstanden, den Kunden für gekaufte und bewertete Leistungen entrichten. *Kosten* stellen demgegenüber bewertete Einsatz- und Ausstoss*mengen* der betrieblichen Leistung nach Massgabe der tatsächlichen Leistungsbeanspruchung und Abnutzung dar, sind also bewertete Leistungsbeanspruchungen.
- Unter *Erlösträgern* sind diejenigen Leistungen zu verstehen, die zu einem Erlös führen, der dem Unternehmen von aussen zufliesst.
- Kosten und Erlöse müssen von Aufwendungen und Erträgen abgegrenzt werden, damit sie im betrieblichen Rechnungswesen weiterverarbeitet werden können. Dabei werden *zeitliche* und *sachliche Abgrenzungen* unterschieden. Zeitliche Abgrenzungen dienen der periodengerechten Zuordnung von Aufwendungen und Erträgen (Monat, Quartal). Sachliche Abgrenzungen dienen dazu, Bewertungen zu korrigieren oder kostenrelevante Positionen, die nicht in der Finanzbuchhaltung enthalten sind, in die Managementerfolgsrechnung einzubringen.
- Ausgangspunkt einer *Deckungsbeitragsrechnung* sind nicht die anfallenden Kosten, sondern der am Markt realisierte Umsatz. Sie ist damit ein strikt marktorientiertes Instrument zur Ermittlung des Beitrages, den einzelne Erlösträger oder Bereiche zur Deckung bestimmter Kosten und damit zum Unternehmensergebnis beisteuern.
- Unter *Kostenspaltung* versteht man die Unterteilung der gesamten Kosten in fixe und proportionale Bestandteile. *Proportionale Kosten* sind dabei solche Kosten, die sich proportional zur erbrachten Leistung entwickeln, und hängen von ihrer Verursachung her direkt mit der eigentlichen Erbringung einer bestimmten Leistung(smenge) zusammen. *Fixe Kosten* sind hingegen Infrastrukturkosten, die prinzipiell völlig unabhängig davon entstehen, ob bzw. wieviel überhaupt produziert wird, und reagieren grundsätzlich nicht auf Belastungsschwankungen.
- Unter dem *Deckungsbeitrag* wird die Differenz zwischen Netto-Erlös und proportionalen Kosten verstanden, also jener Betrag, den

ein Erlösträger zur Deckung der Fixkosten und schliesslich zur Bildung eines Gewinnes beisteuert. In einer Deckungsbeitragsrechnung werden also nicht alle Kosten der einzelnen Marktleistung angelastet, sondern nur derjenige Teil, der direkt und unmittelbar für die Erstellung dieser Marktleistung durch einen bestimmten Leistungsbereich verursacht wird.

Wenn Ihnen dieser Stoff bereits vertraut ist, könnte es für Sie sinnvoll sein, die folgenden Ausführungen zu überspringen. Die nächste kurze Zusammenfassung findet sich auf den Seiten 129-131.

1 Grenzen des finanziellen Rechnungswesens aus der Sicht der Unternehmensführung

Das finanzielle Rechnungswesen mit Buchhaltung, Bilanz und Erfolgsrechnung vermittelt einen guten Überblick über die finanzwirtschaftliche Gesamtlage eines Unternehmens – vor allem hinsichtlich der Informationsbedürfnisse der Umwelt, d.h. der Aktionäre, Fremdkapitalgeber, Steuerbehörden usw. Tritt nun zum Beispiel ein Verlust auf, dann erhalten die Betroffenen aus dem Bereich des finanziellen Rechnungswesens wenig Anhaltspunkte über die grundlegenden Ursachen eines solchen Verlustes. Sie wissen einfach, dass die Aufwendungen nicht mehr durch Erträge gedeckt sind. Ein derartiger „Informationsnotstand" hat insbesondere dann fatale Wirkungen, wenn ein Unternehmen in mehreren Geschäftsgebieten mit einer grossen Anzahl unterschiedlicher Marktleistungen tätig ist.
  Denn weder der Bilanz noch der Erfolgsrechnung lassen sich Angaben entnehmen, die Klarheit darüber schaffen, welche Marktleistungen besonders förderungswürdig sind, in welchen Bereichen allenfalls Kostensenkungspotentiale genutzt werden könnten, welche Aufträge/Marktleistungen ihre Kosten nicht decken usw. Womit hängt das zusammen?
– In der Finanzbuchhaltung werden lediglich *Wert*grössen und *Wert*flüsse (Ein-/Auszahlungen, Aufwand und Ertrag) festgehalten, aber *keine* (physischen) *Mengen*grössen wie Stückzahlen, Beanspruchungszeiten, Beanspruchungsmengen usw.[30]

---

30 Auch eine Betriebsbuchhaltung (im Sinne einer Hilfsbuchhaltung) enthält – wenn sie nach den Regeln der doppelten Buchhaltung geführt wird – keine Mengengrössen.

- In der Finanzbuchhaltung werden nur Wertflüsse zwischen Unternehmen und externer Umwelt, aber keine innerbetrieblichen Wertflüsse (bewertete Einsatzmengen/Leistungsbeanspruchungen) festgehalten, die je nach Marktleistung erheblich schwanken können.
- Eine Buchhaltung ist ein *vergangenheitsorientiertes* Abrechnungsinstrument mit einem jährlichen, allenfalls halbjährlichen oder sogar monatlichen Abschluss. Eine Unternehmensführung braucht aber kontinuierliche Standortbestimmungen von hoher Aktualität und *zukunftsorientierte* Informationen für weiterführende Massnahmen. Solchen Forderungen vermag eine Buchhaltung ohne ergänzende Unterstützung durch ein zweckmässiges betriebliches Rechnungswesen nicht zu genügen.

> Das finanzielle Rechnungswesen ist *nicht* in der Lage, die für eine zweckmässige Planung und Feinsteuerung notwendigen Informationen zu liefern. Demzufolge bedarf Controlling der zwingenden Ergänzung durch ein führungs-, ziel- und entscheidungsorientiertes betriebliches Rechnungswesens.

Nur mit Hilfe eines zweckmässig konzipierten betrieblichen Rechnungswesens können die folgenden, bereits im Modul 1 aufgeführten Fragestellungen beantwortet werden:

- *Wo*, in welchen Bereichen, Abteilungen, Kostenstellen dürfen in der Planungsperiode welche Kosten entstehen?
  Diese Frage beantwortet eine Kostenarten- und Kostenstellenrechnung.
- *Wofür*, für welche Produkte, Dienstleistungen und Aufträge dürfen welche Kosten entstehen?
  Diese Frage beantwortet eine Kalkulation (Kostenträgerstückrechnung).
- *Womit*, mit welchen Marktleistungen auf der Grundlage welcher Infrastruktur, will unser Unternehmen in der Planungsperiode in einzelnen Teilmärkten ihren Erfolg erzielen?

Diese Frage beantwortet eine Managementerfolgsrechnung[31]. Die Erfolgsrechnung ist ein Instrument des finanziellen Rechnungswesens während die Managementerfolgsrechnung der Darstellung des betrieblichen Erfolges (Markterfolges) dient.

---

31 Vielfach wird (insbesondere in der Kostenrechnungstheorie) anstelle von Managementerfolgsrechnung von *kurzfristiger Erfolgsrechnung* gesprochen. Dies birgt allerdings stets die Gefahr einer Verwechslung mit der Erfolgsrechnung der *Finanzbuchhaltung* in sich.

2 Merkmale und Aufgaben des betrieblichen Rechnungswesens

Das finanzielle Rechnungswesen bzw. die Finanzbuchhaltung rechnet *retrospektiv* und *sehr genau*. Die Finanzbuchhaltung *muss* „stimmen". Im betrieblichen Rechnungswesen und im alltäglichen Controlling geht es demgegenüber um:

- „genügend" genaues Rechnen,
- um sehr rasch erstellte,
- zukunftsorientierte und
- problembezogene, flexible Analysen.

Folglich müssen die Instrumente des betrieblichen Rechnungswesens:

- stets als Planungs- und als Ergebnisrechnungen geführt werden können,
- ohne grossen Aufwand die zeitgerechte Durchführung von Abweichungsanalysen erlauben,
- dazu geeignet sein, auch für Sonderprobleme rasch einigermassen (!) genaue Angaben zu den entsprechenden finanziellen Konsequenzen liefern zu können (z.B. Auftragskalkulationen, Verkürzung von Lieferfristen, Erweiterung des Sortiments, Erhöhung des Werbebudgets usw.),
- Entscheidungshilfen bieten, die aufzeigen, welche Kosten und Erlöse sich bei bestimmten Entscheidungen verändern (What-if-Analysen),
- so aufgebaut sein, dass die finanziellen Wirkungen von Massnahmen denjenigen Personen zugeordnet werden können, die auch tatsächlich dafür verantwortlich sind.

Diese Forderung setzt voraus, dass durch die Organisation des Unternehmens zum voraus klar definiert ist, welche Personen in welcher Hinsicht für den finanziellen Erfolg des Unternehmens verantwortlich sind.

Hierzu gehört eine klare Aufteilung der Umsatz- und der Kostenverantwortung auf die einzelnen Bereiche. Wer ist für den Umsatz welcher Verkaufsprodukte verantwortlich? Wer ist für die Kosten welcher Bereiche verantwortlich?

In den *Planungsrechnungen*, z.B. dem Absatzbudget und der Kostenplanung, werden die finanziellen Ziele der Periode festgelegt. Planungsrechnungen sind zentrale Elemente des periodischen Zielsetzungsprozesses eines Unternehmens.

Der *Beitrag der Führungskräfte* zum finanzwirtschaftlichen Erfolg besteht im wesentlichen in der zielorientierten, systematischen und nicht zuletzt hartnäckigen Beeinflussung von

- Umsatz,
- Kosten und
- betriebsnotwendigem Vermögen.

Damit soll weder einer „Umsatzbolzerei" noch einer „Sparhysterie" das Wort geredet werden, indem beispielsweise zukünftig nur noch in der 2. Klasse Eisenbahn gefahren werden darf. Hebelwirkungen sind viel eher im Innovationsprozess und in der Konfiguration der betrieblichen Leistungserstellung zu suchen.

So werden schon im Innovationsprozess oft mehr als 90 % aller Kosten determiniert, die während des gesamten Lebenszyklus eines Produktes anfallen. Auch durch eine zweckmässige Wahl der Fertigungstiefe und durch eine geschickte Organisation der betrieblichen *Kernprozesse* (z.B. niedrige Durchlaufzeiten) kann viel zum Unternehmenserfolg beigetragen werden.

Im Planungsprozess müssen *durch* bzw. *für alle* Akteure idealerweise im *gemeinsamen Dialog* massgeschneiderte und unmissverständliche, langfristige und kurzfristige finanzwirtschaftliche *Ziele* erarbeitet werden. Diese bilden letztlich die *verbindlichen Eckpfeiler* der Planungsrechnung(en). Dabei haben sich alle beteiligten Akteure unerbittlich mit der Frage auseinanderzusetzen:

> Welchen *Beitrag* verpflichte ich mich im Rahmen meiner Tätigkeit und Verantwortung zu leisten, damit das Unternehmen als Ganzes und mein Bereich auch tatsächlich die gesetzten Ziele erreichen?

Zu beachten ist dabei,

- dass sich *Planung* auf die beeinflussbaren Faktoren einer Führungskraft bezieht und eine *Selbstverpflichtung* darstellt und
- dass Ziele so geplant und formuliert werden, dass sie realistisch, aber nur mit Anstrengung zu erreichen sind.

3 Grundbegriffe des betrieblichen Rechnungswesens

3.1 Kosten, Erlöse und Erlösträger

Im finanziellen Rechnungswesen sprechen wir von Aufwendungen und Erträgen, im betrieblichen Rechnungswesen von *Kosten* und *Erlösen*. Das betriebliche Rechnungswesen ist strikt auf den betrieblichen Produktions- und Wertschöpfungsprozess ausgerichtet, d.h. auf die Erstellung von Marktleistungen mit all den physischen Aktivitäten und Abläufen, die dazu notwendig sind. Kosten und Erlöse sind immer im Zusammenhang mit *Leistungen* zu sehen, die mit Hilfe von *Mengeneinheiten* [kg, h, m, Stück usw.] gemessen und mittels einer zweckmässigen Betriebsdatenerfassung erfasst werden müssen.

Unter *Erlös* verstehen wir den Gegenwert (Geldwert), den Kunden für gekaufte und bewertete Leistungen entrichten.[32]

Unter Kosten verstehen wir bewertete Einsatz- und Ausstossmengen der betrieblichen Leistung nach Massgabe der tatsächlichen Leistungsbeanspruchung und Abnutzung. Kosten sind also bewertete Leistungsbeanspruchungen.[33]

Weder Erlöse noch Kosten stellen einfach Geldbeträge dar wie Erträge und Aufwendungen, sondern sind immer *als Multiplikationen von Mengen und Preisen* zu betrachten.

| *Erlös* = Absatz*menge* x erzielter Verkaufs*preis* pro Mengenheit

| *Kosten* = Leistungs*menge* x *Preis* pro Leistungseinheit[34]

Im Rahmen des betrieblichen Wertschöpfungsprozesses eines Unternehmens werden verschiedene Leistungen, d.h. verschiedene Mehrwerte erbracht, bis das Verkaufsprodukt (als physischer Gegenstand oder als Dienstleistung) beim Kunden seinen Nutzen erbringt.

Selbstverständlich führen nicht alle diese Leistungen zu einem Erlös, der dem Unternehmen von aussen zufliesst. Insbesondere die Abrechnung innerbetrieblicher Leistungen im Rahmen der innerbetrieblichen Verrechnung ist aus der Sicht des Gesamtunternehmens ein Nullsummenspiel.

---

32 Rieder/Siegwart 1993, 107
33 Rieder/Siegwart 1993, 108
34 z.B. Materialeinsatz*menge* x Material*preis*, geleistete Arbeits*stunden* x Lohn*satz*, beanspruchte Maschinen*zeit* x Kosten*satz* (Verrechnungs*preis*) pro Maschinen*stunde* usw.

Unter *Erlösträgern* verstehen wir deshalb im folgenden ausschliesslich diejenigen Leistungen (Marktleistungen), die zu einem Erlös führen, der dem Unternehmen von aussen zufliesst.

3.2 Sachliche und zeitliche Abgrenzungen

Die Periodenlänge des *betrieblichen Rechnungswesens* (Managementerfolgsrechnung) muss zum Zwecke der Feinsteuerung kürzer sein als diejenige der *Finanzbuchhaltung*. Sie beträgt in der Regel einen Monat oder ein Quartal. Deshalb müssen die Aufwendungen aus der Finanzbuchhaltung für Controlling-Zwecke *zeitlich* und *sachlich abgegrenzt* werden.

- *Zeitliche Abgrenzungen* dienen dazu, die Aufwendungen korrekt auf die Perioden des betrieblichen Rechnungswesens (Monat, Quartal) aufzuteilen.
- Kosten sind also bewertete Leistungsbeanspruchungen. Bereits unsere Ausführungen zur Problematik des Geschäftsabschlusses (Kapitel 4.2, Modul 2) haben gezeigt, dass bei der Bewertung von Leistungen und Vermögen je nach externer bzw. interner Anspruchsgruppe unterschiedliche Bewertungsmassstäbe zur Anwendung kommen können. *Sachliche Abgrenzungen* dienen dazu, Bewertungen zu korrigieren (z.B. aus steuerlichen Überlegungen überhöht angesetzte Abschreibungen und Rückstellungen) oder kostenrelevante Positionen, die in der Finanzbuchhaltung gar nicht enthalten sind, in die Managementerfolgsrechnung einzubringen (z.B. kalkulatorischer Unternehmerlohn, „Gratisarbeit" von Familienangehörigen im Betrieb usw.).

Die entsprechenden Angaben mögen in der Finanzbuchhaltung durchaus zweckmässig sein, im Hinblick auf den *tatsächlichen betriebswirtschaftlichen Leistungsausweis* können sie aber verfälschend wirken, weshalb sie hier korrigiert werden müssen. Ebenso sind *neutrale* (betriebsfremde) und *ausserordentliche* Aufwendungen, die normalerweise nicht im laufenden Produktionsprozess anfallen, *kein* Bestandteil der Managementerfolgsrechnung und werden demzufolge im Rahmen der sachlichen Abgrenzungen ausgeschieden.

Beleg-Nr. Geschäftsfall der Finanzbuchhaltung	Kostenart (Text)	Aufwand (in SFr./ DM)	Abgrenzung		Kosten (in SFr./ DM)
			zeitlich	sachlich	

Abbildung 23:
Schematische Darstellung der *Abgrenzungen* zwischen Finanzbuchhaltung und Kostenartenrechnung

In der Praxis kann es – wie das folgende Schema zeigt – im weiteren sinnvoll sein, die Aufwandspositionen der Finanzbuchhaltung – sofern sie für die Managementerfolgsrechnung relevant sind – *direkt* auf dem ursprünglichen Buchungsbeleg zusätzlich auf bestimmte *Kostenstellen* oder *Erlösträger*, z.B. Aufträge oder Projekte, zu kontieren.

Buchungsbeleg

Belegdatum	Buchungssatz Finanzbuchhaltung		Kontierung Kostenstellen-/ Managementerfolgsrechnung		Buchungstext (Beschreibung)	Betrag
	Soll	Haben	Abgrenzungen		Kostenstelle oder Erlösträger	
			zeitlich	sachlich		

Abbildung 24: Buchungsbeleg

3.3 Deckungsbeitragsrechnung

Die bisherigen Überlegungen zur Managementerfolgsrechnung sind aus einer Innenperspektive, d.h. vom eigenen Wertschöpfungs- oder Produktionsprozess – genauer: von den *Kosten der Wertschöpfung* – ausgegangen. Die *Deckungsbeitragsrechnung* dreht nun gewissermassen den Spiess um.

Ausgangspunkt einer Deckungsbeitragsrechnung sind nicht die anfallenden Kosten, sondern der am Markt realisierte Umsatz. Eine Deckungsbeitragsrechnung ist ein strikt *marktorientiertes* Instrument zur Ermittlung des Beitrages, den die einzelnen Erlösträger, aber auch Produktgruppen, Abteilungen, Geschäftsbereiche und Sparten zur Deckung bestimmter Kosten und damit zum Unternehmensergebnis beisteuern.

3.31 Fixe und proportionale Kosten („Kostenspaltung")

Eine Grundvoraussetzung für die Ermittlung von Deckungsbeiträgen besteht in einer Aufspaltung der Kosten in *fixe* und *proportionale* Bestandteile. Eine solche Aufspaltung kann *ausschliesslich* in der Planung vorgenommen werden, bei der (z.b. ausgehend von einem bestimmten Produktionsprogramm) analytisch die leistungsabhängigen (proportionalen) und leistungsunabhängigen (fixen) Kosten ermittelt werden.

Die Kostenspaltung in der Planung dient der besseren analytischen Durchdringung des Betriebsgeschehens unter dem Aspekt der Kostenverursachung in Abhängigkeit von zentralen Einflussgrössen. Durch bessere Kenntnis und Berücksichtigung der grundlegenden Kostenursachen sollen idealerweise auch bessere Entscheidungen zustandekommen.

Obwohl *Ist*-Kosten *nicht* in fixe und proportionale Teile aufgespaltet werden können, dient die Kostenspaltung in der Planung später als Grundlage für eine zweckmässige Abrechnung der anfallenden Ist-Kosten.

– *Proportionale Kosten*[35] oder *Produkt-Grenzkosten* sind solche Kosten, die nur dann entstehen, wenn eine (einzelne) Leistungseinheit (z.B. ein Endprodukt) „*zusätzlich*" produziert wird.[36] Proportionale Kosten „schlüpfen"[37] gewissermassen direkt in die erbrachte Lei-

---

[35] Mit Deyhle/Steigmeier 1993 und Rieder/Siegwart 1993 wird im vorliegenden Buch der Begriff *proportional* dem geläufigen Begriff *variabel* aus folgendem Grund vorgezogen: Die Unterscheidung von proportional und fix möchte (analog zum Activity Based Costing) auf die Frage aufmerksam machen, welche Kosten *(infra-) strukturbedingt* sind und welche Kosten *leistungsabhängig*, d.h. (mehr oder weniger) *proportional* zur *Beanspruchung* der Infrastruktur schwanken. Der Begriff variabel wird dagegen oft mit der Vorstellung der *Beeinflussbarkeit* von Kosten in Verbindung gebracht, sozusagen nach dem Motto: „Die *variablen* Kosten sind diejenigen Kosten, die veränderbar, d.h. variabel sind. Die *Fixkosten* kann man dagegen – zumindest kurzfristig – *nicht* ändern, deshalb sind sie fix." Vor dem Hintergrund der obigen Überlegungen ist dies natürlich falsch, denn sowohl die fixen Kosten (z.B. mittels der Wahl einer kostengünstigen Fahrzeugklasse von Aussendienstfahrzeugen) als auch die proportionalen Kosten (z.B. mittels einer geschickten Routenplanung und der Förderung eines umweltverträglichen Fahrverhaltens) können nachhaltig beeinflusst werden.
[36] Die proportionalen Kosten entsprechen dabei dem *gesamten* Betrag an unmittelbar leistungsabhängigen Kosten, die Grenzkosten demjenigen Betrag, um den die proportionalen Kosten bei der Erbringung *einer* zusätzlichen Leistungseinheit zunehmen. Unter den Grenzkosten werden demzufolge die *proportionalen Kosten pro Leistungseinheit* verstanden. Dieser Grenzkostenbegriff darf nicht mit demjenigen der Volkswirtschaftslehre verwechselt werden.
[37] Dieser Begriff wurde von Deyhle geprägt.

stungseinheit hinein. Proportionale Kosten werden durch all diejenigen Aktivitäten verursacht, die einen direkten und unmittelbaren Beitrag an die Entstehung und damit Existenz einer Marktleistung erbringen.

> *Proportionale Kosten* sind solche Kosten, die sich proportional zur erbrachten Leistung entwickeln; sie sind proportional bezogen auf die Menge der erbrachten Leistungen. Proportionale Kosten hängen also von ihrer Verursachung her *direkt* mit der eigentlichen Erbringung einer bestimmten Leistung(smenge) zusammen. Unter Leistung verstehen wir dabei zum einen die *Marktleistungen*, z.B. Anzahl verkaufter Produkte (erbrachter Dienstleistungen), usw. Zum anderen sind darunter auch die internen Leistungen zu verstehen, z.B. Anzahl Auftragsabwicklungen, Anzahl inner- oder zwischenbetrieblicher Transporte, Anzahl verarbeiteter Retouren, usw.

- *Fixkosten* sind demgegenüber *Infrastrukturkosten*, die prinzipiell völlig unabhängig davon entstehen, ob überhaupt bzw. wieviel produziert wird. Sie reagieren von ihrem Wesen her grundsätzlich *nicht* auf Belastungsschwankungen. Erst wenn die Infrastruktur grundlegend neuen Bedingungen angepasst werden muss (neue Gebäude, neue Maschinen), verändern sich die Fixkosten; man spricht dann von sprungfixen Kosten.

Auch Fixkosten haben somit (analytisch) identifizierbare „Verursacher", indem gewisse Sortimente oder Produktgruppen beispielsweise nur durch Inanspruchnahme ganz bestimmter Maschinen oder Spezialanfertigungen von Maschinen hergestellt werden können. Die Fertigung bestimmter Sortimente und Produktgruppen kann zudem auch eine bestimmte Infrastruktur im Gebäude-, Sicherheits-, Energie- und Ökologiebereich (Abluft- und Abwasserreinigung) voraussetzen. Fixkosten sind also stets in einem engen Zusammenhang mit solchen Leistungspotentialen zu sehen, die eine allgemeine Voraussetzung für den Leistungserstellungsprozess bestimmter Güter und Dienstleistungen darstellen.

Die Betrachtungsweise bzw. Aufteilung in proportionale und fixe Kosten (Kostenspaltung) geht also strikt von der *Art* der Leistungen aus, welche für die physische Herstellung eines bestimmten Produktes oder Produktesortimentes einerseits im Sinne eines *allgemeinen Leistungspotentials* grundsätzlich „vorhanden" sein müssen und andererseits in Form einzelner Wertschöpfungs*aktivitäten* je von neuem in Anspruch genommen werden.

Die Frage der Kostenspaltung in proportionale und fixe Kosten darf auf keinen Fall verwechselt werden mit dem Problemkreis der Beeinflussbarkeit von Kosten, aus dem sich zwei Fragen ergeben, nämlich:
– *Welche Kosten* können durch welche Personen im Unternehmen überhaupt beeinflusst werden?
   Beeinflussbar sind Kosten beispielsweise für einen Abteilungs- oder Spartenleiter genau dann, wenn dieser zumindest auf die Einsatzmenge (z.B. Anzahl Mitarbeiter/effektiv geleistete Mitarbeiterstunden) Einfluss nehmen kann. Ideal ist es natürlich, wenn er auch den Preis (z.B. Höhe des Lohnes) beeinflussen kann. Ist keines von beidem möglich, dann sprechen wir von *nichtbeeinflussbaren* Kosten – allerdings nur aus der Perspektive des betroffenen *Kostenverantwortlichen*. Denn in einem gut organisierten Unternehmen darf es *keine* Kosten geben, die von niemandem beeinflusst werden können.
– *In welchem zeitlichen Horizont* können die Kostenverantwortlichen ihre Kosten beeinflussen (z.B. kurzfristig: < 1 Monat, mittelfristig: < 1 Jahr, langfristig: > 1 Jahr)?

Es ist also sehr empfehlenswert, im Sinne von zwei unterschiedlichen „Brillen", strikt zu unterscheiden, ob über Fragen der struktur- bzw. ausstossbedingten Verursachung von Kosten gesprochen wird oder über Fragen der Beeinflussbarkeit der Kosten durch bestimmte Personen in einem bestimmten Zeithorizont.

3.32 Deckungsbeitrag

Unter dem *Deckungsbeitrag* verstehen wir die Differenz zwischen Netto-Erlös[38] und proportionalen Kosten, also jenen Betrag, den die Erlösträger zur Deckung der Fixkosten und schliesslich zur Bildung eines Gewinnes beisteuern.

> Die Deckungsbeitragsrechnung geht also davon aus, dass gewisse Teile der Kosten unmittelbar durch die Produktion von *Leistungen* für den Markt verursacht werden, die sogenannten proportionalen Kosten. Der Rest an Kosten, d.h. die Fixkosten,

---

38 Unter dem Netto-Erlös verstehen wir den Brutto-Verkaufserlös abzüglich Erlösminderungen (z.B. Rabatte, Skonti, Boni usw.).

müssen durch die *Differenz zwischen Netto-Erlös* und *proportionalen Kosten*, den *Deckungsbeitrag* gedeckt werden. In einer Deckungsbeitragsrechnung werden also *nicht alle* Kosten der einzelnen Marktleistung angelastet (belastet), sondern nur derjenige Teil, der auch unmittelbar für die Erstellung einer (einzelnen) Marktleistung durch einen bestimmten Leistungsbereich (Abteilung, Bereich, Sparte, Profit-Center usw.) verursacht wird. Deshalb spricht man dabei oft auch von *Teilkostenrechnung*, weil nur ein Teil der Kosten auf die einzelnen Erlösträger bzw. auf die Leistungsbereiche verrechnet wird.

Was die Teilkosten- von der Vollkostenrechnung somit unterscheidet, ist *nicht*, dass in der Teilkostenrechnung nur ein Teil der gesamten Kosten abgerechnet und ausgewiesen wird, sondern dass in der Teilkostenrechnung nur ein Teil der gesamten Kosten auf die einzelnen Erlösträger verrechnet wird, im wesentlichen die proportionalen Kosten.

Prinzipschema	Zahlen-Beispiel	
	Erlösträger A	Erlösträger B
Netto-Erlöse (aggregiert über alle Verkäufe)	33000	64000
./. proportionale Kosten	11000	48000
Deckungsbeitrag	**22000**	**16000**
./. Fixkosten(-block)	30000	
Ergebnis (Gewinn oder Verlust)	+ 8000	

Abbildung 25: Prinzipschema einer Deckungsbeitragsrechnung

Sobald wir den Fixkostenblock aufzuteilen beginnen, sprechen wir von einer *mehrstufigen Deckungsbeitragsrechnung*. Eine Aufteilung von Fixkosten wird dann vorgenommen, wenn *nicht alle* Erlösträger die gesamte Infrastruktur *gleich stark* beanspruchen. Dies bedarf einer genauen Kenntnis, woraus sich die Infrastrukturkosten zusammensetzen und was (insbesondere welche Erlösträger) zu ihrer Verursachung beiträgt.

Strenggenommen ist der erste Deckungsbeitrag (Deckungsbeitrag 0) in einem Handelsbetrieb der *Brutto-Gewinn*; das Verhältnis von Deckungsbeitrag 0 zu Netto-Erlös (im Beispiel A: 66 %, B: 25 %) nennen wir dabei *Brutto-Marge* oder *Deckungsbeitragsintensität*.

Das dargestellte Grundprinzip der Deckungsbeitragsrechnung kann für verschiedene Zwecke Anwendung finden, so zum Beispiel für

- die Beurteilung des Marktleistungserfolges durch eine *einzelproduktweise Deckungsbeitragsrechnung*
- die Kalkulation von Einzelprodukten mit Hilfe einer *Produktkalkulation auf Teilkostenbasis*
- die Darstellung der Produktgruppen-, Abteilungs- und Spartenerfolge in einer *Managementerfolgsrechnung*

Selbst-Controlling: Modul 3, Kapitel 1, 2 und 3

	Frage	Unsicher?	Wenn ja Seite
1	Wieso können in einem Unternehmen auf der Grundlage eines finanziellen Rechnungswesens keine Rückschlüsse auf die Ursachen eines allfälligen Verlustes gezogen werden?		118
2	Welche Fragestellungen können mit Hilfe des betrieblichen Rechnungswesens sinnvoll beantwortet werden?		118
3	Warum müssen Instrumente des betrieblichen Rechnungswesens als Planungs- und Ergebnisrechnungen geführt werden können?		119
4	Welche organisatorische Voraussetzung muss erfüllt sein, damit ein betriebliches Rechnungswesen sinnvoll implementiert werden kann?		119
5	Welchen Beitrag können Führungskräfte zum finanzwirtschaftlichen Erfolg des Unternehmens leisten?		120
6	Wie sollten der Planungsprozess gestaltet und die Ziele festgelegt werden?		120
7	Welche Grössen sind im finanziellen, welche im betrieblichen Rechnungswesen relevant?		121
8	Was sind Beispiele für Kosten, die keine Aufwände sind?		122
9	Was sind Beispiele für Aufwände, die keine Kosten sind?		122
10	Was sind Beispiele für Erlöse, die keine Erträge sind?		122
11	Was sind Beispiele für Erträge, die keine Erlöse sind?		122
12	Inwiefern dreht die Deckungsbeitragsrechnung im Vergleich zur Verkaufserfolgsrechnung „den Spiess um"?		123
13	Welche Beispiele für fixe und für proportionale Kosten gibt es?		125
14	Warum ist es bedeutsam, den Begriff „variable Kosten" durch denjenigen der „proportionalen Kosten" zu ersetzen?		124
15	Wieso ist für die Ermittlung des Deckungsbeitrags eine Kostenspaltung notwendig?		125/126

Frage	Unsicher?	Wenn ja Seite
16 Wieso ist die Kostenspaltung strikt vom Problemkreis der Beeinflussbarkeit von Kosten zu unterscheiden?		126
17 Welche Probleme könnten auftreten, wenn man beginnt, die Fixkosten analytisch genau auf die Erlösträger aufzuschlüsseln?		127
18 Woraus besteht heutzutage eine gut ausgebaute, integrierte Kosten- und Erlösrechnung?		Kapitel 4

4 Planungs- und Abrechnungsinstrumente des betrieblichen Rechnungswesens

Im Kapitel 4 sollen folgende Inhalte vermittelt werden:

- Eine gut integrierte Kosten- und Erlösrechnung besteht aus einer *Kostenartenrechnung*, einer *Kostenstellenrechnung*, einer *Kostenträgerrechnung* (= Kalkulation), einer *gesonderten Erlösrechnung* und einer *Managementerfolgsrechnung*.
- Bei der finanziellen Bewertung von Mengengrössen in der Kosten- und Erlösrechnung kommt der Erstellung von *Mengengerüsten* in der *Kalkulation* eine besondere Bedeutung zu, da sie in diesem Zusammenhang eine Scharnierfunktion ausüben.
- Die Kalkulation (Kostenträgerstückrechnung) eines Unternehmens ist eine Hilfsrechnung zur Berechnung der Kosten der Erlösträger und gewisser innerbetrieblicher Leistungen.
- Wir unterscheiden *Vor*kalkulationen für standardisierbare Leistungen (Standard-Kalkulationen), *Vor*kalkulationen für einzelne Aufträge (Auftragskalkulationen) und *Nach*kalkulationen für einzelne Aufträge.
- *Vor*kalkulationen liefern Angaben für die Verkaufspreisfindung, für Make or Buy-Entscheidungen, für die Sortimentsplanung und für die Annahme oder Ablehnung von Zusatzaufträgen.
- *Nach*kalkulationen dienen demgegenüber der Überprüfung von Vorkalkulationen, stellen Erfahrungswerte für realistische Vorkalkulationen dar und geben Hinweise auf organisatorische Stärken und Schwachstellen des Betriebes (Benchmarking).
- Jede Kalkulation setzt sich grundsätzlich aus einer Stückliste (Materialeinsatz und Fremdleistungen) und einem Arbeitsplan (Planung der auszuführenden Arbeiten) zusammen, deren Kompo-

nenten in der Kalkulation mit den entsprechenden Materialpreisen bzw. Kalkulationssätzen multipliziert werden.
- *Vollkostenkalkulationen* geben allgemeine Angaben darüber, welche Preise langfristig am Markt realisiert werden müssen, damit über das gesamte Produkteangebot hinweg ein Gewinn für das Unternehmen entsteht.
- Teilkostenkalkulationen markieren die *kurzfristige Preisuntergrenze* einer Marktleistung.
- Vollkosten- und Teilkostenkalkulationen dienen wie die unterschiedlichen Deckungsbeiträge der Betriebserfolgsrechnung unterschiedlichen Entscheidungs- und Steuerungszwecken. Man kann weder auf das eine noch auf das andere verzichten, muss aber die damit verbundenen Fragestellungen strikt auseinanderhalten.
- Bei der Erlösrechnung als *Sonderrechnung des Absatzbereiches* steht die Wirtschaftlichkeitsbeurteilung der Verkaufsanstrengungen für die einzelnen Marktleistungen und Zielgruppen im Vordergrund. Sie bildet damit den marktbezogenen Ausgangspunkt für die Managementerfolgsrechnung.
- Der Erlösrechnung als einzelproduktweiser Deckungsbeitragsrechnung kann die Struktur einer Top-Down-Produktekalkulation zugrundegelegt werden, wobei die Erlösrechnung jedoch nur bis zur Stufe des DB I geht. Der DB I stellt damit den Beitrag des Verkaufes zur Deckung der Fixkosten eines Unternehmens dar.
- Während bei der Kostenarten-, Kostenstellen- und Kostenträgerrechnung (Kalkulation) vor allem Kosten- und Leistungsgesichtspunkte im Vordergrund stehen, rückt die Managementerfolgsrechnung – genauso wie die Erlösrechnung – die Marktperspektive in den Mittelpunkt der Überlegungen.
- Die Managementerfolgsrechnung beantwortet die Fragen, mit welchen Produkten/Marktleistungen das Unternehmen einen Erfolg am Markt erzielt, wie erfolgreich die einzelnen Sortimente, Produktgruppen und Sparten sind sowie aus welchen *Erfolgskomponenten* sich der Erfolg der einzelnen Sortimente, Produktgruppen und Sparten zusammensetzt.
- Eine als mehrstufige Deckungsbeitragsrechnung gestaltete Managementerfolgsrechnung erbringt dann den grössten Nutzen, wenn mit Standard-Werten gerechnet wird. Es empfiehlt sich demnach, die Managementerfolgsrechnung auf der Basis von Standard-Werten (Ist-Mengen x Standard-Preise) darzustellen und die Abweichungen von den Standards in einem gesonderten Block auszuweisen.

- Stellt der Managementerfolg den betriebswirtschaftlich korrekten Unternehmenserfolg dar, so muss in einem abschliessenden Schritt mit Hilfe einer *Abstimmbrücke* die Differenz zum Reingewinn der Bilanz veranschaulicht werden.
- Die konsequente Anwendung des *Prinzips einer mehrstufigen Deckungsbeitragsrechnung* ermöglicht es einem Unternehmen, sowohl die einzelnen Produktekalkulationen und einzelproduktweisen Deckungsbeitragsrechnungen als auch die Managementerfolgsrechnung nach einer *identischen Aussagelogik* aufzubauen.
- Eine mehrstufige Deckungsbeitragsrechnung kann zum einen als Entscheidungsrechnung (Erlösrechnung) und zum anderen als Verantwortungsrechnung (vor allem als Managementerfolgsrechnung) Verwendung finden.
- Durch die *mehrdimensionale* Organisation eines Unternehmens (beispielsweise nach Funktionen und nach Produktgruppen) entsteht das für die Gestaltung des Controllings zentrale Problem der *Aufteilung des Fixkostenblocks*.
- Die Beantwortung der Frage, inwiefern Fixkosten von mehrseitig in Anspruch genommenen Leistungs-Centers auf die Erlösträger weiterverrechnet werden dürfen, hängt vom tatsächlichen Grad der Beeinflussbarkeit dieser Kosten durch die für die Erlösträger verantwortlichen Personen (SGE-Leiter, Product Manager etc.) ab. Dieser Grad ist wiederum eine Folge der gewählten Organisations- und Produktionsstruktur.
- Zur Vermeidung von Grabenkämpfen ist eine das *Verursachungsprinzip verletzende* Fixkostenschlüsselung lediglich in der *Planung,* d.h. bei der Erarbeitung der Plan-Managementerfolgsrechnung, zulässig. Sie dient ausschliesslich der Ermittlung angemessener, plausibler *Deckungsziele* für möglichst gewinnbringende *Marktleistungskalkulationen* (Decision Accounting). In der *Ergebnisrechnung* ist vor allem im Hinblick auf eine *faire Leistungsbeurteilung* der verantwortlichen Bereichsleiter (Responsibility Accounting) von einer Schlüsselung kaum beeinflussbarer Ist-Fixkosten *dringend abzuraten.* Leistungsbeurteilungen sollten stets auf der Grundlage *beeinflussbarer* Grössen erfolgen.
- Das Break-even-Diagramm bringt den Zusammenhang zwischen Umsatz- und Kostenentwicklung in Abhängigkeit vom Absatzvolumen graphisch zum Ausdruck. Als *Angriffskeile* zur Ertragssteigerung dienen dabei die *Fixkosten,* die *proportionalen Kosten,* die *Absatzmengen/das Absatzvolumen* sowie das *Preisniveau.*

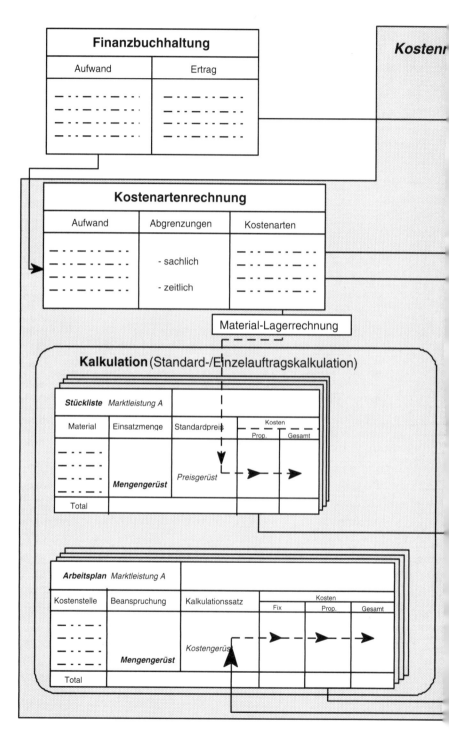

Abbildung 26:
Übersichtsschema Finanzbuchhaltung – Kostenrechnung – Managementerfolgsrechnung

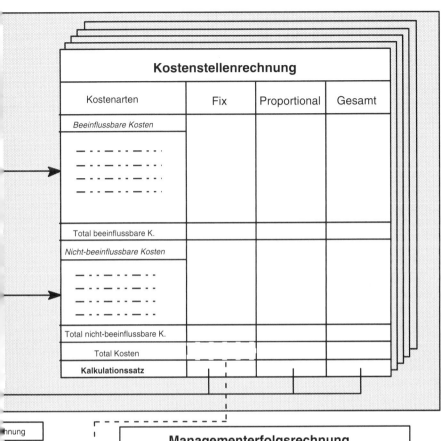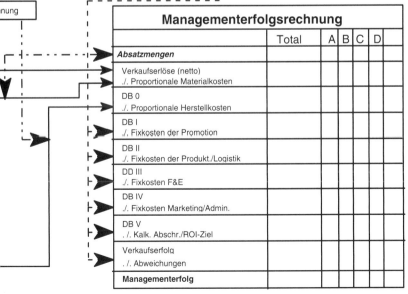

Wenn Ihnen dieser Stoff bereits vertraut ist, könnte es für Sie sinnvoll sein, die folgenden Ausführungen zu überspringen. Die nächste kurze Zusammenfassung findet sich auf den Seiten 187/188.

Moderne Industrie- und Handelsbetriebe verfügen heute meistens über eine gut ausgebaute, *integrierte Kosten- und Erlösrechnung*, bestehend aus:

- einer *Kostenartenrechnung* (Kapitel 4.2),
- einer *Kostenstellenrechnung* (Kapitel 4.3),
- einer *Kostenträgerrechnung* (d.h. einer Kostenträger*stück*rechnung = *Kalkulation*, Kapitel 4.4),
- eventuell einer gesonderten *Erlösrechnung* (Kapitel 4.5) und
- einer *Managementerfolgsrechnung* (Kapitel 4.6).

In der Abbildung 26 sind schematisch die wichtigsten Zusammenhänge zwischen der Finanzbuchhaltung, der Kostenarten- und Kostenstellenrechnung, der Kalkulation sowie der Erlösrechnung und Managementerfolgsrechnung dargestellt.

Besonderer Aufmerksamkeit bedarf das Problem der Verknüpfung von (physischen) Mengengrössen und deren finanzieller Bewertung in der Kosten- und Erlösrechnung.

Von ausschlaggebender Bedeutung ist dabei, dass zur Erstellung einer Kalkulation „Mengengerüste" notwendig sind. Diese Mengengerüste stellen gewissermassen das *Scharnier* dar zwischen

- den *physischen* Aktivitäten und Prozessen des betrieblichen Alltages, die zur Erstellung einer Marktleistung erforderlich sind, und
- der *finanziellen Bewertung* („Preis- und Kostengerüst") der einzelnen Materialien und Aktivitäten, die in diese Marktleistung einfliessen.

Bei der Erstellung einer aussagekräftigen Kalkulation müssen demzufolge Mitarbeiter aus allen Bereichen, d.h. aus der Forschung und Entwicklung, aus der Produktion, aus der Logistik, aus dem Marketing und eventuell jemand aus den zentralen Diensten, mitwirken.

Auch auf der Erlösseite ist die Erfassung von Mengengrössen notwendig. Die Absatzmengen können in der Erlösrechnung oder allenfalls auch in der Managementerfolgsrechnung ausgewiesen werden.

4.1 Aufgaben der Kostenrechnung

Der Begriff Kostenrechnung ist ein Sammelbegriff, unter den üblicherweise die Kostenarten-, die Kostenstellenrechnung und die Kostenträgerrechnung subsumiert werden. Die Kostenrechnung erfüllt verschiedene Funktionen, sie dient im wesentlichen der:

- *Preisermittlung* und Preisbeurteilung von Marktleistungen (Offertstellungen)
- *Planung* und *Feinsteuerung* des Wertschöpfungsprozesses im Unternehmen, d.h. sie liefert z.b. Entscheidungsgrundlagen für:
  · die Bestimmung einer optimalen Fertigungstiefe
  · Make or Buy-Entscheidungen (Eigenherstellung/Fremdbezug)
  · die Annahme oder Ablehnung von (Zusatz-)Aufträgen
  · die Sortimentsplanung
  · die Produktionsprogrammplanung
  · die Wahl von Distributionskanälen
  · die Wahl von Produktionsverfahren

- *Kostenbewirtschaftung*/Kostenkontrolle (Planung und Feinsteuerung der Kostenentwicklung)
- *Bewertung* von Halb- und Fertigfabrikaten sowie von Ware in Arbeit (Inventar)

> Die *Kostenrechnung* ist eine Systematik, die darauf abzielt, den Zusammenhang zwischen
> - den Leistungen des betrieblichen Wertschöpfungsprozesses[39] und
> - den durch diese Leistungen verursachten Kosten *transparent* zu machen.
> Dabei richtet sich der Blick zum einen auf den *Wertschöpfungsprozess als Ganzes* (Managementerfolgsrechnung) und zum anderen auf die einzelne Leistung (Kalkulation einer bestimmten innerbetrieblichen Leistung oder einer bestimmten Marktleistung).

---

39 Dieser umfasst nicht nur die unmittelbaren Aktivitäten zur Erstellung der Marktleistungen (Erlösträger), sondern auch innerbetriebliche Dienstleistungen wie Materialbezüge vom Lager, Transporte, Schlusskontrollen, Auslieferungen usw.

4.2 Kostenartenrechnung

Die Kostenartenrechnung bildet das *Bindeglied* zwischen der *Finanzbuchhaltung* und der *Kostenrechnung*. Sie ist die „Eingangsstelle", d.h. der Ort, wo die Daten der Finanzbuchhaltung für die Zwecke der Kostenrechnung aufbereitet werden. In der Kostenartenrechnung werden die ersten Aktivitäten der Kostenrechnung durchgeführt. Ihr fällt die Aufgabe zu, sämtliche Kosten nach einem festgelegten System zu erfassen und zu ordnen (Erfassungssystematik). Die Kostenartenrechnung beschäftigt sich also mit Fragen:

- der Kostenerfassung,
- der Kostenabgrenzung und
- der Kostenzuordnung.

> Die Kostenartenrechnung ist das *Sammelgefäss* für alle Aufwendungen aus der Finanzbuchhaltung, die für den betrieblichen Wertschöpfungsprozess (Produktionsprozess) von Bedeutung sind und damit *relevante* Kosten darstellen. Sie gibt Antwort auf die Frage:
> *Welche* Kosten entstehen im betrieblichen Wertschöpfungsprozess?

Die Periodenlänge der Kosten- und Erlösrechnung ist meistens *kürzer* als diejenige der Finanzbuchhaltung. Sie beträgt in der Regel einen Monat oder ein Quartal. Deshalb besteht eine erste Aufgabe der Kostenartenrechnung darin, die Aufwendungen aus der Finanzbuchhaltung *abzugrenzen* (siehe dazu Kapitel 3.2). Zusammenfassend sei hier nochmals festgehalten:

- *Zeitliche Abgrenzungen* dienen dazu, die Aufwendungen korrekt auf die Perioden des betrieblichen Rechnungswesens (Monat, Quartal) aufzuteilen. In der *Kostenrechnung* kann es aus psychologischen Gründen allerdings sinnvoll sein, zeitliche Abgrenzungen *eher zurückhaltend* vorzunehmen. Kosten zeitlich abzugrenzen bedeutet im Grunde genommen, den Kostenverlauf zu glätten und die Folgen von allenfalls unwirtschaftlichen Praktiken zu verwischen, was dazu führen kann, dass die Kostenverantwortlichen mit der Zeit „einschlafen". Damit Menschen Handlungsbedarf wahrnehmen können, bedarf es ausreichend deutlicher Signale (Unterschiede). So kann es durchaus sinnvoll sein, dass grössere Kostenpositionen, die als Folge bestimmter Entscheidungen oder Ereignisse resultieren – z.b. umfangreiche Revisionsarbeiten –, im Moment, in dem sie anfallen, als *Gesamtbetrag* in ihrer vollen, „aufschreckenden" Grösse ausgewiesen werden. Dies wird eher dazu beitragen, das Bewusstsein für die Folgen bestimmter Aktivitäten oder Unterlassungen zu schärfen.

- *Sachliche Abgrenzungen* können dazu dienen, Bewertungen zu korrigieren (z.b. zum Zwecke einer minimalen Steuerbelastung überhöhte Abschreibungen und Rückstellungen). Die betroffenen Bewertungen mögen in der Finanzbuchhaltung durchaus zweckmässig sein, in einer korrekten Kosten- und Erlösrechnung können sie aber verfälschend wirken, weshalb sie hier korrigiert werden müssen. Ebenso sind *neutrale (betriebsfremde)* und *ausserordentliche* Aufwendungen, die normalerweise nichts mit dem laufenden Produktionsprozess zu tun haben, *kein* Bestandteil der Kostenrechnung und werden demzufolge im Rahmen der sachlichen Abgrenzungen ausgeschieden.

Beleg-Nr. Geschäftsfall der Finanzbuchhaltung	Kostenart (Text)	Aufwand (in SFr./ DM)	Abgrenzung		Kosten (in SFr./ DM)
			zeitlich	sachlich	

Abbildung 27:
Schematische Darstellung der Kostenartenrechnung (siehe auch Abbildung 23, Modul 3)

Nebst der Kostenerfassung und der Kostenabgrenzung hat die Kostenartenrechnung eine dritte Aufgabe: die *Kostenzuordnung*. Kosten entstehen dort, wo irgendwelche Leistungen für den betrieblichen Wertschöpfungsprozess erbracht werden, und in der Regel gibt es in den gut organisierten Betrieben keine Kosten, für die nicht jemand unmissverständlich die Verantwortung trägt.

Weil *nicht alle* Kosten unmittelbar den Marktleistungen (Erlösträgern) zugeordnet werden können, sondern durch Prozesse verursacht werden, von denen mehrere Erlösträger in unterschiedlichem Ausmasse „profitieren", unterscheidet man zwischen:

- *Einzelkosten*, die *direkt* auf eine bestimmte Marktleistung weiterverrechnet werden können, und

- *Gemeinkosten*, die in einer *Kostenstelle*, d.h. im Grunde genommen in einem Leistungs-Center, anfallen. Aufgrund der immer komplexer werdenden Fertigung wird die Bedeutung der Gemeinkosten immer grösser.

Kosten sind also genau dann *Einzelkosten*, wenn sie hinsichtlich ihrer Verursachung direkt einem Erlösträger zugeordnet werden können. Dies betrifft oft vor allem das Einzelmaterial oder die Wareneinkäufe von Handelsbetrieben. Die direkte Verbuchung von (Einzel-)Kosten (früher vor allem Einzellöhne und Einzelmaterial) auf Erlösträger kommt allerdings immer seltener vor. Heute werden die Löhne weitestgehend als Gemeinkosten über die Kostenstellenrechnung abgerechnet, während man das Material im betrieblichen Rechnungswesen (oft zu Standard-Preisen) aktiviert. Bei dieser Aktivierung von zugekauftem Material werden zugleich auch die Einkaufspreisabweichungen ermittelt, die (über nachfolgende Materialbezüge ab Lager) sinnvollerweise nicht auf die Erlösträger weiterverrechnet werden.

Demgegenüber werden all diejenigen Kosten, die von einem Bereich verursacht werden, in dem Wertschöpfungsaktivitäten zugunsten verschiedener Erlösträger und/oder innerbetrieblicher Dienstleistungen erbracht werden, als *Gemeinkosten* bezeichnet.

Rechnet ein Unternehmen (immer noch) mit Einzelkosten, dann werden diese direkt dem Netto-Erlös einer bestimmten Marktleistung gegenübergestellt. Gemeinkosten werden dagegen in *Kostenstellen* gesammelt und dort idealerweise nach Massgabe der tatsächlichen *Leistungsbeanspruchung*, d.h. auf der Grundlage von *Leistungsbezugsgrössen*, entweder auf empfangende interne Bereiche oder die Erlösträger weiterverrechnet werden.

Einzelkosten müssen also auf Erlösträger (Produkte, Aufträge) kontiert werden, Gemeinkosten auf bestimmte Kostenstellen.

In der Praxis existiert in vielen Fällen keine *explizite Kostenartenrechnung*. Vielmehr können die Aufwandspositionen der Finanzbuchhaltung – sofern sie für die Kostenrechnung relevant sind – schon in der Finanzbuchhaltung direkt auf dem *Buchungsbeleg* zusätzlich als bestimmte Kostenarten auf bestimmte Kostenstellen oder Erlösträger kontiert werden.

Buchungsbeleg

Beleg-datum	Buchungssatz Finanzbuch-haltung		Kontierung Kostenrechnung			Buchungs-text (Beschrei-bung)	Be-trag
	Soll	Haben	Kosten-arten-Nr.	Kosten-stellen-Nr.	Erlösträ-ger/Auf-trags-Nr.		
				Gemein-kosten	Einzel-kosten		

Abbildung 28: Buchungsbeleg

Wie dieses schematische Beispiel zeigt, kann es zweckmässig sein, die einzelnen Kostenpositionen bei der Aufwandserfassung in der Finanzbuchhaltung nicht nur als Kostenarten zu kontieren, sondern zusätzlich:

- entweder als *Gemeinkosten* auf eine bestimmte Kostenstelle oder
- als *Einzelkosten* direkt auf einen bestimmten Auftrag oder einen Erlösträger (Verkaufsprodukt, Marktleistung) zu buchen.

Die Kostenerfassung muss in jedem Falle *ausreichend* differenziert erfolgen, damit die der Kostenrechnung zugrundeliegende Zielsetzung erreicht werden kann, nämlich den Zusammenhang zwischen den anfallenden Kosten und den Leistungen, welche diese Kosten verursachen, transparent zu machen.

So mag es beispielsweise sinnvoll sein, spezifische Werbekosten für ein einzelnes Produkt separat zu erfassen und von den allgemeinen Werbekosten zu trennen. Was die Abrechnung von Gemeinkosten betrifft, ermöglicht zum Beispiel erst die Aufteilung der Löhne in „Verkaufspersonal" sowie „Löhne für allgemeine Verwaltung" eine angemessene betriebsinterne Zuordnung des entsprechenden Leistungsverzehrs. Umgekehrt darf eine feine Differenzierung nicht einen derartigen Aufwand verursachen, dass die gesamte Kostenrechnung unwirtschaftlich wird.

4.3 Kostenstellenrechnung

Im Gegensatz zu den Einzelkosten können *Gemeinkosten* in der Managementerfolgsrechnung nicht direkt den einzelnen Erlösträgern belastet werden. Deshalb braucht es ein weiteres Instrument zur Abrechnung der Gemeinkosten, d.h. eine Systematik, mit der es gelingt, die Gemeinkosten *möglichst verursachungsgerecht* auf die Erlösträger zuzuordnen. Eine zentrale Rolle spielt dabei die Kostenstellenrechnung. Kostenstellen sind Leistungs-Centers, deren Leistungen:

- entweder für andere interne Leistungs-Centers erbracht werden (z.B. Werkunterhalt, Energie, Abwasserentsorgung, allenfalls auch Logistik usw.) oder
- direkt in die herzustellende Marktleistung einfliessen (z.B. im Falle einer Textildruckerei Vorbehandlung, Maschinendruckerei, Dämpferei/Wäscherei, Endausrüstung usw.).

> Die Kostenstellenrechnung dient dem Controlling, d.h. der Planung und Feinsteuerung von Gemeinkosten, die in einzelnen Kostenstellen differenziert erfasst und abgerechnet werden.
>
> In den Kostenstellen werden somit all diejenigen Kosten dargestellt und abgerechnet, die von Leistungen verursacht werden, die zur Herstellung *verschiedener* Verkaufs- oder Zwischenprodukte benötigt oder als *innerbetriebliche Leistungen* von *mehreren* anderen Kostenstellen beansprucht werden. Die Kostenstellenrechnung gibt Antwort auf die Frage:
> *Wo entstehen welche Kosten für welche Wertschöpfungsaktivitäten?*

Die *Kostenartenrechnung* stellt gewissermassen die „Rohdaten" für die Kostenstellenrechnung bereit.[40]

Bei der Darstellung der Kostenarten in der Kostenstellenrechnung sind *zwei Gliederungskriterien* wichtig:[41]

- Zum einen sollten die Kostenarten nach solchen, die vom Kostenstellenleiter *persönlich* beeinflussbar sind und solchen, die *nicht* (von ihm!) beeinflussbar sind, gegliedert werden (Responsibility Accounting).
- Zum anderen sollten sie nach wichtigen *internen* und *externen Versorgungspartnern* gruppiert werden.

---

40 Wie bereits erörtert, können die Aufwendungen der Finanzbuchhaltung – sofern sie für die Kostenrechnung relevant sind – direkt auf dem ursprünglichen Buchungsbeleg zusätzlich auf eine bestimmte Kostenstelle gebucht werden.
41 Rieder/Siegwart 1993, 101, 114

Die *Bildung von Kostenstellen* (Differenzierung und Gliederung) sollte sich nach zwei Gesichtspunkten richten:
- Zum einen muss mit Hilfe der Kostenstellenrechnung ermittelt werden können, welche bzw. in welchem Ausmass diese internen Leistungen durch die Erlösträger absorbiert werden und welche Kostenwirkungen damit verbunden sind.

Die Kostenstellenrechnung bildet somit das Instrument zur Berechnung *korrekter Kalkulationssätze* und stellt damit die Grundlagen für eine aussagekräftige *Kalkulation* bereit.

> Ein *Kalkulationssatz* ist nichts anderes als der *unternehmensinterne Preis*[42] für die Beanspruchung einer Leistungseinheit, die von einer bestimmten Kostenstelle erbracht wird, z.B. der Preis einer Maschinenstunde, eines Materialbezuges, einer Offerterstellung usw.

Die Kostenstellenbildung muss sich also am *Wertschöpfungsprozess*, d.h. an der Ablauforganisation, orientieren.
- Zum anderen dienen Kostenstellen der *Kostenbewirtschaftung*, d.h. der Planung und Feinsteuerung der anfallenden Kosten. Damit ist ein *persönlicher Verantwortlichkeitsaspekt* verbunden. Jede Kostenstelle hat einen Kostenstellenleiter[43], der für die von ihm beeinflussbaren Kosten die volle Verantwortung trägt. Die Kostenstellenbildung muss sich demnach auch an der Aufbauorganisation eines Unternehmens orientieren.

Auf der folgenden Seite findet sich zur Illustration dieser Ausführungen zur Kostenstellenrechnung der Auszug aus einem Kostenstellen-Soll-Ist-Vergleich. Als (fiktives) Beispiel gelangt der Kostenstellenbericht zur Kostenstelle Tischdruckerei zur Darstellung.

---

42 Die Ermittlung eines solchen Preises setzt allerdings eine Plan-Kostenrechnung mit systematisch-analytischer Kostenplanung voraus.
43 *Ein einzelner* Kostenstellenleiter kann seinerseits für *mehrere* Kostenstellen verantwortlich sein.

Abbildung 29: Beispiel Kostenstellenbericht

Kostenstellenbericht Kostenstelle Tischdruckerei							Kostenstellen-Nr.: 242		Kostenstellenleiter: Hans Meier	
Planbezugsgrösse: Maschinenstunden				Berichtsperiode: Januar bis Juni 1996					Beschäftigungsgrad: 106.3%	
Kostenart	ME	Menge	SFr./DM ME	Plankosten für 1996			Soll-Kosten	Ist-Kosten	Erwartung bis zum 31.12.96	Vorjahr
				Gesamt	Fix	Proportional				
Beeinflussbare Kosten										
Fertigungslöhne	Std.	1600	20.--	32000.--	6400.--	25600.--	16800.--	17000.--		30200.--
Zusatzlöhne	Std.	200	25.--	5000.--		5000.--	2660.--	3600.--		6300.--
Gehälter	%	20	60000.--	12000.--	6000.--	6000.--	6190.--	6000.--		11600.--
Sozialleistungen	%	60		29400.--	7440.--	21960.--	15390.--	15960.--		27900.--
Betriebsstoffe und Hilfsmaterial				6000.--	3000.--	3000.--	3090.--	3850.--		6350.--
Werkzeuge				2000.--	1500.--	500.--	1020.--	900.--		2450.--
Reparaturen/Wartung				3500.--	2000.--	1500.--	1800.--	3950.--		2460.--
Energie	KWh	4800	-.25	12000.--	'200.--	10800.--	6340.--	6380.--		11400.--
Versicherungen				2500.--	2500.--		1250.--	1250.--		2350.--
Übrige Kosten				2000.--	2000.--		1000.--	5000.--		1500.--
Total beeinflussbare Kosten				106400.--	32040.--	74360.--	55540.--	63890.--		102510.--
Nicht-beeinflussbare Kosten										
Raumkosten	m²	200	50.--	10000.--	10000.--		5000.--	5000.--		10500.--
Kalk. Abschreibungen	%	10	200000.--	20000.--	20000.--		10000.--	10000.--		20000.--
ROI-Ziel (Kalk. Zinsen)	%	6	100000.--	6000.--	6000.--		3000.--	3000.--		6000.--
Total nicht-beeinflussbare Kosten (durch den Kostenstellenleiter)				36000.--	36000.--		18000.--	18000.--		36500.--
TOTAL Kosten der Kostenstelle Tischdruckerei				142400.--	68040.--	74360.--	73540.--	81890.--		139010.--
Planbeschäftigung/Planleistung (für das ganze Jahr): **1600** Maschinenstunden								Istleistung: **850** Maschinenstunden (106.3% Planleistung)		
Kalkulationssatz				89.--	42.50	46.50				

Im folgenden werden der Aufbau dieses Kostenstellenberichtes und die wichtigsten Elemente besprochen.

Links der Doppellinie befinden sich die *Plan*-Daten, rechts davon die *Ist*-Daten.

Plan-Daten

- Die *Planbezugsgrösse* ist diejenige Grösse, welche (aus der Sicht der Verursachungsstruktur) den grössten Einfluss auf den Kostenverlauf, d.h. auf die Höhe der anfallenden Kosten, hat. In unserem Fall ist die Maschinenstunde diejenige Grösse, deren Schwankung den grössten Einfluss auf die Höhe der tatsächlich entstehenden Kosten hat. Wenn nun eine Maschinenstunde geleistet wird, dann geschieht dies für einen Leistungsempfänger. Zu unterscheiden sind dabei zum einen die verschiedenen Marktleistungen, welche diese Kostenstelle normalerweise in unterschiedlichem Ausmass in Anspruch nehmen, und zum anderen andere Kostenstellen, für die interne Dienstleistungen erbracht werden.

    Die Planbezugsgrösse entspricht dem *Leistungsmassstab*, auf dessen Grundlage der *Leistungsbezug*, d.h. die Beanspruchung der Kapazität dieser Kostenstelle, gemessen wird. Im Falle von Standard-Kalkulationen ist im *Arbeitsplan* jeder einzelnen Marktleistung eine *Vorgabezeit* aufgeführt. Diese hält fest, in welchem Ausmass die einzelnen Kostenstellen, die einen Beitrag zur Entstehung dieser Marktleistung beisteuern, idealerweise in Anspruch genommen werden dürfen.

- Aufgrund des Absatz- bzw. Produktionsprogrammes und der in den einzelnen *Arbeitsplänen* festgehaltenen Vorgabezeiten kann für eine bestimmte Plan-Periode die *Kapazitätsnachfrage* der einzelnen Kostenstellen ermittelt werden. Ist diese Kapazitätsnachfrage kleiner als das Kapazitätsangebot, dann kann auf der Grundlage der Kapazitätsnachfrage unmittelbar die Plan-Beschäftigung oder Plan-Leistung der einzelnen Kostenstellen bestimmt werden. Ist die Kapazitätsnachfrage dagegen höher als das Kapazitätsangebot, dann muss entweder das Produktionsprogramm reduziert oder die Kapazität mittels Überzeit usw. entsprechend ausgeweitet werden. In unserem Beispiel beträgt die Kapazitätsnachfrage bzw. die Plan-Beschäftigung ausgehend vom geplanten Produktionsprogramm 1600 Maschinenstunden.

- Auf der vertikalen Achse sind in der ersten Spalte zunächst die beeinflussbaren *Kostenarten* aufgeführt, anschliessend die nicht vom *betroffenen Kostenstellenleiter* beeinflussbaren Kostenarten. Dabei steht die Kostenverantwortung, die sich im Rahmen eines systematischen „Management by Objectives" ergibt, im Vordergrund („Responsibility Accounting"). Das Kriterium der Beeinflussbarkeit bezieht sich dabei auf zwei Dimensionen: zum einen auf den *Preis* einer Leistung (z.B. Höhe des Lohnes eines Mitarbeiters) und zum zweiten auf die *Einsatzmenge* einer bestimmten Leistung (z.B. Anzahl Mitarbeiter, produktive Arbeitsstunden pro Mitarbeiter). Ein Kostenstellenleiter kann nicht immer beide Dimensionen beeinflussen. Bei der Energie kann in den meisten Fällen nur die Verbrauchsmenge, nicht aber der Preis mitbeeinflusst werden. Auch die Kostenart Sozialleistungen kann vom Kostenstellenleiter nur indirekt über die Höhe der Löhne und Gehälter beeinflusst werden.

- Die einzelnen Kostenarten sollten *möglichst analytisch* im Rahmen eines systematischen „Management by Objectives" geplant werden, d.h. ausgehend von der kleinsten planbaren Einheit, wie der Anzahl zu leistender Stunden durch die Mitarbeiter. Bei der Planung ist dabei entscheidend, die *Planungsannahmen festzuhalten*. Dies erleichtert nicht nur die Planung in den Folgeperioden, sondern ist auch Voraussetzung für einen *Lernprozess* im Rahmen der Planung.
- Die *Kostenspaltung* in einen fixen (beschäftigungs*un*abhängigen) und proportionalen (beschäftigungsabhängigen) Teil widerspiegelt die Art der Leistungserstellung, die in dieser Kostenstelle erbracht wird. Im Vordergrund steht die Frage, welche Auswirkungen eine Zunahme oder Abnahme der erbrachten Leistung auf den Kostenverlauf hat („Decision Accounting").

All diejenigen Leistungen, die von ihrer strukturellen Verursachung her einen direkten und unmittelbaren Beitrag an die Entstehung und damit Existenz einer Marktleistung erbringen, werden in der Planung als *proportionale* Kosten definiert, d.h. es wird angenommen, dass sich diese Kosten proportional zur erbrachten Leistungsmenge (Ausstossmenge) verhalten. Entscheidend für die Kostenentwicklung der proportionalen Kosten ist die Frage, WIEVIEL produziert wird. Die Planbezugsgrösse (z.B. Maschinenstunden) dient dabei als Leistungsmassstab der erbrachten Leistung.

Demgegenüber werden all diejenigen Arbeiten und Leistungen, die erbracht werden, DAMIT (nicht wieviel!) überhaupt etwas produziert werden kann, als *fixe* Kosten definiert.

- Ein wichtiges Ergebnis der Kostenplanung stellen die *Kalkulationssätze* dar, die in die Kalkulation einfliessen und dort zur Ermittlung der Stückkosten mit den Vorgabezeiten multipliziert werden. Der Kalkulationssatz ist der Preis für eine Einheit der erbrachten Leistung einer Kostenstelle (im vorliegenden Beispiel SFr./DM 89.-- pro Maschinenstunde). Der *proportionale* Kalkulationssatz hat nicht nur in der Kalkulation, sondern auch in der *Managementerfolgsrechnung* eine wichtige Bedeutung, weil er dort die Grundlage zur Berechnung der gesamten proportionalen Kosten darstellt.

Anstatt Kalkulationssatz wird oft auch der Begriff Kostensatz verwendet. Wie die folgenden Ausführungen zu zeigen versuchen, kann es in bestimmten Situationen sinnvoll sein, beide Begriffe auseinanderzuhalten. Kostensätze werden normalerweise im Planungsprozess ermittelt. Jeder Planungsprozess beruht auf einer Absatzplanung. Daraus können unter Berücksichtigung allfälliger Lagerveränderungen die Kapazitätsnachfrage und die Plan-Beschäftigung ermittelt werden. Wenn nun zur Ermittlung der Kalkulationssätze die geplanten Kosten (insbesondere die *Fixkosten*) durch eine relativ hohe Plan-Beschäftigung dividiert werden, so resultieren relativ kleine Kostensätze. In Phasen schwacher Beschäftigung ergibt sich genau der umgekehrte Effekt, es resultieren vergleichsweise hohe Kostensätze. Werden nun diese unbedacht in die Kalkulation übernommen und dort zur Verkaufspreisfindung weiterverwendet, dann besteht die Gefahr, dass sich ein Unternehmen z.B. in konjunkturell schwachen Zeiten über zu hohe Preise sozusagen aus dem Markt katapultiert, weil der Verkauf vom Controlling-Bereich unangemessene Kosteninformationen erhalten hat.

Es kann somit im Fall grosser Beschäftigungsschwankungen durchaus sinnvoll sein, einen Unterschied zu machen zwischen den in der *Kostenstellenrechnung* ermittelten, von Periode zu Periode stark schwankenden *Kostensätzen* und den in der *Kalkulation* (Kostenträgerstückrechnung) verwendeten *Kalkulationssätzen,* welche die längerfristig relevanten Kosten für die Verkaufspreisfindung zum Ausdruck bringen müssen. Im folgenden wird meist der Begriff Kalkulationssatz verwendet (empfängerorientierte Perspektive).

Ist-Daten

- Mit Hilfe einer Betriebsdatenerfassung kann die tatsächlich in Anspruch genommene Ist-Leistung gemessen werden, im vorliegenden Beispiel beträgt sie 850 Maschinenstunden[44]. Umgerechnet auf eine

---

44 Strenggenommen ist hier zu unterscheiden, ob es sich um die Standard-Ist-Leistung handelt oder um die tatsächlich in Anspruch genommene Kapazität. Die Standard-Ist-

Plan-Beschäftigung von 1600 Maschinenstunden im Jahr ergibt dies für das erste Halbjahr 1996 einen *Beschäftigungsgrad* von 106.3 %. Dieser Beschäftigungsgrad gibt an, dass also 6.3 % mehr geleistet wurde als in der Planung festgehalten.

- Dem vorliegenden Kostenstellenbericht liegt eine sogenannte flexible Plankostenrechnung zugrunde. In einer solchen werden bei der Abrechnung der Ist-Leistung die Plan-Kosten an die tatsächlich erbrachte Kapazität „angepasst". Dies geschieht mit den *Soll-Kosten*. Nehmen wir hierzu die Fertigungslöhne.
  - Gemäss Plan hätten für SFr./DM 16000 Fertigungslöhne bezahlt werden sollen. Davon wurden (bezogen auf ein halbes Jahr) SFr./DM 3200 als fixe Kosten und SFr./DM 12800 als proportionale Kosten definiert. SFr./DM 12800 entsprechen also einer Plan-Leistung von 100 %. Die Effektiv-Beschäftigung betrug aber 106.3 %.
  - Zur Ermittlung der Soll-Kosten nehmen wir unverändert die fixen Kosten im Betrag von SFr./DM 3200, rechnen aber die proportionalen Kosten auf die Effektiv-Beschäftigung von 106.3 % um. Wenn SFr./DM 12800 100 % entsprechen, dann ergeben sich bei 106.3 % Effektiv-Beschäftigung SFr./DM 13600. Die Soll-Kosten der Fertigungslöhne betragen also SFr./DM 3200 plus SFr./DM 13600, was einen Betrag von 16800 ergibt.
  - Die Ermittlung der Soll-Kosten wird für jede einzelne Kostenart vorgenommen. Die Differenz zwischen Soll-Kosten und Ist-Kosten wird als *Verbrauchsabweichung* bezeichnet. Sie bildet einen Indikator für die Wirtschaftlichkeit der entsprechenden Kostenstelle. Die Soll-Kosten werden nur für diejenigen Kostenstellen berechnet, bei denen mit vernünftigem Aufwand ein sinnvoller Leistungsmassstab (Planbezugsgrösse) definiert und auf dessen Grundlage jeweils die Plan- und Ist-Beschäftigung ermittelt werden kann. Bei den übrigen Kostenstellen wird lediglich ein Vergleich von Plan- und Ist-Kosten durchgeführt.

Leistung wird ermittelt, indem man den tatsächlichen Mengenausstoss dieser Kostenstelle mit den *Vorgabezeiten* in den Arbeitsplänen der entsprechenden Marktleistungen multipliziert. Die tatsächlich in Anspruch genommene Kapazität kann mit Hilfe der Betriebsdatenerfassung erhoben werden. Ist die Standard-Ist-Leistung höher als die tatsächlich in Anspruch genommene Kapazität, dann ist dies ein Indiz, dass die Produktivität der Kostenstelle besser ausgefallen ist, als in der Planung festgehalten. Dasselbe gilt umgekehrt.

4.4 Kalkulation

4.41 Zweck und Notwendigkeit der Kalkulation

Die Kalkulation (Kostenträger*stück*rechnung) hat folgende Fragen zu beantworten:
- *Wofür* entstehen Kosten, d.h. was kosten:
unsere Marktleistungen?
unsere innerbetrieblichen Leistungen, die von einem Bereich (Leistungs-Center) für einen anderen Bereich (Leistungs-Center) erbracht werden?
Mit anderen Worten:
- *Welche Produkte und Dienstleistungen* „konsumieren" bzw. „absorbieren" also welche Leistungen und damit welche Kosten?

Normalerweise erbringt ein Unternehmen eine mehr oder weniger breite *Vielfalt* von Marktleistungen. Dies verunmöglicht es, den Stückpreis der erbrachten Leistungen dadurch zu ermitteln, dass einfach sämtliche Kosten zusammengezählt und durch die Anzahl der produzierten Erzeugnisse dividiert werden. Dies wäre nur dann möglich, wenn ein Betrieb lediglich ein *einziges* Produkt herstellen würde.

Ein Unternehmen erbringt jedoch meistens verschiedene Leistungen, welche die Produktionseinrichtungen, die Infrastruktur und das Personal unterschiedlich stark beanspruchen. Für die Berechnung der *Stückkosten*, d.h. der Kosten pro Einheit einer bestimmten Marktleistung, benötigen wir demzufolge eine spezielle Rechnung, die Kalkulation.

4.42 Aufgaben der Vor- und Nachkalkulation

Wir unterscheiden zunächst einmal zwischen *Vor*kalkulationen und Auftrags*nach*kalkulationen.

*Vor*kalkulationen können für standardisierbare Leistungen erstellt werden. Dann sprechen wir von *Standard-Kalkulationen*.

*Vor*kalkulationen können aber auch für einzelne Aufträge (mit individuellen oder standardisierten Produkten) erstellt werden. Dann sprechen wir von *Auftragskalkulationen*.

*Nach*kalkulationen werden demgegenüber immer auf der Grundlage von einzelnen, bereits ausgeführten Aufträgen erhoben. Dabei spielt es keine Rolle, ob solche Aufträge auch standardisierbare Leistungen umfassen.

Vorkalkulationen benötigen wir vor allem:

- für die *Verkaufspreisfindung*, d.h. für betriebswirtschaftlich vernünftige *Offertstellungen*
- für Entscheidungen im Zusammenhang mit *Eigenherstellung* oder *Fremdbezug* („Make or Buy")
- für Entscheidungen über Annahme oder Ablehnung von Zusatzaufträgen bei unterschiedlichen Auslastungsgraden des Betriebes
- für die Sortimentsplanung

Nachkalkulationen dienen demgegenüber der Abrechnung bereits gelieferter Leistungen (Aufträge, Projekte) und der Überprüfung von Vorkalkulationen. Umgekehrt liefern Nachkalkulationen Erfahrungswerte und bilden damit die notwendige Datenbasis als Grundlage für realistische *Vorkalkulationen*. Nachkalkulationen spielen insbesondere bei der Auftragsfertigung (Einzelfertigung) eine grosse Rolle. Zudem empfiehlt sich die Erstellung von Nachkalkulationen auch bei stark schwankenden Leistungsbeanspruchungen mit entsprechend grossen Unsicherheiten bei der Bestimmung von Vorgabezeiten.

Nachkalkulationen setzen Zeit- und Verbrauchsmessungen, d.h. eine zweckmässige *Betriebsdatenerfassung*, voraus. Diese muss wirtschaftlich sein, d.h. sie darf nicht vom Arbeiten abhalten, und sie sollte nicht manipuliert werden können. Die Betriebsdatenerfassung dient aber auch der Ermittlung zuverlässiger Vorgabezeiten als Grundlage für aussagekräftige Vorkalkulationen. Mit der Ermittlung von Vorgabezeiten können zudem umfangreiche Arbeitsstudien verbunden sein, was externe Unterstützung erfordern kann.

Durch eine geschickte Betriebsdatenerfassung und durch Nachkalkulationen lassen sich organisatorische Stärken und Schwachstellen des Betriebes aufdecken – inbesondere, wenn *Vergleichsgrössen* von anderen Betrieben vorliegen (Erfahrungsgruppen-Vergleiche, Benchmarking).

> Vor- und Nachkalkulationen (Kostenträger*stück*rechnungen) dienen nicht nur der Ermittlung der Stückkosten pro (allenfalls standardisierter) Marktleistung oder Auftrag, sondern bilden als Grundelemente der Kostenträger*zeit*rechnung auch das „*Bindeglied*" zwischen der *Kostenstellenrechnung* und der *Managementerfolgsrechnung*.
>
> Die Managementerfolgsrechnung hat die Aufgabe, den (Netto-)Erlösen der einzelnen Erlösträger die tatsächlichen Kosten dieser Erlösträger gegenüberzustellen.

Die Kalkulation in der Form einer *Kostenträgerzeitrechnung* bildet dabei die Grundlage zur Ermittlung aller aufgelaufenen Kosten für die gesamte Anzahl während der Abrechnungsperiode verkauften Erlösträger.

4.43 Komponenten einer Produkte-Kalkulation

Die Kostenträgerstückrechnung oder Kalkulation zeigt auf, aus welchen *Wertschöpfungskomponenten* (vereinfachend: Material) und *Produktionsaktivitäten* (vereinfachend: Arbeit) sich ein Produkt oder eine Marktleistung zusammensetzt.

Jede Kalkulation setzt sich grundsätzlich aus zwei Leistungsarten zusammen, nämlich aus:

- Material und Fremdleistungen sowie aus
- eigenen Wertschöpfungsaktivitäten (Beanspruchung der eigenen Produktionsinfrastruktur)

Die einzelnen Elemente einer Kalkulation bestehen demzufolge immer aus:
- einem *Komponentenpreis* (SFr./DM pro Stück, SFr./DM pro Stunde usw.) und
- einer *Einsatzmenge* (x Stück, y Stunden usw.).

Der *Komponentenpreis* ist:

- der Preis eines zugekauften Materials und
- der Preis einer zugekauften Fremdleistung,
- ein Kosten-/Kalkulationssatz für eine intern erbrachte Leistung.

Falls ein Unternehmen (noch) nicht über eine Kostenstellenrechnung zur Berechnung von Kalkulationssätzen verfügt, kann anstelle eines analytisch errechneten Kalkulationssatzes vereinfachend ein entsprechender Stundensatz eingesetzt werden, der vor allem die Personalkosten widerspiegelt. Unter *Einsatzmenge* verstehen wir:

- die spezifisch in die zu kalkulierende Marktleistung eingehende Menge an zugekauften Materialien und Fremdleistungen
- die Menge der Leistungen, die von einer bestimmten Marktleistung absorbiert werden und von bestimmten Bereichen/Abteilungen des Unternehmens hierzu erbracht werden müssen.

Bei einer *Standard-Kalkulation* fliessen die Standard-Einsatzmengen („Mengengerüst") folgendermassen in die Kalkulation einer Marktleistung hinein:

- Der Einsatz von Material und Fremdleistungen wird für jede Marktleistung bzw. innerbetriebliche Leistung in einer *Stückliste*[45] festgehalten.
- Die Beanspruchung der eigenen Produktionsinfrastruktur wird für jede Marktleistung bzw. innerbetriebliche Leistung in einem *Arbeitsplan*[46] festgehalten.
- Für jede standardisierbare Marktleistung muss also eine Stückliste und ein Arbeitsplan erstellt werden. Dies setzt entweder eine Betriebsdatenerfassung oder entsprechende Arbeitsstudien voraus, auf deren Grundlage die Mengengerüste für die Stücklisten und Arbeitspläne erstellt werden müssen.

Zur Kalkulation der entstehenden Kosten einer Marktleistung (Erlösträger) oder einer innerbetrieblichen Leistung sind dann für sämtliche Komponenten der Stückliste und des Arbeitsplanes die entsprechenden *Standard-Einsatzmengen* mit den *Standard-Preisen* zu multiplizieren.

> Die Erstellung einer Managementerfolgsrechnung setzt zwingend voraus, dass ausgehend von den erzielten *Absatzmengen* der am Markt *abgesetzten Erlösträger* und mit Hilfe der dazugehörigen (Standard-)Kalkulationen die proportionalen Kosten der Erlösträger ermittelt werden können. (Die Fixkosten (Plan-Werte) werden direkt aus der Kostenstellenplanung übernommen.)
>
> (Standard-)Kalkulationen dienen also auch einer verursachungsgerechten *Verrechnung* der Kosten auf die Erlösträger, insbesondere in der Managementerfolgsrechnung.

---

45 In Nahrungsmittel- oder chemischen Unternehmen wird hierfür der Begriff *Rezeptur* verwendet. Dabei handelt es sich um eine *standardisierte Vorschrift* für den wirtschaftlichen Einsatz bestimmter Ausgangsstoffe, Fremdleistungen oder Zwischenprodukte zur Herstellung einer bestimmten Marktleistung.
46 Oft wird hierfür auch der Begriff *Operationsplan* verwendet. Dabei handelt es sich im Grunde genommen um eine *standardisierte Arbeitsvorschrift* (Herstell-Ablaufplan) mit bestimmten *Vorgabezeiten* für die einzelnen Aktivitäten, die zur Herstellung einer bestimmten Marktleistung erbracht werden müssen.

Nachfolgend findet sich ein Beispiel einer Standard-Kalkulation der Produktion (Montage) eines Getränkeautomaten.

In der mittleren Spalte „Standardmenge" sind die beiden *Mengengerüste* abgebildet, die (im oberen Teil) der *Stückliste* und (im unteren Teil) dem *Arbeitsplan* entnommen sind. Im oberen Teil der Kalkulation werden also die *Einsatzmengen* der Stückliste mit den entsprechenden *Plan-Preisen* der zugekauften Materialien/Fremdleistungen (Art.-Nr. 1NN NNN) multipliziert. Im unteren Teil der Kalkulation werden demgegenüber die *Beanspruchungszeiten* des Arbeitsplanes mit den *Kalkulationssätzen* derjenigen Kostenstellen (Kst.-Nr. 2NN) multipliziert, deren Leistungen für die Herstellung eines Getränkeautomaten in Anspruch genommen werden.

Kalkulation für Getränkeautomat Typ REFRESH 2000 SPEZIAL

Art.-Nr./ Kst.-Nr.	Bezeichnung	Standard- Menge	Standard- Preis/ Kostensatz	Total
100 001	Kühlflüssigkeit	8 lt	25.--	200.--
100 123	Kabel	20 m	1.40.--	28.--
100 843	Leitungen/Schläuche	10 m	2.30.--	23.--
121 458	Elektronik	1 Stück	1500.--	1500.--
122 327	Gehäuse	1 Stück	685.--	685.--
123 753	Mischaggregat	1 Stück	1200.--	1200.--
124 128	Heizaggregat	1 Stück	2130.--	2130.--
124 485	Kühlaggregat	1 Stück	2375.--	2375.--
129 672	Schmiermittel	pauschal	20.--	20.--
129 896	Klein- und Reinigungsmaterial	pauschal	50.--	50.--
Total Proportionale Kosten				8211.--
201	AVOR, Materialbereitstellung	0.5 h	100.--	50.--
200	Werkstatt	4 h	120.--	480.--
212	Einbau der Elektronik	1 h	80.--	80.--
213	Test der Elektronik	0.5 h	180.--	90.--
239	Qualitätskontrolle, Auslieferung	2 h	140.--	280.--
259	Product Management	pauschal	150.--	150.--
289	Entwicklungskosten	pauschal	600.--	600.--
299	Verwaltungskosten	0.5 h	110.--	55.--
Total verrechnete Fixkosten				1785.--
Total Standard-Kosten pro Gerät (Selbstkosten)				9996.--

Abbildung 30: Beispiel für eine interne Produktekalkulation

4.44 Vollkosten- und Teilkostenkalkulation

Kalkulationen können auf *Vollkosten-Basis* oder auf *Teilkosten-Basis* erstellt werden.

Vollkostenkalkulationen sind im allgemeinen auf die Ermittlung des Stückgewinnes bzw. Stückverlustes ausgerichtet. Dabei wird grundsätzlich *nicht* zwischen proportionalen und fixen Kosten unterschieden, also zwischen solchen Kosten, die gewissermassen unmittelbar ins Produkt „*hineinschlüpfen*", und solchen Kosten, die durch die Inanspruchnahme der Infrastruktur entstehen, aber nicht direkt einem bestimmten Produkt zugerechnet werden können.

Teilkostenkalkulationen sind demgegenüber auf die Ermittlung von *Produkt-Deckungsbeiträgen* ausgerichtet. In der Regel handelt es sich dabei um mehrstufige Kalkulationen, die analog zur Deckungsbeitragsrechnung aufgebaut sind und aufzeigen, welche Kostenblöcke (proportionale Kosten, Fixkostenblöcke) durch den Verkauf einer Marktleistung abgedeckt werden.

Teilkostenkalkulationen können „top-down" oder „bottom-up" aufgebaut sein. Bei einer Top-Down-Kalkulation wird der Ausgangspunkt einer Produktekalkulation im Sinne des „Target Costing" durch einen *Zielpreis* gebildet, der am Markt realisiert werden kann. Im Grunde genommen handelt es sich bei einer Top-Down-Produktekalkulation um eine *einzelproduktweise Deckungsbeitragsrechnung* (siehe hierzu auch Kapitel 4.5). Diese weist in einem Unternehmen im Idealfall die gleiche Logik auf wie die Managementerfolgsrechnung.

Das schematische Beispiel der nachfolgenden Abbildung soll den Zusammenhang zwischen Top-Down- und Bottom-Up-Aufbau von Teilkostenkalkulationen deutlich machen. Es stammt aus einem mittelgrossen Industriebetrieb. In diesem Unternehmen sind Produktekalkulation, einzelproduktweise Deckungsbeitragsrechnung und Managementerfolgsrechnung nach der gleichen Logik aufgebaut. Dies hat den grossen Vorteil, dass im ganzen Unternehmen sozusagen *„die gleiche Sprache"* gesprochen wird. Im folgenden findet sich auf der linken Seite eine Top-Down-Kalkulation in der Form einer einzelproduktweisen Deckungsbeitragsrechnung und gewissermassen spiegelbildlich (rechts) die dazugehörige Bottom-Up-Kalkulation. Beide sind nach der Logik der mehrstufigen Deckungsbeitragsrechnung aufgebaut, die auch der verwendeteten Managementerfolgsrechnung zugrundeliegt. Im Zusammenspiel ergibt sich daraus sozusagen eine Kalkulation im „Gegenstromprinzip", indem links die Verkaufs- und rechts die Produktionsperspektive zur Darstel-

Beispiel Top-Down-Produktekalkulation		Beispiel Bottom-Up-Produktekalkulation	
Brutto-Verkaufserlös	100	Warenaufwand	50
./. Erlösminderungen (Rabatte, Frachten, Debitorenverluste, Schadenvergütungen)	5	+ proportionale Fertigungskosten (Energiekosten, Personalkosten, die unmittelbar bei der Fertigung entstehen)	10
= *Netto-Verkaufserlös*	95	= *Grenzkosten*	*60*
./. Warenaufwand	50	+ Artikel(gruppen)direkte Fixkosten (Promotionsmassnahmen, Logistikkosten)	15
= *Deckungsbeitrag*	*45*		
./. proportionale Fertigungskosten (Energiekosten, Personalkosten, die unmittelbar bei der Fertigung enstehen)	10	= „*Herstell-Vollkosten*"	*75*
		./. Standort-/Werk-Fixkosten (Betriebskosten, Miete, Unterhalt, Verwaltung)	10
= *Deckungsbeitrag I*	*35*	= *Selbstkosten I* (exkl. Kosten der Zentrale)	*85*
./. Artikel(gruppen)direkte Fixkosten (Promotionsmassnahmen, Logistikkosten)	15	+ Kosten der Zentrale, (Rest-)ROI-Ziel	5
= *Deckungsbeitrag II*	*20*	= *Selbstkosten II* (inkl. Kosten der Zentrale)	*90*
./. Standort-/Werk-Fixkosten (Betriebskosten, Miete, Unterhalt, Verwaltung)	10	+ Erlösminderungen (Debitorenverluste, Frachten, Schadenvergütungen, Rabatte)	5
= *Deckungsbeitrag III*	*10*		
./. Kosten der Unternehmenszentrale, (Rest-)ROI-Ziel	5	= *Verkaufspreis-Vorschlag* (ohne Managementerfolg-Gewinnzuschlag)	*95*
= *Managementerfolg* (Überschuss nach der risikogerechten Verzinsung des investierten Kapitals)	*5*	+ Gewinnzuschlag, 3.6 %	5
		= *Verkaufspreis-Vorschlag* (inkl. ME-Gewinnzuschlag)	*100*

Abbildung 31: Top-down- und bottom-up-aufgebaute Teilkostenkalkulation im Vergleich

lung gelangen. Selbstverständlich werden sich in einem entsprechenden Aushandlungsprozess links und rechts unterschiedliche Werte ergeben. Eine unsachgemässe Anwendung von Vollkosten- und Teilkostenkalkulationen kann unerwünschte Entscheidungen und Wirkungen nach sich ziehen. Zwei grundlegende Probleme sollen hier kurz angeschnitten werden:

- Vollkostenkalkulationen „*proportionalisieren*" *alle* anfallenden Kosten. Dies soll an unserem Getränkeautomaten-Beispiel illustriert werden.

Vollkosten-Kalkulation Getränkeautomat			*Teilkosten*-Kalkulation Getränkeautomat		
	Netto-Verkaufserlös (Annahme)	9500.--		Netto-Verkaufserlös (Annahme)	9500.--
./.	Selbstkosten	9996.--	./.	Proportionale Kosten	8211.--
=	**Stückverlust**	-496.--	=	**Deckungsbeitrag**	1289.--
			./.	verrechnete Fixkosten	1785.--
			=	Stückverlust	-496.--

Abbildung 32: Voll- und Teilkostenkalkulation im Vergleich

Die Vollkostenkalkulation (links) erweckt den Anschein, als ob bei jedem Verkauf ein Verlust von SFr./DM 496.-- entstehen würde, d.h. als ob *alle* Selbstkosten proportional seien und somit nur bzw. genau dann anfallen würden, wenn ein zusätzlicher Getränkeautomat verkauft wird. Dies ist falsch, weil erstens ein Verkauf einer zusätzlichen Verkaufseinheit grundsätzlich lediglich proportionale Kosten im Sinne zusätzlicher Kosten (Grenzkosten) nach sich zieht und weil zweitens die Fixkosten (Infrastrukturkosten) unabhängig davon anfallen, wieviel (bzw. ob im Extremfall überhaupt noch etwas) verkauft wird.

Der Verkauf eines zusätzlichen Getränkeautomaten vermag wohl nicht, das ihm (auf der Grundlage des Arbeitsplanes) *zugewiesene Deckungsziel* von 1785.-- zur Deckung der Fixkosten zu erfüllen, aber aus jedem Verkauf resultiert dennoch ein DB von 1289.--, der zur Deckung der *fixen* Kosten ans Unternehmen „*abgeliefert*" wird.

- Auch beim Arbeiten mit Teilkostenkalkulationen ist Vorsicht geboten. Werden z.B. in Teilkostenkalkulationen nur die proportionalen und allenfalls ein marginaler Teil an Fixkosten ausgewiesen, dann besteht die Gefahr, dass im Verkauf zu leichtfertig Preisnachlässe zugestanden werden. Es ist deshalb sehr empfehlenswert, in Teilkostenkalkulationen *anspruchsvolle* Deckungsziele vorzugeben.

So markiert im obigen Beispiel einer Top-Down-Produktekalkulation (Abbildung 31) der DB II ein *Deckungsziel* in der Höhe von 20. Es ist somit Aufgabe des Absatzbereiches, seine

Preis-, Rabatt- und Promotionspolitik so zu gestalten, dass *im Durchschnitt pro Verkaufseinheit* ein Deckungsbeitrag von 20 zur Deckung der verbleibenden Fixkosten des Unternehmens erwirtschaftet wird.

Im folgenden werden nun die wichtigsten Grundsätze für den Einsatz von Vollkosten- und Teilkostenkalkulationen dargestellt. Kalkulationen liefern – wie bereits in Kapitel 4.42 (Aufgaben der Vor- und Nachkalkulation) erörtert – Informationen für:

- die *Verkaufspreisfindung*, d.h. betriebswirtschaftlich vernünftige *Offertstellungen*
- Entscheidungen im Zusammenhang mit der Frage *Eigenherstellung oder Fremdbezug*
- Entscheidungen über Annahme oder Ablehnung von Zusatzaufträgen
- die *Sortimentsplanung*

Wozu dient nun eine Voll- bzw. eine Teilkostenkalkulation? In welchen Fällen soll eine Voll- oder eine Teilkostenkalkulation für die Verkaufspreisfindung und die anderen Aufgaben eingesetzt werden?

Langfristig müssen in einem Unternehmen *sämtliche Kosten*, einschliesslich der Verzinsung des investierten Kapitals (Fremdkapitalzinsen, Dividende, Reservebildung), durch den Verkaufserlös der Marktleistungen gedeckt werden.

Vollkostenkalkulationen geben allgemeine Angaben darüber, welche Preise am Markt in etwa realisiert werden müssen, damit über das *gesamte* Produktesortiment hinweg ein *Gewinn* für das Unternehmen entsteht. Im allgemeinen sind also auf lange Sicht solche Produkte zu forcieren,

- die zunächst einmal einen hohen Deckungsbeitrag pro Stück zur Deckung der notwendigen Infrastrukturkosten im Logistik-, Produktions- und Verkaufsbereich erwirtschaften, aber auch
- von ihrer Produktstruktur her, d.h. den Anforderungen an den gesamten Wertschöpfungsprozess, möglichst nicht auf teure Infrastrukturanlagen angewiesen sind.

Teilkostenkalkulationen markieren die *kurzfristige Preisuntergrenze* einer Marktleistung. Für unseren Betrieb entsteht also dann ein „echter Verlust", wenn der Getränkeautomat für weniger als SFr./DM 8211.--

offeriert würde. Bei jedem Preis darüber entsteht ein *zusätzlicher* Beitrag zur Deckung der fixen Kosten des Unternehmens. Dabei ist es aber entscheidend zu prüfen, inwiefern ein solcher zusätzlicher Deckungsbeitrag in Konkurrenz mit möglicherweise höheren Deckungsbeiträgen anderer Aufträge steht. Die Ausführung eines Auftrages zu einem Preis zwischen SFr./DM 8211.-- und SFr./DM 9996.-- lohnt sich somit nur dann, wenn die absorbierte Kapazität *nicht* durch Aufträge in Anspruch genommen werden kann, die einen *höheren* Deckungsbeitrag abwerfen.

Mit anderen Worten müssen bei der Ausführung von Aufträgen zu einem Preis unter den Selbstkosten (oder den Herstell-Vollkosten) folgende *zwei* Bedingungen erfüllt sein:

- Erstens sind die Produktionseinrichtungen *nicht voll ausgelastet*. Dies bedeutet, dass Infrastrukturkosten (Fixkosten) nicht auf Marktleistungen „überwälzt" werden können, sondern ohnehin vom Unternehmen getragen werden müssen.
- Zweitens ist *kein anderer* Auftrag in Sicht, der *mehr Deckungsbeitrag* abwerfen würde.

Teilkostenkalkulationen geben aber auch Anhaltspunkte darüber, wann die Erbringung einer bestimmten Leistung nach *auswärts vergeben* (von Dritten bezogen) oder *Dritten überlassen* (Verzicht) werden sollte, nämlich dann,

- wenn vom Markt her nur noch ein Preis realisiert werden kann, der *unter* bzw. nur unwesentlich über den *proportionalen* Kosten liegt, also wenn beispielsweise ein Konkurrenzunternehmen in der Nachbarschaft gewisse Produkte unter den proportionalen Herstellkosten des eigenen Unternehmens an Dritte verkauft (Controlling-Perspektive).
- wenn bei *Vollauslastung* des eigenen Betriebes Aufträge zur Ausführung anstehen, die einen *höheren Deckungsbeitrag pro Engpasseinheit* (z.B. Maschinenstunde, Arbeitsstunde) erbringen (Controlling-Perspektive).
- wenn mit dieser Leistung *nicht* ein Kundenkontakt verbunden ist, der für eine langfristige Kundenbindung von absolut entscheidender Bedeutung ist (strategische Perspektive).
- wenn mit dieser Leistung *nicht* eine Kernkompetenz verbunden ist, auf deren Grundlage der langfristige Erfolg des gesamten Geschäftes aufbaut (strategische Perspektive).

Bei der Annahme oder Ablehnung eines Auftrages und bei der Sortimentsplanung spielen somit selbstverständlich auch andere (oft strategische) Kriterien eine wichtige Rolle.

- So kann ein Unternehmen gezwungen sein, eine *ganze Produktepalette* anzubieten und nicht nur einfach die Rosinen.
- Der Kunde orientiert sich bei seinem Kaufverhalten an einer *Systemlösung*, was im Einzelfall auch Leistungen einschliessen kann, die nicht die vollen Kosten decken.

Damit gelten in der Anwendung der Voll- und Teilkosten-Kalkulation folgende Regeln:

- Vollkosten-Kalkulationen geben allgemeine Angaben darüber, welche Preise *langfristig* am Markt realisiert werden *müssen*, damit über das *gesamte* Produkteangebot hinweg ein *Gewinn* für das Unternehmen entsteht.
- Vollkostenkalkulationen dürfen auf *keinen Fall* für *Sortimentsentscheidungen* herangezogen werden, weil die Zuordnung von Fixkosten unter Anwendung des Tragfähigkeitsprinzips[47] einer gewissen unvermeidbaren Willkür unterliegt.
- Teilkosten-Kalkulationen markieren die *kurzfristige* Preisuntergrenze einer Marktleistung. Es kann jedoch existenzgefährdend sein, langfristig die Marktpreise bis auf die Höhe der proportionalen Kosten zu senken und sich damit zufriedenzugeben, wenn stets noch ein kleiner DB resultiert.
- Teilkosten-Kalkulationen geben auch Anhaltspunkte darüber, wann in Abhängigkeit von der eigenen Auslastung die

---

[47] Fixkosten stellen Kosten für die Infrastruktur eines Betriebes dar. Gewisse Fixkosten lassen sich von ihrer Verursachung her direkt einzelnen Erlosträgern oder Erlosträgergruppen zuordnen. In einem solchen Falle können die Fixkosten nach dem *Verursachungsprinzip*, d.h. aufgrund von analytisch nachvollziehbaren Ursache-Wirkungs-Verläufen, den Erlosträgern zugeordnet werden. Darüber hinaus gibt es aber Fixkosten (Bsp. Kosten der Geschäftsleitung, der Personalabteilung usw.), die nicht nach einem eindeutigen Verursachungskalkül den einzelnen Erlosträgern zugerechnet werden können. Dennoch müssen deren Verkaufspreise einen Deckungsbeitrag zur Deckung dieser Kosten beisteuern. Deshalb werden aufgrund von *Tragfähigkeitsüberlegungen*, d.h. auf der Grundlage des *Tragfähigkeitsprinzips*, *Deckungsziele* definiert, die über die Festlegung entsprechender Marktpreise durch den Verkauf der Marktleistungen gedeckt werden müssen. Bei der Festlegung von Deckungszielen nach dem Tragfähigkeitsprinzip besteht selbstverständlich ein gewisser Ermessensspielraum, dessen Handhabung zu Konflikten führen kann.

Erbringung einer bestimmten Leistung nach auswärts vergeben werden sollte oder unter welchen Bedingungen es sich lohnt, Zusatzaufträge anzunehmen (z.b. als Unterlieferant für ein Konkurrenzunternehmen).

Daraus können wir die gleiche Logik wie bei der Anwendung der Managementerfolgsrechnung erkennen (siehe Kapitel 4.6):

- In der Weise, wie der DB II und DB III den verantwortlichen Bereichsleitern Angaben für die Qualität der Leistungserbringung in ihren Bereichen liefert, so bilden die einzelnen *Produkte-DB* (DB I) eine zentrale *produktbezogene Entscheidungsgrundlage* („Decision Accounting"):
  · für die Verkaufspreisfindung und für Offertstellungen
  · für Entscheidungen im Zusammenhang mit Eigenherstellung oder Fremdbezug
  · für die Sortimentsplanung sowie
  · für Entscheidungen über Annahme oder Ablehnung von Zusatzaufträgen bei Unterauslastung.
- Solchen Entscheidungen dürfen aber auf keinen Fall Stückgewinne bzw. -verluste zugrundegelegt werden.
- Stückgewinne/-verluste geben einzig und allein bei der *Budgeterarbeitung* (oder bei Offerterstellungen) gewisse Hinweise für die Festlegung der *Plan-Preise* der einzelnen Marktleistungen innerhalb des *gesamten* Marktleistungsangebotes.
- Vollkosten- und Teilkostenkalkulationen dienen – genauso wie die unterschiedlichen Deckungsbeiträge der Managementerfolgsrechnung – *unterschiedlichen Entscheidungs- und Steuerungszwecken*. Anzustreben ist somit die Erstellung von Vollkosten- und von Teilkostenkalkulationen, wobei aber die damit verbundenen Fragestellungen strikt auseinandergehalten werden müssen.

4.5 Einzelprodukteweise Deckungsbeitragsrechnung als Erlösrechnung

Die Erlösrechnung stellt gewissermassen eine *Sonderrechnung des Absatzbereiches* dar, die in verdichteter Form den (marktbezogenen) Ausgangspunkt einer Managementerfolgsrechnung (siehe Kapitel 4.6) bildet. Die Managementerfolgsrechnung hat grundsätzlich die Aufgabe, auf einer hochaggregierten Basis das Zustandekommen des Managementerfolges des Gesamtunternehmens darzustellen.

An der Verkaufsfront werden demgegenüber detaillierte Angaben zu Absatzmengen, erzielten Preisen, Rabattnachlässen, weiteren Erlösminderungen usw. benötigt. Dabei steht die *Wirtschaftlichkeitsbeurteilung* der Verkaufsanstrengungen für die einzelnen Marktleistungen (Produkt, Produktegruppe) und *Zielgruppen* (Kunde, Kundengruppe) im Vordergrund. Für ein differenziertes Controlling des Absatzbereiches sind aber die Daten einer Managementerfolgsrechnung viel zu stark verdichtet. Deshalb kann es empfehlenswert sein, zusätzlich eine Erlösrechnung zu erstellen, die wie die Kalkulation auf die einzelnen Marktleistungen ausgerichtet ist.

Im Zusammenhang mit Teilkostenkalkulationen wurde das folgende Schema einer Top-Down-Produktekalkulation (Abbildung 33) vorgestellt.

Die Struktur einer solchen Top-Down-Produktekalkulation kann nun auch einer Erlösrechnung zugrundegelegt werden, die als *einzelproduktweise Deckungsbeitragsrechnung* ausgestaltet wird.

Ausgangspunkt bilden dabei die erzielten *Absatzmengen* und *Brutto-Preise*. Davon zu subtrahieren sind die tatsächlichen („direkten") *Erlösminderungen* (Rabatte auf der Faktura, Frachten) und allenfalls ein gewisser Betrag an „Standard-Erlösminderungen" (für Debitorenverluste, Garantiefälle usw.), die mit Hilfe eines erfahrungsgestützten Standard-Prozentsatzes ermittelt werden.

In einem nächsten Schritt sind die proportionalen Herstellkosten zu subtrahieren, um zum DB I zu gelangen. Diese werden ermittelt, indem man entweder die Absatzmengen mit den Standard-Grenzkosten multipliziert oder auftragsweise Nachkalkulationen vornimmt. Dahinter steht die Überlegung, dass die Marktleistungen durch den Absatzbereich zu Standard-Werten vom Fertigungsbereich „zugekauft" werden, weil der Absatzbereich weder für die Infrastrukturkosten noch für allfällige (Verbrauchs-)Abweichungen im Fertigungsbereich verantwortlich gemacht werden kann.

Im Gegensatz zu einer Top-Down-Produktekalkulation, in der in den nachgelagerten Stufen die verschiedenen Deckungsziele festgehalten sind, endet die Erlösrechnung auf Stufe DB I (siehe Abbildung 33).

Der über alle Verkäufe aggregierte DB I stellt damit den Beitrag des Verkaufes zur Deckung der Fixkosten eines Unternehmens dar. Die Erlösrechnung erlaubt es dem Absatzbereich, das Zustandekommen dieses DB I z.B. durch die einzelnen Produkte bzw. Produktegruppen, Kunden

Beispiel Top-Down-Produktekalkulation

	Brutto-Verkaufserlös	100
./.	Erlösminderungen (Rabatte, Frachten, Debitorenverluste, Schadenvergütungen)	5
=	Netto-Verkaufserlös	95
./.	Warenaufwand	50
=	Deckungsbeitrag 0	45
./.	proportionale Fertigungskosten (Energiekosten, Personalkosten, die unmittelbar bei der Fertigung entstehen)	10
=	Deckungsbeitrag I	35
./.	Artikel(gruppen)direkte Fixkosten (Promotionsmassnahmen, Logistikkosten)	15
=	Deckungsbeitrag II	20
./.	Standort-/Werk-Fixkosten (Betriebskosten, Miete, Unterhalt, Verwaltung)	10
=	Deckungsbeitrag III	10
./.	Kosten der Unternehmenszentrale, (Rest-)ROI-Ziel	5
=	*Managementerfolg* (Überschuss nach der risikogerechten Verzinsung des investierten Kapitals)	5

Abbildung 33: Aufbau Top-Down-Produktekalkulation

bzw. Kundengruppen, Regionen, Abnehmerindustrien usw. differenziert zu planen und zu analysieren.

Dies setzt indessen eine entsprechend differenzierte *Kontierung* oder – aus informationstechnologischer Sicht – *Kodierung* von Verkaufserlösen und Erlösminderungen anlässlich der Rechnungstellung voraus. Ebenso müssen die vorhin skizzierten Kostenelemente verursachungsgerecht den entsprechenden Erlösen zugeordnet werden können. Erst dann ergibt sich für den Absatzbereich die Möglichkeit, *mehrdimensionale* betriebswirtschaftliche Analysen für ein *aktives Verkaufsmanagement* durchführen zu können.

Im Idealfall ermöglicht also eine differenzierte Erlösrechnung, die Verkaufsanstrengungen nach ganz verschiedenen Dimensionen auszuwerten, z.B. nach Produkt bzw. Produktegruppe, nach Kunde bzw. Kundengruppe, nach Region, nach Abnehmerindustrie, nach Vertreter-

Gebieten, nach Verkaufsort, nach Distributionskanal, nach Währungsraum usw. *Jede zusätzliche* Auswertungsdimension erfordert allerdings *eine zusätzliche Kodierung.* Dabei können gewisse Kodierungen automatisiert werden, indem bei der Rechnungsstellung (durch die eingesetzte Software) automatisch die entsprechenden Codes vergeben werden, z.B. für die Erlösträger entsprechende Artikel-Nummern, für den Ort, an dem Rechnung gestellt wird, ein entsprechender Länder- oder Verkaufsstellencode, für die Währung ein entsprechender Währungscode usw. Obwohl manchmal sogar gewisse Plausibilitätstests automatisiert werden können, ist oft eine manuelle Bearbeitung unumgänglich. Demzufolge zieht jede zusätzliche (manuell zu bearbeitende) Auswertungsdimension nicht nur einen höheren Aufwand nach sich, sondern stellt auch eine zusätzliche *Fehlerquelle* dar.

Aus der Sicht der Informationstechnologie ist heute grundsätzlich alles möglich. Aus ganzheitlicher Sicht ist hingegen dringend eine bewusste Beschränkung und Konzentration auf das *strategisch Notwendige* und *Sinnvolle* empfehlenswert. Dies erfordert eine sorgfältige Abstimmung zwischen der Unternehmensstrategie, der Unternehmensorganisation und den Controlling-Instrumenten. Zu definieren und zu analysieren sind dabei in erster Linie die dominanten Entscheidungsprobleme, deren Bearbeitung mit einer Erlösrechnung unterstützt werden soll. Mit anderen Worten ist zum Beispiel zu prüfen, inwiefern der Kunde, das Produkt, der Vertreter, die Verkaufsstelle, der Distributionskanal, die geographische Dimension, die Abnehmerindustrie, die Technologie oder allenfalls bestimmte Kernkompetenzen usw. im Vordergrund der Marktbearbeitung stehen. Die Wahl der Auswertungsdimension(en) sollte nicht zuletzt vor allem auch deshalb sehr sorgfältig vorgenommen werden, weil jeder spätere Wechsel einer Auswertungsdimension die Möglichkeit von Zeitvergleichen für Trendanalysen in Frage stellt, denn Trendanalysen setzen immer eine aussagekräftige Vergleichsbasis, also Stabilität in den Auswertungsdimensionen voraus.

4.6 Managementerfolgsrechnung als mehrstufige Deckungsbeitragsrechnung

4.61 Aufbau und Aussagekraft

Während bei der Kostenarten-, Kostenstellen- und Kostenträgerrechnung (Kalkulation) vor allem Kosten- und Leistungsgesichtspunkte im Vordergrund stehen, rückt die Managementerfolgsrechnung – genauso wie die Erlösrechnung – die Marktperspektive in den Mittelpunkt der Überlegungen. Jede aussagekräftige Managementerfolgsrechnung setzt eine differenzierte Erfassung der Verkaufserlöse in der Finanzbuchhaltung und eine ebenso differenzierte Erfassung und Verrechnung der anfallenden Kosten in der Kostenrechnung voraus.

> Eine Managementerfolgsrechnung muss Antwort auf die folgenden Fragen geben können:
> – Mit *welchen Produkten/Marktleistungen* haben wir Erfolg am Markt?
> – *Wie erfolgreich* sind die *einzelnen* Sortimente, Produktgruppen und Sparten?
> – Aus welchen *Erfolgskomponenten* setzt sich der Erfolg der *einzelnen* Sortimente, Produktgruppen und Sparten zusammen?

Den Ausgangspunkt einer Managementerfolgsrechnung bilden deshalb wie in jeder Deckungsbeitragsrechnung die erzielten Verkaufserlöse.

Die *Managementerfolgsrechnung* ist eine *mehrstufige Deckungsbeitragsrechnung*, d.h. sie weist auf der senkrechten Achse zunächst einmal die proportionalen Kosten aus. Daran schliesst ein mehr oder weniger differenzierter Ausweis der *Gesamtfixkosten* an. Diese können entsprechend der Wertschöpfungsschwerpunkte eines Unternehmens beispielsweise aufgeteilt werden in die Elemente (siehe auch Abbildung 34):

– Fixkosten der Promotion
– Marketing-Fixkosten
– Fixkosten der Produktion
– Fixkosten der Logistik
– Fixkosten der Innovation (F&E)
– Fixkosten der Administration
– Kalkulatorische Kosten (Kalk. Abschreibungen und ROI-Ziel[48])

---

48 Das ROI-Ziel bringt *kalkulatorische Kosten* zum Ausdruck, d.h. denjenigen Betrag, der im Rahmen der Unternehmenstätigkeit zur *risikogerechten Verzinsung* des *investierten Kapitals* erarbeitet werden muss (siehe auch die Ausführungen zum ROI-Stammbaum, Modul 1). Dazu gehören die Zahlung von Fremdkapitalzinsen, Dividendenzahlungen und Zuweisungen an die Reserven. Ebenfalls zu berücksichtigen ist die Zahlung von Ertrags- und Kapitalsteuern. Erstere hängen ihrerseits vom Gewinn (bzw. von der „Ertragsintensität") ab. In der Anlagenbuchhaltung sollte der Betrag des in den einzelnen Kostenstellen investierten Kapitals aufgeführt sein. Dieser „Anlagenspiegel" kann als Verteilschlüssel zur Aufteilung des im ROI-Ziel festgehaltenen *Gesamtbetrages* auf

Die Managementerfolgsrechnung zeigt auf, wie der Gesamterfolg eines Unternehmens zustandekommt, wo also die wichtigsten Quellen eines Gewinnes oder Verlustes zu suchen sind. Deshalb steht die waagrechte Achse für die Erlösträger zur Verfügung.

Bei der Bestimmung der Erlösträger geht man idealerweise von strategischen Gesichtspunkten aus, d.h. von der strategischen Beeinflussbarkeit des betrieblichen Wertschöpfungsprozesses. Davon abhängig können beispielsweise Produkt, Produktgruppe, Sortiment, Sparte, Kundengruppe, Region, Vertriebsweg, Marktorganisation, Abnehmerindustrie, Applikationsgebiet usw. als *strategisch zentrale Erlösträgerdimension* definiert werden.

Die Aufteilung der Fixkosten in verschiedene Blöcke dient dazu:
- zu besseren Entscheidungen zu gelangen sowie
- die Kostentransparenz und -verantwortlichkeit zu erhöhen.

Im folgenden findet sich ein Beispiel, das den erläuterten Aufbau einer Managementerfolgsrechnung schematisch darstellt.

Eine solchermassen aufgebaute Managementerfolgsrechnung erbringt dann den grössten Nutzen, wenn mit *Standard-Werten* (Plan-Standards) gerechnet werden kann.

die *einzelnen Kostenstellen* verwendet werden (siehe Kostenart ROI-Ziel, Abbildung 29). Über die entsprechenden *Kalkulationssätze* können auf diese Weise die *kalkulatorischen Kapitalkosten* in der Kalkulation schliesslich auf die einzelnen Erlösträger weiterverrechnet werden.

Abbildung 34: Schematisches Beispiel einer Managementerfolgsrechnung

Managementerfolgsrechnung
X-AG
Monat September

	Sparte A				Sparte B				Gesamtunternehmen			
	Plan	effektiv	in % v. Pl.	Erwartung 31.12.	Plan	effektiv	in % v. Pl.	Erwartung 31.12.	Plan	effektiv	in % v. Pl.	Erwartung 31.12.
Absatzmenge in Stück												
Brutto-Umsatz												
Erlösminderungen												
Netto-Umsatz												
Wareneinsatz (proportionale Kosten)												
DB 0 (Bruttogewinn/Rohertrag)												
Proportionale Herstellkosten												
DB I												
Total Promotionsfixkosten												
DB II												
Total Fixkosten der Produktion												
DB III												
Total Fixkosten von F&E, Marketing und Logistik												
DB IV (Spartenergebnisse)												
Total Fixkosten der Administration												
DB V (Betriebs-Cash Flow)												
Kalkulatorische Kosten (Abschreibungen/ROI-Ziel)												
Verkaufserfolg												

In diesem Sinne empfiehlt es sich, zum Zwecke der *Abgrenzung* der *Verantwortung* zwischen

- beschaffenden und *produzierenden* Unternehmensbereichen (Einkauf, Produktion) sowie
- dem *Absatzbereich*

bereits bei der Planung für die *Abrechnung der Ist-Kosten* (im Rahmen der innerbetrieblichen Leistungsverrechnung) Standards zu bilden (Standard-Einkaufspreise, Kalkulationssätze auf Standardbasis, Standard-Verrechnungspreise).

Dies schafft die Möglichkeit, dass bei der Abrechnung der Ist-Kosten *Abweichungen* einzelner Bereiche dort ausgewiesen werden können, wo sie *tatsächlich anfallen* (im Kostenstellen-Soll-Ist-Vergleich) und demzufolge nicht weiterverrechnet werden müssen.

Mit anderen Worten empfiehlt es sich sehr, die Managementerfolgsrechnung auf der Basis von Standard-Werten (Ist-Mengen x *Standard-Preise*) zur Darstellung zu bringen und die Abweichungen in einem gesonderten Block aufzuführen. Abrechnung auf der Basis von Standardwerten heisst also in diesem Zusammenhang,
- dass die proportionalen Kosten als Produkt von Ist-Menge und in der Planung errechnetem *proportionalem Kalkulationssatz* in der Managementerfolgsrechnung ausgewiesen werden während
- die geplanten Fixkosten der einzelnen Kostenstellen *unverändert* in die Managementerfolgsrechnung übernommen werden. Die Abweichungen (z.B. Materialpreisabweichungen, Materialmengenabweichungen und Verbrauchsabweichungen) werden dadurch *nicht* auf die Erlösträger verteilt, sondern als Gesamtbetrag in jenen Unternehmensbereichen ausgewiesen, wo sie auch tatsächlich entstanden sind und beeinflusst werden können.

Der *Verkaufserfolg* stellt demzufolge ein Standard Ergebnis dar, und zwar auf der Grundlage:

- der Ist-Absatzmenge,
- der tatsächlich am Markt erzielten Ist-Preise,
- der an die tatsächliche Absatzmenge (Beschäftigung) angepassten proportionalen Kosten und
- der unverändert aus der Planung übernommenen Fixkosten.

Bei dieser Vorgehensweise werden *alle proportionalen Kostenelemente* nach Massgabe der tatsächlich erzielten höheren bzw. tieferen Absatzmenge entsprechend nach oben bzw. nach unten angepasst. Die Absatzmenge stellt somit gewissermassen den *„Treiber"* einer Managementerfolgsrechnung dar.

Die Fixkosten der einzelnen Funktionsbereiche (Produktion, Logistik, Marketing, F&E, Administration) sind dagegen unverändert aus der Planung zu übernehmen. Deshalb bedarf es, um vom *Verkaufserfolg* schliesslich zum *Managementerfolg* zu gelangen, eines nächsten Schrittes, bei dem die Materialkosten- und Verbrauchsabweichungen, d.h. die Differenz zwischen Soll-Kosten und Ist-Kosten, auf aggregierter Basis[49] ausgewiesen werden.

Managementerfolgsrechnung X-AG

Januar – September	Gesamtunternehmen			
	Plan	effektiv	in % vom Plan	Erwartung bis 31.12.
Verkaufserfolg (vor Abweichungen)	200	220	110	280
Abweichungen – Materialpreisabweichungen – Materialmengenabweichungen – Verbrauchsabweichungen (Differenz Soll-Kosten und Ist-Kosten)		-20 -10 20		
Managementerfolg (nach Abweichungen)	200	210	105	280

Abbildung 35:
Aggregierte Abweichungen als Differenz zwischen Verkaufserfolg und Managementerfolg

Der Managementerfolg stellt damit den betriebswirtschaftlich korrekten Unternehmenserfolg aus der Perspektive des betrieblichen Rechnungswesens dar. In einem nächsten Schritt stellt sich nun die Frage,

---

49 In der Managementerfolgsrechnung wird eine aggregierte Darstellung gewählt, weil die Verbrauchsabweichungen vor allem in den einzelnen Kostenstellenberichten (Kostenstellen-Soll-Ist-Vergleich pro Kostenstelle) zur Erarbeitung von Korrekturmassnahmen herangezogen werden müssen. Es kann allerdings durchaus hilfreich sein, wenigstens für die wichtigsten Bereiche (Ressorts) die Verbrauchsabweichungen gesondert auszuweisen (siehe hierzu Deyhle/Steigmeier 1993, 44).

woraus sich die Differenz zwischen diesem Managementerfolg und dem Reingewinn der Bilanz zusammensetzt.

Dem detaillierten Ausweis dieser Differenz dient eine sogenannte *Abstimmbrücke*. Die Abstimmbrücke entspricht im wesentlichen den zeitlichen und sachlichen Abgrenzungen der Kostenartenrechnung. Dazu kommen Erträge, die nicht in der Managementerfolgsrechnung aufgeführt sind sowie allfällige weitere Bewertungsdifferenzen. In der Praxis ist es nicht immer möglich, die einzelnen Positionen der Abstimmbrücke lückenlos herzuleiten. Solange die entsprechenden Differenzen ein gewisses Mass nicht überschreiten, braucht man sich darum keine Sorgen zu machen, denn im betrieblichen Rechnungswesen geht es – wie bereits festgehalten – lediglich um genügend genaues Rechnen, dafür aber um schnell bereitgestellte Daten von hoher aktueller Relevanz.

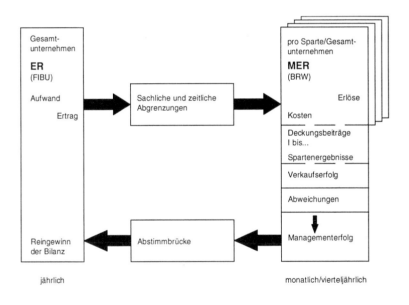

Abbildung 36:
Schematische Darstellung des Zusammenhanges zwischen Erfolgsrechnung der Finanzbuchhaltung (FIBU) und Managementerfolgsrechnung des betrieblichen Rechnungswesens (BRW)

Es ist nur dann möglich, die Abstimmbrücke, die vom Managementerfolg zum Reingewinn der Bilanz überführt, zu erstellen, wenn auch in der Finanzbuchhaltung ein *Zwischenabschluss* erstellt wird (z.B. per

167

Ende Monat, Quartal oder Halbjahr). Unter dem Jahr kann es durchaus zweckmässig sein, sich lediglich mit einer stark reduzierten Abstimmbrücke zu begnügen.

Die Abstimmbrücke unseres Beispieles könnte schematisch folgendermassen aussehen:

Managementerfolgsrechnung X-AG

Januar – Juni	Gesamtunternehmen			
	Plan	effektiv	in % vom Plan	Erwartung bis 31.12.
Managementerfolg (nach Abweichungen)	170	170	100	400
Abstimmbrücke – Gutschrift/Belastung der in der Lagerveränderung enthaltenen Fixkosten – Finanzergebnis – Saldo der Liegenschaftsrechnung – Sonstige neutrale Aufwendungen/Erträge – Steuern	 20 40 10 - 20 -20	 30 50 20 -30 -20	 150 125 200 150 100	 -20 80 20 -50 -40
Reingewinn der Bilanz	200	220	110	390

Abbildung 37: Schematisches Beispiel einer Abstimmbrücke

Die nachfolgende Abbildung 38 soll den erläuterten Gesamtzusammenhang nochmals verdeutlichen.

Insgesamt erweist sich die Managementerfolgsrechnung als ein *wirkungsvolles Instrument zur Erfolgssteuerung* eines Mehrprodukte- oder Mehrspartenunternehmens. Aus der Management-Perspektive sind dabei nicht einmal so sehr die absoluten Beträge entscheidend. Vordringliche Aufmerksamkeit muss vielmehr der *Ertragsstruktur* zuteil werden, d.h. dem Verhältnis der einzelnen Kostenpositionen, Kostenblöcke und Deckungsbeiträge zum Netto-Umsatz und allenfalls zum DB 0 (Rohertrag).

Kritisch sind dabei vor allem die *längerfristigen Trendentwicklungen* des gesamten Unternehmens, aber auch der einzelnen Produktgruppen- und Sparten-Deckungsbeiträge. Eine kontinuierliche Verschlechterung des DB I kann z.B. anzeigen,

- dass das Unternehmen gezwungen ist, im Rahmen eines konsequenten Kostenmanagements die Kosten der Zentrale zu straffen, sei es durch verbesserte Abläufe in der Organisation, sei es durch den Abbau von Non-Added-Value-Leistungen und letztlich (leider auch) von unproduktivem Personal.
- dass z.B. der Verkauf um jeden Preis Umsatz zu erzielen versucht. In einem solchen Falle kann sich folgende schleichende Entwicklung ergeben:

Der Verkauf erhöht die Verkaufszahlen durch Gewährung grösserer Rabatte auf das gesamte Umsatzvolumen. Dabei mag der *mengeninduzierte* Zuwachs der Brutto-Marge den *preisinduzierten* Zerfall derselben *nicht* zu kompensieren.

4.62 Aussagekraft einer Managementerfolgsrechnung

Zur Illustration folgt in Abbildung 39 zunächst einmal ein Zahlenbeispiel einer *Plan*-Managementerfolgsrechnung. An den Verkaufserfolg würde im weiteren die Abstimmbrücke anschliessen, die zum geplanten Reingewinn der Bilanz führt.

Dieses Unternehmen produziert die acht Produktgruppen A bis H. A bis E bilden die Sparte Alpha, F bis H die Sparte Beta.

In den *Deckungsbeiträgen I* (DB I) kommt der unmittelbare Beitrag der Produktgruppen A bis H an die Deckung aller Fixkosten zum Ausdruck. Die *Deckungsbeiträge II* (DB II) widerspiegeln die Effektivität der getroffenen Promotionsmassnahmen. Die anschliessenden Stufen zeigen in abnehmender Zuordenbarkeit zu den Erlösträgern jeweils die Deckungsbeiträge, welche die Infrastruktur-Kosten der verschiedenen Funktionen (Verkauf, Produktion, Logistik, Forschung und Entwicklung, Verwaltung/zentrale Dienste) zu decken haben. Nach der Berücksichtigung sämtlicher Kosten sollte selbstverständlich ein positiver Restbetrag übrigbleiben, der den angestrebten Managementerfolg zum Ausdruck bringt.

Abbildung 38: Rechnungswesenpanorama (Quelle: Deyhle/Steigmeier 1993, 44f)

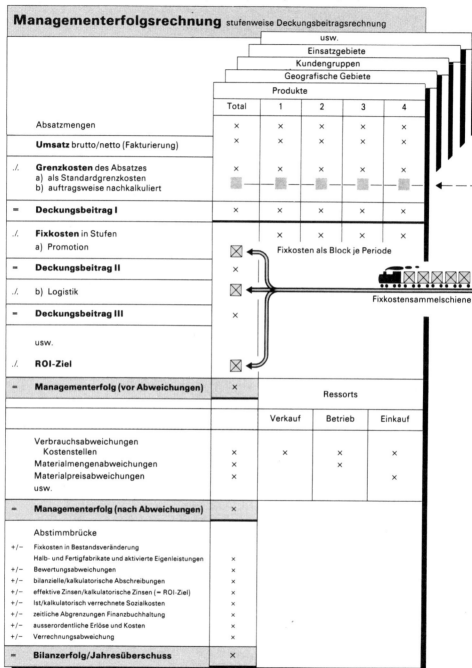

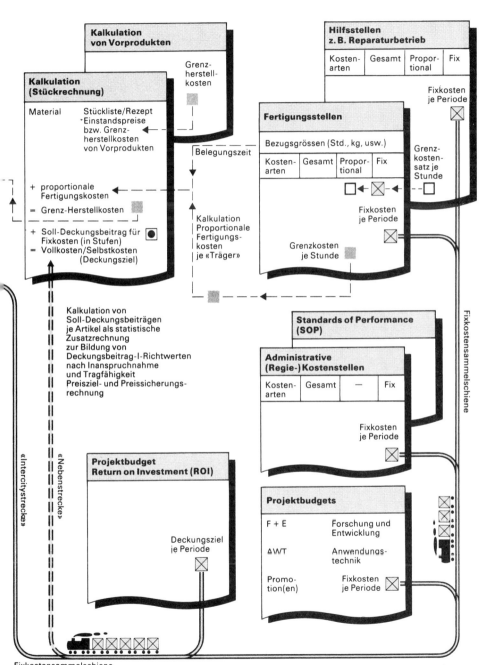

Abbildung 39: Plan-Managementerfolgsrechnung

Budget 1996	ALPHA (Produktgruppen A bis E)						BETA (Produktgruppen F bis H)				Total
	A	B	C	D	E	Total	F	G	H	Total	
Planverkaufsmengen	700	800	450	600	400		300	900	200		
Planpreis	3	2	6	5	7		12	8	9		
Bruttoumsatz	2100	1600	2700	3000	2800	12200	3600	7200	1800	12600	24800
Erlösschmälerungen (A, B, C: 10 %; D, E, F: 15 %; G, H: 5 %)	210	160	270	450	420	1510	540	360	90	990	2500
Netto-Erlös	1890	1440	2430	2550	2380	10690	3060	6840	1710	11610	22300
Proportionale Herstellkosten pro Einheit	0.3	0.5	1.2	2	2		4	2.5	3		
insgesamt	210	400	540	1200	800	3150	1200	2250	600	4050	7200
Deckungsbeitrag I	1680	1040	1890	1350	1580	7540	1860	4590	1110	7560	15100
Erlösträgerfixkosten (Promotions, Product Management)	450		200	150	250	1050	350			950	2000
Deckungsbeitrag II	2270		1690	1200	1330	6490	1510	5100		6610	13100
Fixkosten des Verkaufs	600		300		700	1600		810		810	2410
Deckungsbeitrag III	1670		1390		1830	4890		5800		5800	10690
Fixkosten der Produktion und Logistik	950			1800		2750		4000		4000	6750
Deckungsbeitrag IV	720			1420		2140		1800		1800	3940
Fixkosten der Forschung und Entwicklung			700			700		500		500	1200
Deckungsbeitrag V (Spartenerfolg)			1440			1440		1300		1300	2740
Fixkosten der Verwaltung											560
Deckungsbeitrag VI											2180
Kalkulatorische Abschreibungen, Gewinnbedarfsbudget (ROI-Ziel)											1980
Verkaufserfolg insgesamt											200

Somit bildet die Managementerfolgsrechnung idealerweise den *Aufbau des betrieblichen Wertschöpfungsprozesses* ab. Die Produktgruppen A und B sowie G und H haben je ein gemeinsames Product Management. Bei der Sparte B lassen sich die Kosten der Verkaufs-, Produktions-, Logistik- und F&E-Funktion nicht mehr verursachungsgerecht auf die einzelnen Erlösträger aufteilen, weshalb die entsprechenden Fixkosten als Block aufgeführt werden. Die Produktgruppen A und B sowie D und E haben einen gemeinsamen Verkauf, die Produktgruppen C, D und E eine gemeinsame Produktion und Logistik, und die Fixkosten der Forschung und Entwicklung lassen sich auch in der Sparte A nicht mehr verursachungsgerecht auf die einzelnen Erlösträger aufteilen.

An der Höhe der ausgewiesenen Kostenpositionen einer Managementerfolgsrechnung lässt sich zudem ablesen, welche Funktionen schwerpunktmässig zur Wertschöpfung der verschiedenen Produktgruppen und Sparten des betroffenen Unternehmens beitragen. Die Produktgruppen A und B weisen einen hohen Anteil an proportionalen Kosten auf, aufgrund der tiefen Logistik- und Produktionskosten könnte es sich in erster Linie um Handelsprodukte handeln. Die Produktgruppen C, D und E sind demgegenüber sehr verkaufsintensiv, ein wesentlicher Teil der Wertschöpfung könnte also durch Applikationstechnik erbracht werden. Die Produktgruppen F, G und H kennzeichnen sich dagegen durch verhältnismässig hohe Produktions-, Logistik- sowie F&E-Kosten.

Im Hinblick auf eine möglichst aussagekräftige Form einer Managementerfolgsrechnung empfiehlt es sich, ausgehend vom Netto-Erlös in einer ersten Stufe zunächst einmal den Warenaufwand und allfällige weitere Fremdleistungen, die proportional zum Umsatz entstehen, zu subtrahieren.

In einem nächsten Schritt können alle übrigen, direkt mit der Leistung schwankenden, proportionalen Kostenkomponenten der einzelnen Kostenstellen aufgeführt werden (z.B. proportionale Fertigungskosten). Dabei stellt die Absatzmenge den primären Bezugspunkt zur Ermittlung aller proportionalen Kostenelemente in der Managementerfolgsrechnung dar.

Die Kosten von Promotionsmassnahmen, Fixkosten der Produktion usw. lassen sich in der Regel *nicht* mehr *unmittelbar* dem einzelnen Erlösträger zuordnen, als Block aber vielleicht zwei oder drei Erlösträgergruppen zusammen. Weitere Fixkosten (Verkauf, Produktion, Logistik, Forschung und Entwicklung) lassen sich ihrerseits meistens nur noch einem Produktebereich, einer Geschäftseinheit, einer Sparte usw. zuordnen. Am Schluss bleiben in der Regel noch die Kosten der Verwaltung mit den zentralen Diensten. Diese müssen vom gesamten Unternehmen getragen werden.

4.7 Aufbaulogik von Managementerfolgsrechnung und einzelprodukteweiser Deckungsbeitragsrechnung (Prinzip der mehrstufigen Deckungsbeitragsrechnung)

Unsere bisherigen Überlegungen zur Kalkulation, Erlösrechnung und Managementerfolgsrechnung haben sich durchgängig am *Prinzip einer mehrstufigen Deckungsbeitragsrechnung* orientiert. Die konsequente Anwendung dieses Prinzips ermöglicht es einem Unternehmen, sowohl die einzelnen Produktekalkulationen und einzelprodukteweisen Deckungsbeitragsrechnungen als auch die Managementerfolgsrechnung nach einer *identischen „Logik"* aufzubauen. Diese Logik macht einzelprodukteweise Deckungsbeitragsrechnungen und die Managementerfolgsrechnung zu äusserst wirkungsvollen Controlling-Instrumenten, denn sie hat bei den meisten Controlling-Problemen eine fundamentale Bedeutung und ist sozusagen vergleichbar mit einer *„gemeinsamen Sprache"*. Ihre Kerngedanken werden im folgenden näher erörtert.

Die Abbildung 40 zeigt zunächst auf, welche Fragen mit Hilfe einer einzelprodukteweisen Deckungsbeitragsrechnung bzw. einer Managementerfolgsrechnung beantwortet werden können, die nach dem Prinzip einer mehrstufigen Deckungsbeitragsrechnung aufgebaut ist.

Mit einer mehrstufigen Deckungsbeitragsrechnung lassen sich nicht nur Fragen der Sortimentssteuerung (Erlösrechnung, DB I) wirksam bearbeiten, sondern es kann damit auch eine aussagekräftige Beurteilung von Promotionsmassnahmen (Managementerfolgsrechnung, DB II) und von Profit-Center-Leistungen insgesamt (Managementerfolgsrechnung, DB III) durchgeführt werden. Ebenso kann eine kritische Überprüfung der Tragbarkeit des allgemeinen Overheads (Managementerfolgsrechnung, DB IV) erfolgen.

Demzufolge kann eine mehrstufige Deckungsbeitragsrechnung zum einen als Entscheidungsrechnung (vor allem in Form einer Erlösrechnung) und zum anderen als Verantwortungsrechnung (vor allem in Form einer Managementerfolgsrechnung) Anwendung finden.

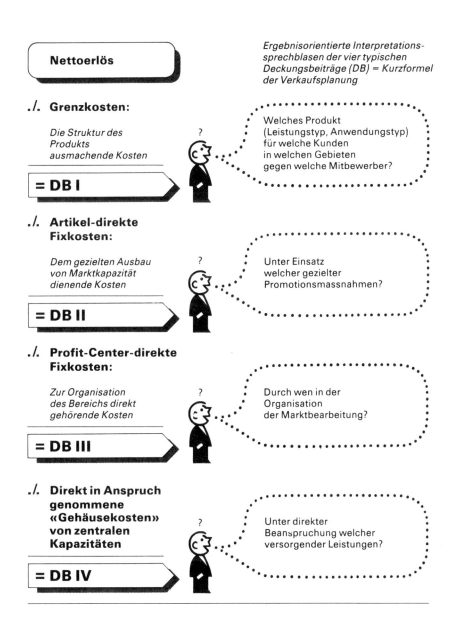

Abbildung 40:
Fragestellungen einer stufenweisen Deckungsbeitragsrechnung (Quelle: Deyhle/Steigmeier 1993, 35)

Erlösrechnung (einzelprodukteweise Deckungsbeitragsrechnung) als Entscheidungsrechnung		Managementerfolgsrechnung als Verantwortungsrechnung	
DB I	Sortimentssteuerung, Make or Buy-Entscheidungen, Produktionsprogrammplanung	DB II	Beurteilung von Promotionsmassnahmen
		DB III	Beurteilung einer Profit-Center-Leistung
		DB IV	Tragbarkeit der zentralen Dienste (Kosten der Zentrale)

Abbildung 41: Entscheidungsrechnung und Verantwortungsrechnung

Erlösrechnung als *Entscheidungsrechnung*

In einer Erlösrechnung, die als produktweise Deckungsbeitragsrechnung konzipiert ist, werden die Fixkosten *nicht* auf die einzelnen Erlösträger verteilt. Damit kann der Beitrag der einzelnen Erlösträger zum Gesamtergebnis optimal gesteuert und beurteilt werden.

– Decision Accounting (DB I)

Managementerfolgsrechnung als *Verantwortungsrechnung*

Die Fixkosten der Unternehmensorganisation werden entsprechend ihrer Beeinflussbarkeit den einzelnen Bereichen belastet und stufenweise vom Netto-Erlös und den entsprechenden Deckungsbeiträgen subtrahiert. Damit kann der Beitrag der einzelnen Bereiche zum Gesamtergebnis optimal gesteuert und beurteilt werden.

– Responsibility Accounting (DB II, III, IV usw.)

4.8 Problematik der Aufteilung (Schlüsselung) von Fixkosten auf einzelne Produktgruppen oder Sparten

Einer der grössten Streitpunkte im Controlling dreht sich um die Frage der *Aufteilung* bzw. *Schlüsselung von Fixkosten*, d.h inwiefern Fixkosten *ohne klar vorliegenden Verursachungszusammenhang* auf der Basis von *Tragfähigkeitsüberlegungen* auf einzelne Produkte, Bereiche und

Sparten verrechnet werden dürfen bzw. sollen. Was sind die wichtigsten Gründe, die für oder gegen eine Schlüsselung von Fixkosten sprechen, mit welcher nahezu immer ein gewisses Mass an Willkür verbunden ist? Diese Problematik soll im folgenden etwas eingehender beleuchtet werden.

Hinter dem ganzen Fragenkreis steckt ein Organisationsproblem, das sich daraus ergibt, dass in einer Managementerfolgsrechnung *zwei Dimensionen* einer Organisationsmatrix zur Darstellung gelangen: die Dimension *Erlösträger* (Produktgruppe, Marktorganisation, Sparte, Strategische Geschäftseinheit usw.) und die Dimension *Funktion* (Verkauf, Produktion, Forschung und Entwicklung usw.). Das Schlüsselungsproblem ist also gewissermassen ein *Perspektivenproblem*, das je nach Perspektive eine „*Umtopfung*"[50] von Kosten und Erlösen erforderlich macht.

Die Abbildung 42 zeigt, wie beispielsweise die beiden Dimensionen *Funktion* und *Strategische Geschäftseinheit* (SGE) eines Unternehmens in der Managementerfolgsrechnung einander gegenüberstehen.

Sofern nicht viele oder schwer messbare innerbetriebliche Leistungen weiterverrechnet werden müssen, ist es bei einer zweckmässigen Kostenarten- und Kostenstellenrechnung im allgemeinen verhältnismässig einfach, die Kosten nach *Funktionen* (Verantwortungsdimension 2) darzustellen. Die anfallenden Kosten werden denjenigen Kostenstellen (Leistungs-Centers) zugeordnet, in denen der entsprechende Ressourcenverbrauch zur Leistungserstellung tatsächlich stattfindet. Einzelne Kostenstellen können dann ihrerseits zu grösseren Einheiten (Funktionsbereichen wie Produktion, Logistik, F&E, Informatik usw.) zusammengefasst werden.

Solange nun die einzelnen Strategischen Geschäftseinheiten (SGE) weitgehend integriert sind, d.h. über eigene, autonome Geschäftsprozesse und Funktionsbereiche verfügen, entstehen bei der Zuordnung der in diesen Funktionsbereichen anfallenden Fixkosten zu den einzelnen SGE keine grösseren Schwierigkeiten.

---

50 Dieser Begriff wurde von Deyhle geprägt.

Managementerfolgsrechnung						
				Verantwortungsdimension 1 SGE-Leiter?		
	Strategische Geschäftseinheiten	A	B	C	D	E
	Absatzmenge					
Verantwortungs-	Verkaufserlöse (netto)					
dimension 2	./. Proportionale Materialkosten					
	= DB 0					
Gesamtleiter	./. Proportionale Herstellkosten					
Promotion/Marketing?	= DB I					
	./. Fixkosten der Produktion					
Gesamtleiter	= DB II					
Produktion?	./. Fixkosten der Promotion/Logistik					
	= DB III					
Gesamtleiter F&E?	./. Fixkosten F&E					
usw.	= DB IV					
	./. Fixkosten Marketing/Administration					
	= DB V					
	./. Kalk. Abschreibungen/ROI-Ziel					
	= Verkaufserfolg					
	./. Abweichungen					
	= Managementerfolg					

Abbildung 42: Verantwortungsdimensionen in einer Managementerfolgsrechnung

Probleme ergeben sich erst dann, wenn die Leistungen bestimmter Verantwortungs- oder Funktionsbereiche *gleichzeitig* durch *mehrere* SGE in Anspruch genommen werden. In einem solchen Fall stehen sich sozusagen zwei Parteien gegenüber: auf der einen Seite die Leiter der Funktionsbereiche und auf der anderen Seite die SGE-Leiter (oder z.B. Product Manager, Marktleiter, Spartenleiter usw.). Inwiefern dürfen nun Fixkosten (Infrastrukturkosten) von mehrseitig in Anspruch genommenen Funktionsbereichen auf die Erlösträger der SGE weiterverrechnet werden?

Die Beantwortung dieser Frage hängt vom tatsächlichen *Grad der Beeinflussbarkeit* dieser Kosten durch die betroffenen SGE-Leiter, Product Manager, Marktleiter, Spartenleiter usw. ab. Der Grad an Beeinflussbarkeit ist seinerseits eine Folge der gewählten Organisations- und Produktionsformen, d.h. der Art und Weise der organisatorischen *Verflechtung* der unternehmerischen Wertschöpfungsaktivitäten. Wer hat z.B. Einfluss auf diese Verflechtung? Wer entscheidet über die Ausgestaltung einer gemeinsamen Infrastruktur? Wie autonom sind die SGE? Welche Grundsätze und Bewertungsregeln gelten bei der Verrechnung von in Anspruch genommenen Leistungen? Werden Verrechnungspreise

„administrativ" festgelegt, oder gibt es für bestimmte Leistungen einen internen Markt?

Im allgemeinen gilt folgendes: Infrastruktur-Fixkosten, auf welche die SGE-Leiter (im Sinne von Leistungsempfängern der Verantwortungsdimension 1) nicht aktiv Einfluss nehmen können, dürfen gemäss Verantwortungsprinzip grundsätzlich *nicht* weiter aufgeschlüsselt werden. Welche Infrastruktur-Fixkosten tatsächlich unter diese Kategorie fallen, muss im Einzelfall sorgfältig abgeklärt werden, weil diesbezüglich innerhalb eines Unternehmens z.B. von SGE zu SGE grosse Unterschiede bestehen können.

Obwohl es zweckmässig ist, einem Spartenleiter in Anspruch genommene, d.h. vertraglich vereinbarte Produktions- oder Informatik-Leistungen zu verrechnen, kann er *nicht* für die *allgemeine* Infrastruktur dieser Bereiche verantwortlich gemacht werden. Die gesamte Problematik hängt sehr ausgeprägt vom Integrationsgrad der Wertschöpfungsprozesse im einzelnen Unternehmen ab. Während in einem „lose gekoppelten", stark divisionalisierten Unternehmen A die Spartenleiter alle Fixkosten bis auf Stufe DB IV direkt beeinflussen können, ist dies in einem stärker verflochtenen Unternehmen B vielleicht lediglich bis auf Stufe DB II möglich.

Eine *faire Leistungsbeurteilung* von SGE-Leitern, Spartenleitern usw. mit Hilfe einer Managementerfolgsrechnung (als Verantwortungsrechnung) muss in jedem Fall auf der Grundlage solcher *Ergebnisgrössen* erfolgen, die durch die Betroffenen aufgrund eines klaren *Verursachungszusammenhangs* (noch) *unmittelbar persönlich beeinflusst* werden können.

Dennoch gibt es Gründe dafür, *Fixkosten* aufgrund von *Tragfähigkeitsüberlegungen* in Form von *Deckungszielen* bis auf Stufe Verkaufserfolg weiter aufzuschlüsseln. Der Hauptgrund ist folgender: Es ist nicht möglich, zu einem langfristig profitablen *Preisniveau* zu gelangen, wenn die Managementerfolgsrechnung keine Informationen („Lenkungssignale") zur Erstellung gewinnbringender Auftragskalkulationen und Verkaufsofferten enthält. Nur mit Hilfe einer sorgfältigen Fixkostenschlüsselung, d.h. der Bildung differenzierter, *angemessener Deckungsziele*, kann vermieden werden, dass der Absatzbereich bei der *Verkaufspreisfindung* nicht von unrealistischen Kosteninformationen ausgeht.

Zudem sollte die Managementerfolgsrechnung für sämtliche Akteure klare Anreize schaffen, die Wirtschaftlichkeit aller Wertschöpfungsaktivitäten ständig zu verbessern. Gerade die Verpflichtung auf anspruchsvolle Deckungsziele im Rahmen eines dialogischen Planungsprozesses soll dazu beitragen, dass das Verantwortungsgefühl für den wirtschaftlichen Erfolg des Gesamtunternehmens gestärkt wird. Eine Fixkostenschlüsselung hat somit den Zweck, allen Bereichsverantwortlichen unmissverständlich vor Augen zu führen, dass mit den von ihnen unmittelbar noch beeinflussbaren Deckungsbeiträgen (z.B. DB II) längst noch *nicht alle* Kosten des Gesamtunternehmens gedeckt sind.

Mit Hilfe einer Fixkostenschlüsselung werden den Bereichsverantwortlichen allerdings *nicht-* oder nur sehr *begrenzt beeinflussbare* Fixkosten angelastet. Die ermittelten Deckungsziele unterliegen zudem unvermeidbar einer gewissen Willkür, weil Fixkostenschlüsselungen nicht auf der Grundlage (analytisch) eindeutig berechenbarer Kostenverursachungsfaktoren vorgenommen werden können, sondern oftmals im Sinne von Ermessensentscheiden mit Hilfe des gesunden Menschenverstandes gefällt werden müssen (Tragfähigkeitsprinzip anstatt Verursachungsprinzip).

Deshalb ist eine Fixkostenschlüsselung, die das *Verursachungsprinzip verletzt,* lediglich in der *Planung,* d.h. bei der Erarbeitung der Plan-Managementerfolgsrechnung, zulässig. Sie dient *ausschliesslich* der Ermittlung angemessener, plausibler *Deckungsziele* für möglichst gewinnbringende *Marktleistungskalkulationen* (Decision Accounting).

In der *Ergebnisrechnung,* d.h. bei der Abrechnung der Ist-Kosten, ist dagegen strikt auf eine Schlüsselung der Ist-Fixkosten zu *verzichten.* Stattdessen sind die *unveränderten Planwerte* (= Deckungsziele) in die Managementerfolgsrechnung einzusetzen und die Abweichungen *nicht* in der Managementerfolgsrechnung, sondern in den entsprechenden *Verantwortungsbereichen (bzw. Kostenstellen)* auszuweisen (Responsibility Accounting).

Besonderer Aufmerksamkeit bedarf diese Problematik im Hinblick auf eine *faire* (persönliche) *Leistungsbeurteilung* auf der Grundlage eines finanziellen Anreizsystems. Gerade in diesem Zusammenhang ist von einer Schlüsselung von Ist-Fixkosten, die aus der Sicht der betroffenen Bereichsleiter *nicht* oder nur in *geringem* Ausmass beeinflussbar sind, *dringend abzuraten.* Leistungsbeurteilungen müssen stets auf der Grundlage *beeinflussbarer* Grössen erfolgen.

Eine Verletzung dieser Grundsätze kann zu endlosen Grabenkämpfen um eine faire Schlüsselung der Fixkosten führen. Noch schlimmer: wenn die Spielregeln von den Beteiligten und Betroffenen als unfair wahrgenommen werden, wird dies einen nachhaltigen Anreiz darstellen, entweder „How to beat the system?" zu betreiben oder sich ständig um eine Abänderung der Spielregeln zu den eigenen Gunsten zu bemühen, anstatt sich mit den tatsächlichen Herausforderungen des betrieblichen Alltages zu beschäftigen. Damit ist eine Verpolitisierung des Controllings verbunden, die meistens grossen Schaden anrichtet.

4.9 Break-even-Analyse – ein Instrument zur Visualisierung und Verdeutlichung des Rechnens mit Deckungsbeiträgen

Zum Abschluss dieses Moduls soll kurz das Break-even-Diagramm als ein vereinfachendes Instrument zu Visualisierung der Ertragssituation eines Unternehmens vorgestellt werden. Das Break-even-Diagramm eignet sich aus didaktischen Gründen sehr gut dazu, beispielsweise die Auswirkungen von Preiserhöhungen oder Veränderungen in der Fertigungstiefe usw. graphisch darzustellen. Selbstverständlich handelt es sich um ein analytisches, die Realität vereinfachendes Instrument, das viele Einflussfaktoren (z.B. sprungfixe Kosten) vernachlässigt, aber dennoch sehr geschickt von der betrieblichen Realität abstrahiert.

Das Break-even-Diagramm bringt primär den Zusammenhang zwischen Umsatz- und Kostenentwicklung in Abhängigkeit vom Absatzvolumen graphisch zum Ausdruck. In den bisherigen Ausführungen haben wir verschiedentlich darauf aufmerksam gemacht, dass vor dem Hintergrund des „Denkens in Deckungsbeiträgen" die Absatzmenge (als Leistungs- oder Beschäftigungsmassstab) einen zentralen „Trigger" der Kostenentwicklung darstellt. Dieser Betrachtungsweise wird auch im Break-even-Diagramm Rechnung getragen, indem die Umsatzentwicklung als Resultante von *zwei* Grössen, der *Mengenentwicklung* zum einen und der *Entwicklung des Preisniveaus* zum anderen, graphisch sichtbar gemacht wird.

Auf der horizontalen Achse wird deshalb die Mengenentwicklung (Absatzvolumen) abgetragen, die vertikale Achse markiert dagegen die Verkaufserlöse bzw. die Kosten als Produkt von Mengen und Preisen.

Das Break-even-Diagramm visualisiert die Ertragssituation eines Unternehmens. Deshalb soll in einem ersten Schritt zunächst einmal ein Blick auf die vier Angriffskeile der Ertragssteigerung geworfen werden.

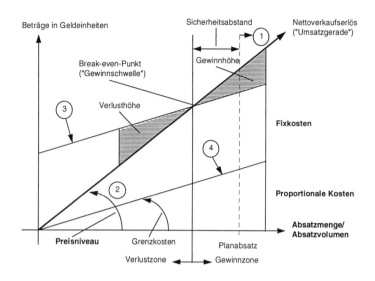

Abbildung 43: Angriffskeile der Ertragssteigerung

Angriffskeil 1 Das *Absatzvolumen* ist auf der horizontalen Achse abgetragen.

Absatzkeil 2 Das *allgemeine Preisniveau* wird durch den Winkel zwischen der Umsatzgeraden und der horizontalen Achse zum Ausdruck gebracht. Je höher das Preisniveau ist, desto steiler wird die Umsatzgerade.

Angriffskeil 3 Auch wenn ein Unternehmen überhaupt nichts verkauft, fallen die *Fixkosten* in ihrer vollen Höhe an. Deshalb entstehen schon beim Nullpunkt die gesamten Fixkosten.

Angriffskeil 4 Proportional zum Absatzvolumen wachsen die *proportionalen Kosten*. Der Winkel zur horizontalen Achse markiert die Grenzkosten, d.h. die proportionalen Kosten *pro Stück*. Je höher der Anteil der proportionalen Kosten an den Gesamtkosten ist, desto steiler wird die Gerade, welche die proportionalen Kosten markiert.

Absatzvolumen, Preisniveau, Höhe der Fixkosten und der Anteil an proportionalen Kosten an den Gesamtkosten haben eine ausschlaggebende Bedeutung für die Ertragslage eines Unternehmens.

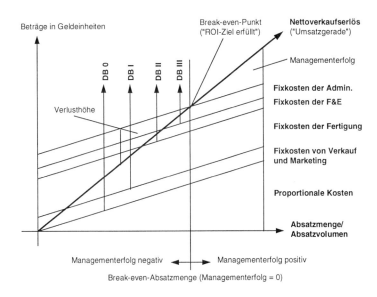

Abbildung 44: Break-even-Diagramm (Fokus: Managementerfolg)

Von der ursprünglichen Idee her markiert der Break-even-Punkt (Break-even-Absatz- oder Umsatzvolumen) die *Gewinnschwelle*. An diesem Punkt sind sämtliche Aufwendungen des Unternehmens gedeckt.[51] Zur Beurteilung der tatsächlichen betrieblichen Ertragskraft ist es jedoch zweckmässiger, den Break-even-Punkt vom Managementerfolg und/oder vom Cash Flow her zu definieren:

- *Managementerfolg*[52]: Bei diesem Break-even-Punkt sind nicht nur die ausgabenwirksamen Kosten gedeckt, sondern auch die kalkulatorischen Abschreibungen und die (angestrebte) Verzinsung des in-

---

51 Dies widerspiegelt im Grunde genommen die Sichtweise des finanziellen Rechnungswesens. Demzufolge wäre hier zu fragen, wieviel Abschreibungen und zu bezahlende Fremdkapitalzinsen in den Fixkosten enthalten sind.
52 In der Planung stimmt dieser BE-Punkt mit dem geplanten Absatzvolumen überein.

vestierten Kapitals (ROI-Ziel inklusive eines risikogerechten Gewinnanteiles).
- *Cash Flow*: An diesem BE-Punkt sind alle ausgabenwirksamen Kosten gedeckt. Was darüber hinaus erwirtschaftet wird, dient der Wiederbeschaffung benutzter Anlagen (kalkulatorische Abschreibungen) und der Verzinsung des investierten Kapitals (ROI-Ziel).

Schwankungen des Absatzvolumens haben in Abhängigkeit vom Preisniveau und der Fertigungstiefe eines Unternehmens unterschiedliche Auswirkungen auf die Entwicklung der Ertragslage.

Je geringer der Anteil an proportionalen Kosten an den Gesamtkosten, desto dramatischer sind die Folgen von Umsatzeinbrüchen. Ein Mass für das Risiko der aktuellen Umsatz- und Kostenstruktur stellt der Sicherheitsabstand dar. Er zeigt an, um wieviel das Absatzvolumen bzw. Umsatzziel unterschritten werden darf, ohne bereits in die Verlustzone zu geraten.

Ein hoher Anteil an proportionalen Kosten, d.h. eine geringe Fertigungstiefe, senkt das unternehmerische Risiko in dynamischen Märkten mit starken Nachfrageschwankungen, weil eine solche Fertigungs- und Kostenstruktur grundsätzlich grössere Sicherheitsabstände ermöglicht.

Das Break-even-Diagramm eignet sich damit sowohl zur Visualisierung kurzfristiger Entscheidungen (z.B. kurzfristiger Abbau von Fixkosten) als auch zur langfristigen Optimierung der Ertragsstruktur durch Sortimentsoptimierungen und die Wahl einer angemessenen Fertigungstiefe.

Selbst-Controlling: Modul 3, Kapitel 4

Frage	Unsicher?	Wenn ja Seite
1 Damit die Ertragskraft von Marktleistungen aus betriebswirtschaftlicher Sicht beurteilt werden kann, sind nicht nur finanzielle Daten (Wertgrössen) notwendig. Welche weiteren Grössen spielen eine wichtige Rolle und warum?		131
2 Wie und mit welcher Teilrechnung können im Rahmen der Kostenrechnung Preise ermittelt und beurteilt werden?		135
3 Wodurch entsteht die Notwendigkeit, in der Kostenartenrechnung Abgrenzungen vorzunehmen? Welche Arten von Abgrenzungen gibt es? Nennen Sie jeweils Beispiele für mögliche Abgrenzungen?		137
4 Was unterscheidet Einzel- von Gemeinkosten und proportionale von Fixkosten?		137/138
5 Welche Kosten fliessen in die Kostenstellenrechnung ein? Wozu dient die Weiterverabeitung dieser Kosten in der Kostenstellenrechnung?		138
6 Nach welchen Kriterien sind die Kostenarten in der Kostenstellenrechnung zu gliedern? Welche organisatorische Voraussetzung muss in diesem Zusammenhang erfüllt sein?		140
7 Welcher Beschäftigungsgrad (Plan oder Ist) dient zur Ermittlung der Soll-Kosten?		142
8 Welche Schlüsse könnte der Kostenstellenleiter Hans Meier aus dem vorliegenden Kostenstellenbericht ziehen?		142ff.
9 Welche Grössen liefert die Kostenstellenrechnung an die Kalkulation?		141
10 Welche Kosten werden in der Kalkulation ermittelt?		147
11 Wieso stellt die Kalkulation das Bindeglied zwischen der Kostenstellenrechnung und der Managementerfolgsrechnung dar? Welche Grössen fliessen aus der Kalkulation in die Managementerfolgsrechnung ein?		148/149
12 Welche Daten liefern die Stückliste und der Arbeitsplan an die Kalkulation?		151
13 Welche Gefahr ergibt sich bei starken Beschäftigungsschwankungen, wenn die Kalkulationssätze „automatisch" (sozusagen blindlings) in die Kalkulation übernommen werden?		151
14 Worin liegt der Unterschied zwischen Voll- und Teilstenkalkulationen einerseits sowie Top-Down- und Bottom-Up-Kalkulation andererseits?		152/154
15 Wieso wird behauptet, dass man sich mit einer Vollkostenkalkulation „aus dem Markt rechnen" kann?		154

185

Frage	Unsicher?	Wenn ja Seite
16 Welche Gefahr besteht bei der Teilkostenrechnung? Wie kann ihr allenfalls begegnet werden?		154/155
17 Wieso sollten kurzfristigen produkt- und sortimentsbezogenen Entscheidungen nicht die Stückgewinne bzw. -verluste zugrundegelegt werden?		158
18 Wieso ist es für ein effektives Controlling des Absatzbereiches notwendig, zusätzlich zur Managementerfolgsrechnung eine einzelproduktweise Deckungsbeitragsrechnung zu erstellen?		159
19 Wieso werden bei der Erlösrechnung zur Ermittlung des DB I die proportionalen Herstellkosten zu Standard-Werten berücksichtigt?		159
20 Inwiefern rückt bei der Managementerfolgsrechnung die Marktperspektive in den Mittelpunkt?		161/162
21 Wieso wird der Fixkostenblock im Rahmen der Managementerfolgsrechnung weiter unterteilt?		163
22 Wieso ist es sinnvoll, die Managementerfolgsrechnung auf der Grundlage von Standard-Werten zu erstellen und die jeweiligen Abweichungen gesondert auszuweisen?		165
23 Wieso entsteht eine Differenz zwischen dem Managementerfolg und dem Reingewinn der Bilanz?		168
24 Welche Schlüsse können aus einer stetigen Verschlechterung des DB I gezogen werden?		169
25 Inwiefern kann die Struktur der Managementerfolgsrechnung die Organisationsstruktur des Unternehmens widerspiegeln?		173
26 Warum dient eine Erlösrechnung vor allem als Entscheidungsrechnung und eine Managementerfolgsrechnung vor allem als Verantwortungsrechnung?		176
27 Wann entstehen bei der Fixkostenschlüsselung Konflikte zwischen den davon betroffenen Verantwortungsträgern?		178
28 Was ist beim Aufschlüsseln von Fixkosten zu beachten?		178/179
29 Wieso sollte hinsichtlich der Fixkostenschlüsselung zwischen der Ermittlung von Deckungszielen und der Leistungsbeurteilung unterschieden werden? Was könnte allenfalls passieren, wenn dies nicht erfolgt?		180/181
30 Welchen Zusammenhang bringt die Break-even-Analyse graphisch zum Ausdruck?		181
31 Welche Aussagekraft besitzt der Break-even-Punkt?		183
32 Was könnte unternommen werden, um den Break-even-Punkt früher zu erreichen?		182
33 Welche Möglichkeiten zur Abschätzung der finanziellen Auswirkungen von Investitionsprojekten gibt es?		Modul 4

Modul 4

Investitionsrechnung

Im Modul 4 sollen folgende Inhalte vermittelt werden:

- Die Instrumente des finanziellen und betrieblichen Rechnungswesens beziehen sich üblicherweise auf das Gesamtunternehmen und umfassen Perioden, die ein Jahr nicht überschreiten. Viele Entscheidungen betreffen demgegenüber einen konkreten, abgrenzbaren Sachverhalt, der eine *mehrjährige Kapitalbindung* nach sich zieht. Die sachgemässe Bearbeitung dieser Entscheidungen bedarf daher eines zusätzlichen Instrumentariums, der Investitionsrechnung.
- Unter *Investitionsrechnung* wird eine Auswahl verschiedener Rechnungsverfahren verstanden, die *der Ermittlung der finanzwirtschaftlichen Wirkungen von Investitionsentscheidungen* dienen.
- Unter Investitionen verstehen wir alle Massnahmen, welche mit Geldausgaben für die Bereitstellung eines Leistungspotentials verbunden sind, woraus zu einem späteren Zeitpunkt grössere Geldeinnahmen oder kleinere Geldausgaben resultieren sollen.
- Die für die Investitionsrechnung relevanten Geschäftsfälle betreffen einen längeren Zeitraum, erfolgen mit Blick auf die Zukunft, und der Investitionsbetrag übersteigt eine gewisse Höhe.
- Die Investitionsrechnung soll transparent machen, welchen Beitrag ein Investitionsobjekt bezogen auf seine gesamte Nutzungsdauer zum zukünftigen Unternehmenserfolg liefern wird.
- Die *Investitionsrechnung* ist ein wichtiges Hilfsmittel zur Beurteilung der Investitionsmöglichkeiten aus wirtschaftlicher Sicht. Sie bildet somit einen zentralen Teil der Investitionsplanung.
- Die Methoden der Investitionsrechnung werden in statische und dynamische unterteilt. Der Unterschied zwischen statischen und dynamischen Methoden liegt in der Berücksichtigung des *Zeitwertes* von Geld.
- In *dynamischen* Methoden der Investitionsrechnung wird der Zeitwert des Geldes ausdrücklich berücksichtigt, indem alle Beträge so umgerechnet („abgezinst" oder „abdiskontiert") werden, als ob sie

genau zum gleichen Zeitpunkt ausgegeben bzw. ins Unternehmen fliessen würden. In *statischen* Methoden der Investitionsrechnung wird der Zeitwert des Geldes dagegen nicht berücksichtigt.
- Zu den gebräuchlichsten statischen Methoden zählt die *Payback-Methode* und zu den gebräuchlichsten dynamischen die *Gegenwartswertmethode*, die *Methode des internen Ertragssatzes* sowie die *Annuitätsrechnung*.
- Die wichtigsten *Rechnungselemente* bei der Investitionsrechnung sind der Investitionsbetrag, der Nutzen, die Nutzungsdauer, der Liquidationserlös und der Kalkulationszinssatz.
- Zur abschliessenden Beurteilung von Investitionsentscheidungen muss oft eine Nutzwertanalyse durchgeführt werden. Die Nutzwertanalyse ist eine Methode der Alternativenbewertung, wenn bei einer Entscheidung gleichzeitig verschiedene Ziele miteinander in Konkurrenz stehen (Mehrzielentscheidungen).
- Bei der Nutzwertanalyse werden zunächst die Entscheidungskriterien bestimmt, dann die Gewichtung der einzelnen Ziele festgelegt, die Entscheidungsalternativen im Hinblick auf ihren Beitrag zur Erreichung der einzelnen Ziele beurteilt und schliesslich der Nutzwert der jeweiligen Alternativen ermittelt.
- Der grösste Nutzen der Investitionsrechnung ergibt sich dann, wenn sie als Instrument der *Risiko- und Sensitivitätsanalyse* eingesetzt wird. In solchen Analysen können pro Investitionsprojekt jeweils verschiedene Alternativen durchgerechnet werden, die aufzeigen, welche finanziellen Wirkungen sich ergeben, wenn mit unterschiedlichen Ausgangsdaten (Berechnungsgrundlagen) gerechnet wird.

Wenn Ihnen dieser Stoff bereits vertraut ist, könnte es für Sie sinnvoll sein, die folgenden Ausführungen zu überspringen. Die nächste kurze Zusammenfassung findet sich auf den Seiten 211/212.

1 Investitionsrechnung

Die bisher (in Modul 2 und 3) behandelten Instrumente des finanziellen und betrieblichen Rechnungswesens weisen folgende beiden Merkmale auf: Zum einen beziehen sie sich auf das Gesamtunternehmen oder auf wichtige Teilbereiche wie z.B. SGE, Kostenstellen usw., und zum anderen in aller Regel auf einen Zeitraum, der ein Jahr oder unterjährige Perioden (Monat, Quartal, Halbjahr) umfasst.

Im Hinblick auf die erforderliche Führungs- und Entscheidungsorientierung von Controlling-Instrumenten vermögen diese Einschränkungen der tatsächlichen betrieblichen Realität nicht zu genügen. In jedem Unternehmen müssen bisweilen Entscheidungen getroffen werden, die sich auf einen ganz konkreten, abgrenzbaren Sachverhalt beziehen und auf Jahre hinaus (stets knappes) Kapital binden. Die sachgemässe Bearbeitung solcher Entscheidungen bedarf aus finanzwirtschaftlicher Sicht eines zusätzlichen Instrumentariums, der Investitionsrechnung.

Unter der Investitionsrechnung verstehen wir im folgenden eine Auswahl (Angebot) verschiedener Rechnungsverfahren zur Ermittlung der finanzwirtschaftlichen Wirkungen von Investitionsentscheiden. Der Fokus richtet sich dabei einerseits auf einzelne *Investitionsobjekte* und andererseits auf deren finanzwirtschaftliche Wirkungen während der *gesamten Nutzungsdauer*.

2 Investition und Investitionsarten

Unter Investitionen verstehen wir alle Massnahmen, welche mit Geldausgaben für die Bereitstellung eines Leistungspotentials verbunden sind, woraus zu einem späteren Zeitpunkt grössere Geldeinnahmen oder kleinere Geldausgaben resultieren sollen.

Bei einer Investition werden also flüssige Mittel in „produktives" Unternehmensvermögen umgewandelt. Desinvestitionen stellen den umgekehrten Vorgang dar. Beispiele:

- Kauf einer Maschine
- Kauf eines Computers
- Kauf eines Lieferwagens
- Kauf eines Grundstückes
- Bau eines Büro- oder Fabrikationsgebäudes
- Kauf einer Beteiligung
- Kauf eines Patentes
- Kauf eines Unternehmens (Akquisition)

Oft werden solche Geschäftsfälle nicht (ausschliesslich) mit den vorhandenen liquiden Mitteln (Kasse, Post, Bank) finanziert. Gerade grössere Investitionen bedürfen einer zusätzlichen Bereitstellung liquider Mittel. Dies kann durch einen Finanzierungsvorgang geschehen, beispielsweise durch Aufnahme eines Bank- oder Hypothekarkredites oder durch eine Aktienkapitalerhöhung.

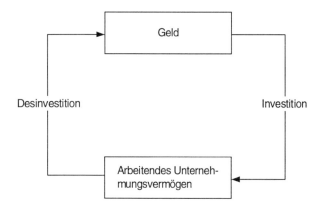

Abbildung 45: Investitionen und Desinvestitionen

Alle erwähnten Geschäftsfälle zeichnen sich durch folgende drei Merkmale aus:
- Die Nutzung des beschafften bzw. erstellten Objektes ist über einen *längeren Zeitraum* vorgesehen. Insbesondere übersteigt dieser Zeitraum die Periodenlänge der Abrechnungsperioden des finanziellen und betrieblichen Rechnungswesens.
- Diese Objekte werden mit Blick auf die *Zukunft* beschafft (Zukunftsbezug). Eine Investition muss für das Unternehmen mit einem klar identifizierbaren zukünftigen Nutzen verbunden sein.
- Der entsprechende Investitionsbetrag übersteigt eine gewisse *Höhe*.

Wir unterscheiden (in Anlehnung an die Struktur des Anlagevermögens) zwischen:

- *Sachinvestitionen* (Kauf von Maschinen, Fahrzeugen, Erstellung von Immobilien usw.),
- *Finanzinvestitionen* (Kauf von Beteiligungen usw.) und
- *immateriellen Investitionen* (Kauf von Patenten, Lizenzen usw.).

Solche Investitionen können wir weiter unterteilen in:

- Ersatzinvestitionen
- Erweiterungsinvestitionen
- Rationalisierungsinvestitionen
- Neuinvestitionen

3 Investitionsrechnung und Kostenrechnung

Das finanzielle und betriebliche Rechnungswesen dient im wesentlichen der Ermittlung des *Periodenerfolges*. Die finanziellen Wirkungen von Investitionen, d.h. Ausgaben, die periodenübergreifend flüssige Mittel binden, werden über die Abschreibungen und allenfalls über kalkulatorische Zinsen („ROI-Ziel") erfasst und auf die einzelnen Abrechnungsperioden periodengerecht verteilt.

> Genau deshalb sind aber weder Finanzbuchhaltung noch Kostenrechnung in der Lage, die finanziellen Wirkungen einer Investition im *gesamten Zeitablauf*, d.h. während der Nutzungsdauer einer Investition, in ihrem Gesamteffekt darzustellen.

Die Investitionsrechnung geht daher nicht von der Periodenlänge des finanziellen und betrieblichen Rechnungswesens aus, sondern orientiert sich an der *Nutzungsdauer der einzelnen Investition* und den damit verbundenen finanziellen Wirkungen.

> Die Investitionsrechnung soll transparent machen, welchen Beitrag ein Investitionsobjekt bezogen auf seine gesamte Nutzungsdauer zum zukünftigen Unternehmenserfolg liefern wird.

4 Investitionsplanung und Investitionsrechnung

Investitionen binden auf *lange Frist knappes Vermögen* eines Unternehmens. Investitionsentscheidungen gehören somit zu den wichtigsten und kritischsten, weil folgenreichsten Entscheidungen eines Unternehmens. Sie müssen stets der Stärkung der zukünftigen Wettbewerbsfähigkeit dienen. Damit kann die Erschliessung neuer Absatzmärkte und die Entwicklung neuer Leistungsprogramme verbunden sein, was den Einsatz neuer Fertigungstechnologien und Werkstoffe sowie die Bereitstellung neuer Produktionskapazitäten nach sich ziehen mag.

Investitionsentscheidungen müssen deshalb stets in einem Gesamtrahmen behandelt werden. Dieser Gesamtrahmen stellt die Investitionsplanung dar. Die Investitionsplanung hat die Aufgabe, aus der Fülle der Investitionsmöglichkeiten diejenigen Alternativen auszuwählen, welche auf lange Sicht der Stärkung der Wettbewerbsfähigkeit des Unternehmens am besten dienlich sind.

Die Investitionsplanung muss ihrerseits in die strategische Planung eines Unternehmens eingegliedert sein. In der strategischen Planung erfolgt idealerweise eine langfristige Ressourcenzuordnung.[53] Die strategische Planung legt die Rahmenbedingungen fest, unter denen Investitionen getätigt werden sollen. Dazu gehören auch Zielgrössen, an denen verschiedene Alternativen bestimmter Investitionsprojekte gemessen werden müssen.

Folgende *Teilaufgaben* müssen im Rahmen der Investitionsplanung bearbeitet werden:

- Ermittlung des Investitionsbedarfs:
  In welchen Bereichen stehen welche Investitionsvorhaben an? Wo liegen Investitionsanregungen vor?
- Ermittlung des Investitionsangebots (aus technischer Sicht):
  Welche Möglichkeiten sind denkbar, um die entsprechenden Probleme zu lösen? Mit welchen konkreten Investitionsprojekten lassen sich die anstehenden Probleme erfolgreich lösen?
- Beurteilung der Investitionsmöglichkeiten (Investitionsalternativen):

---

53 In der strategischen Planung müssen Grundsatzentscheide beispielsweise im Bereiche Zielmärkte, Produktions-/Leistungsprogramme, Fertigungstechnologien, Distributionssysteme, Standortpolitik usw. getroffen werden. Solche Entscheidungen orientieren sich an den eigenen Fähigkeiten und den damit verbundenen Stärken und Schwächen, an der Marktentwicklung, am Konkurrenzverhalten und nicht zuletzt an den zur Verfügung stehenden eigenen finanziellen Ressourcen.

- aus strategischer Sicht (Auswirkungen auf die Wettbewerbsfähigkeit)
- aus technischer Sicht (jetziger Stand/Zukunft)
- aus wirtschaftlicher Sicht (Auswirkungen auf die langfristige Ertragskraft)

– Abstimmung des Investitionsbedarfs (Geldbedarfs) mit den Finanzierungsmöglichkeiten (Eigen- oder Fremdfinanzierung, Leasing)
– Abklären der Dringlichkeit

> Die *Investitionsrechnung* ist ein wichtiges Hilfsmittel zur Beurteilung *der Investitionsmöglichkeiten* aus wirtschaftlicher Sicht. Sie bildet somit einen zentralen Teil der Investitionsplanung.

5 Methoden der Investitionsrechnung

Bei der Investitionsrechnung handelt es sich um ein Instrument der Planungs- und Entscheidungsvorbereitung mit dem Zweck, auf transparente Weise die Ausgaben und Einnahmen einer Investition einander gegenüberzustellen (exkl. Abschreibungen und Zinsen) und damit den wirtschaftlichen Erfolg sichtbar zu machen.

Wir unterscheiden dabei zwischen *statischen* und *dynamischen* Methoden der Investitionsrechnung.

5.1 Der Zeitwert von Geld

Der Unterschied zwischen statischen und dynamischen Methoden liegt in der Berücksichtigung des *Zeitwertes* von Geld. Der Zeitwert von Geld hat folgende Bewandtnis.

Investitionsrechnungen haben den Zweck, die finanziellen Wirkungen von Investitionsausgaben und den damit verbundenen Nutzen (Mehreinnahmen/Minderausgaben) über die gesamte Nutzungsdauer hinweg transparent zu machen.

Im Normalfall bedeutet dies, dass wir zu Beginn meistens eine grosse Ausgabe (Investition) haben, während der Nutzen erst über die Nutzungsdauer hinweg verteilt anfällt – ein Teil im ersten Jahr, ein Teil im zweiten Jahr, ... und schliesslich der letzte Teil im n-ten Jahr.

Nun sind – und das ist mit dem Zeitwert des Geldes gemeint – SFr./DM 1000 beispielsweise im zehnten Jahr nicht gleichviel wert wie SFr./DM 1000 im ersten Jahr der Nutzungsdauer. SFr./DM 1000, die im ersten Jahr dem Unternehmen zufliessen, können sofort zinsbringend angelegt werden, und sind zum Beispiel bei 5 % Zins pro Jahr im zehnten Jahr mit Zinseszins bereits zu rund SFr./DM 1629 gewachsen. Oder umgekehrt ausgedrückt: gemessen an den SFr./DM 1000 Nutzen im ersten Jahr wären die SFr./DM 1000 Nutzen im zehnten Jahr heute lediglich rund SFr./DM 614 wert. Wenn also jemand heute für eine Zeitdauer von 10 Jahren SFr./DM 1000 ausleiht und auf die Zahlung eines angemessenen Zinses verzichtet, dann erhält er, wenn wir den entgangenen Zins vom Rückzahlungsbetrag von SFr./DM 1000 abziehen würden, im Grunde genommen lediglich noch SFr./DM 614 zurück.

In *dynamischen* Methoden der Investitionsrechnung wird nun der Zeitwert von Geld ausdrücklich berücksichtigt, indem alle Beträge so umgerechnet („abgezinst" oder „abdiskontiert") werden, als ob sie *genau zum gleichen Zeitpunkt* ausgegeben bzw. dem Unternehmen zufliessen würden.

In *statischen* Methoden der Investitionsrechnung wird der Zeitwert von Geld dagegen *nicht* berücksichtigt.

Bei sehr heiklen Investitionsentscheidungen empfiehlt es sich, ergänzend zur eigentlichen Investitionsrechnung auch folgende *Wirtschaftlichkeitsrechnungen* durchzuführen:

– Kostenvergleichsrechnung (Plan-Kalkulationen [Auftrags-/Stückkalkulation] der zu erbringenden Leistungen mit/ohne Investition)
– Gewinnvergleichsrechnung (Plan-Erfolgsrechnung mit/ohne Investition)
– Plan-Mittelflussrechnung (mit/ohne Investition)

Im Gegensatz zur Investitionsrechnung muss – was die Berechnungsgrundlagen (Ausgangsdaten) betrifft – in einer Kostenvergleichsrechnung allerdings mit kalkulatorischen Abschreibungen und Zinsen (auf der Hälfte der durchschnittlich gebundenen Investitionssumme) gerechnet werden; in einer Gewinnvergleichsrechnung müssen (kalkulatorische) Abschreibungen berücksichtigt werden, während in der Plan-Mittelflussrechnung von den gleichen Berechnungsgrundlagen ausgegangen werden kann wie in der Investitionsrechnung.

5.2 Vergleich statischer und dynamischer Methoden der Investitionsrechnung

Merkmale	Statische Methoden der Investitionsrechnung	Dynamische Methoden der Investitionsrechnung
Grundprinzip	Alle gegenwärtigen und zukünftigen Ausgaben und Einnahmen werden genau gleich behandelt.	Die zukünftigen Beträge werden auf den heutigen Wert (Gegenwartswert), d.h. auf den Zeitpunkt, an dem eine Investitionsentscheidung ansteht, umgerechnet. Dies geschieht mit Hilfe von Abzinsungsfaktoren. Je ferner in der Zukunft also ein Nutzen anfällt, umso geringer ist sein heutiger Wert.
Wichtigste Arten	Amortisations-/Rückzahlungsrechnung (Pay-back-Methode, Kapitel 6.2)	– Gegenwartswertmethode (Kapitalwertmethode, Kapitel 6.3) – Methode des internen Ertragssatzes (Kapitel 6.4) – Annuitätsrechnung (Kapitel 6.5)
Zu beachten:	– ausschliessliche Berücksichtigung einnahmen- und ausgabenwirksamer Grössen – kein Einbezug von Abschreibungen – kein Einbezug kalkulatorischer Grössen (Zinsen, Risikokosten) – Je nach Finanzierung muss ein steuerlicher Effekt in den Nutzen eingerechnet werden (steuerliche Abzugsfähigkeit von Fremdkapitalzinsen).	

Abbildung 46: Vergleich statischer und dynamischer Methoden der Investitionsrechnung

6 Die wichtigsten Rechnungselemente der Investitionsrechnung

In diesem Kapitel werden kurz die Rechnungselemente (Ausgangsdaten) beschrieben, die im Rahmen der Investitionsrechnung normalerweise Berücksichtigung finden müssen.

Die Auswahl der in einer Investitionsrechnung zu berücksichtigenden Ausgangsdaten bemisst sich daran, ob:

– sich diese Daten als Folge des Investitionsentscheides *ändern* und
– es sich dabei um *zukunftsgerichtete* Daten handelt.

Bei Investitionsrechnungen sind normalerweise folgende *fünf* Grössen (Rechnungselemente) von ausschlaggebender Bedeutung:

- Investitionsbetrag (abgekürzt I)
- Nutzen (abgekürzt G)
- Nutzungsdauer (abgekürzt n)
- Liquidationserlös (abgekürzt L)
- Kalkulationszinssatz (abgekürzt i)

Investitionsbetrag I

Der Ausgangspunkt und die am genauesten zu bestimmende Grösse einer Investitionsrechnung ist der Investitionsbetrag. Der Investitionsbetrag beispielsweise einer Produktionsanlage kann sich wie folgt zusammensetzen:

	Netto-Einstandspreis der Produktionsanlage
+	Fracht
+	Installationskosten
+	allfällige Kosten von Vorfinanzierungen, d.h. Zinsen für Vorauszahlungen
+	allfällige Kosten für Sekundärinvestitionen, die untrennbar mit der Primärinvestition verbunden sind (z.B. EDV, Gebäudeänderungen usw.).
+	allfällige Erhöhung des Umlaufvermögens
=	Investitionsbetrag

Nutzen G

Unter dem Nutzen versteht man sämtliche über die Nutzungsdauer zu erwartenden *Mehreinnahmen* und/oder *Minderausgaben*. Diese können sich bereichsspezifisch als Summe von

- Mehrumsatz,
- Mehrausgaben in einem Bereich und
- Minderausgaben in anderen Bereichen ergeben.

Fällt der Nutzen nicht gleichmässig über die gesamte Nutzungsdauer an, so muss er in der dynamischen Investitionsrechnung gesondert pro Zwischenperiode (Jahr, Halbjahr, Quartal) erhoben werden.

Nutzungsdauer n

Die Nutzungsdauer einer Investition hängt von verschiedenen Faktoren ab, die zur Entwertung einer Investition beitragen können, beispielsweise:

- vom physischen Verschleiss einer Anlage
- von Markttrends (insbesondere bei modischen Produkten)
- vom technologischen Fortschritt

Liquidationserlös L

Dies ist der am Ende der Nutzungsdauer allenfalls noch zu erwartende Liquidationserlös, abzüglich der Demontagekosten. Sofern die erwarteten Demontagekosten den Schrottwert übersteigen, kann auf den Einbezug eines solchen Restwertes in die Investitionsrechnung verzichtet werden.

Kalkulationszinssatz i

Der Kalkulationszinssatz erfüllt zwei Aufgaben:

- Durch Abzinsung („Abdiskontierung") auf den *Gegenwartswert*[54] werden zu unterschiedlichen Zeitpunkten anfallende Ausgaben und Einnahmen vergleichbar gemacht.
- Er widerspiegelt die Kapitalkosten einer Investition. In diesem Falle kann der Zinssatz auf zwei Arten berechnet werden: Zum einen können hierzu die effektiven durchschnittlichen Kapitalkosten eines Unternehmens herangezogen werden. Zum anderen kann das Konzept der Opportunitätskosten Anwendung finden. Grundüberlegung ist dabei die Orientierung an der Rendite einer alternativen Finanzanlage zum Investitionsprojekt. Der so ermittelte Zinssatz mag durch einen Risikozuschlag weiter erhöht werden, der die – zumindest bis zu einem gewissen Mass unvermeidliche – Unbestimmtheit des Nutzens und der Nutzungsdauer einer Investition berücksichtigen soll.

---

54 Oft wird der Gegenwartswert auch *Barwert* genannt. Der Gegenwartswert einer Einnahme oder Ausgabe stellt stets deren Geldwert zum *Zeitpunkt der Investitionsentscheidung* dar.

7 Fallbeispiel Investitionsrechnung

7.1 Ausgangsdaten

Ein Unternehmen muss eine Maschine A infolge eines irreparablen Schadens ersetzen. Zur engeren Auswahl stehen zwei Maschinen mit folgenden Ausgangsdaten:

Ausgangsdaten

	Maschine B Halbautomat	Maschine C Vollautomat
Anschaffungskosten	1040000	1600000
Restwert	0	0
Nutzungsdauer	8 Jahre	10 Jahre
Kapazität	20000 Stück	25000 Stück
mögliche Jahresabsatzmenge:		
bis und mit 6. Jahr	20000 Stück	20000 Stück
ab Beginn 7. Jahr	25000 Stück	25000 Stück
Netto-Erlös je Stück	48.--	48.--
Netto-Erlös je Jahr	960000	960000[55]
		1200000[56]
ø Netto-Erlös im Jahr	960000	1056000
Einzelkosten je Stück	22.50.--	15.--
Einzelkosten je Jahr	450000	300000[55]
		375000[56]
ø Einzelkosten im Jahr	450000	330000
Gemeinkosten pro Jahr (exkl. kalkulatorische Zinsen und Abschreibungen)	240000	300000
Kalkulatorische Zinsen	6 %	6 %
Gewünschte Minimalverzinsung (Kalkulationszinssatz i)	12 %	12 %

Anhand dieses Fallbeispiels werden im folgenden die gebräuchlichsten Rechnungsverfahren der Investitionsrechnung vorgestellt und kurz erörtert.

[55] Jahr 1 bis 6
[56] Jahr 7 bis 10

7.2 Amortisationsrechnung (Pay-Back-Methode)

Die Amortisationsrechnung ist eine *statische* Methode der Investitionsrechnung und zeigt die Wiedergewinnungszeit einer Investitionsausgabe (= Pay-Back-Dauer). Diese Kennziffer gibt also an, wie lange (wieviele Jahre) es dauert, bis die Investitionssumme wiedergewonnen ist.

Wiedergewinnungszeit =	Investitionssumme I Nutzen G pro Jahr	
	Maschine B	Maschine C
I =	1040000	1600000
G =	270000	426000
Pay-Back- Periode	$\frac{1040000}{270000}$ = 3.85 Jahre	$\frac{1600000}{426000}$ = 3.76 Jahre

Den gleichen Aussagewert hat auch der Prozentsatz der in einem Jahr zurückfliessenden Investitionssumme.

Prozentsatz der in einem Jahr zurückfliessenden Investitionssumme =	Investitionssumme I Nutzen G pro Jahr x 100	
Im Beispiel ergibt dies:	Maschine B	Maschine C
	$\frac{270000}{1040000}$ = 26.0 %	$\frac{426000}{1600000}$ = 26.6 %

Die Amortisationsdauer ist sehr einfach zu handhaben und wird deshalb relativ häufig angewandt, vor allem für eine erste Plausibilisierung eines Investitionsvorhabens.

Vorteile

- Die Wiedergewinnungszeit ist ein relativ zuverlässiger Gradmesser, um das Risiko eines Investitionsprojektes zu beurteilen. Je kürzer die Wiedergewinnungszeit, desto schneller stehen die investierten Mittel wieder zur Verfügung (kurze Bindungsdauer des Kapitals).
- Eine kurze Wiedergewinnungszeit ist auch deshalb mit einem geringeren Risiko verbunden, weil die Annahmen einer Investitionsrech-

nung (Berechnungsgrundlagen) in der unmittelbaren Zukunft, d.h. in den ersten Jahren der Nutzungsdauer, meistens mit wesentlich weniger Unsicherheit behaftet sind als am Ende der Nutzungsdauer.

Nachteil

Die Amortisationsrechnung vermittelt nur sehr beschränkt Angaben über die tatsächliche Wirtschaftlichkeit (Rentabilität) verschiedener Investitionsprojekte – insbesondere auf längere Frist.

Dies wird in unserem Beispiel leicht erkennbar an der geplanten unterschiedlichen Nutzungsdauer der beiden Maschinen. Beim Vergleich von Investitionen mit *unterschiedlicher Nutzungsdauer* darf nicht einfach auf die Amortisationsdauer abgestellt werden, sondern es kommt auch auf die Anzahl Rückflüsse an, d.h. wie oft während der angenommenen Nutzungsdauer der Maschine die Investitionssumme zurückfliesst.

Anzahl Rückflüsse =	Nutzungsdauer Wiedergewinnungszeit	
	Maschine B	Maschine C
Nutzungsdauer	8 Jahre	10 Jahre
Wiedergewinnungszeit	3.85 Jahre	3.76 Jahre
Anzahl Rückflüsse	$\frac{8}{3.85}$ = 2.08 x	$\frac{10}{3.76}$ = 2.65 x

7.3 Gegenwartswertmethode (Kapitalwertmethode)

Die Gegenwartswertmethode ist eine *dynamische* Methode der Investitionsrechnung und zeigt uns, ob die zukünftigen Nutzen abgezinst zum Kalkulationszinssatz i (in unserem Beispiel liegt die gewünschte Verzinsung bei 12 %) die Investitionssumme zu decken vermögen.

	Barwert[57] der zukünftigen Nutzen
+	Barwert eines allfälligen Restwertes
+	Barwert des Rückflusses einer allfälligen Sekundärinvestition (z.B. Umlaufvermögen)
=	Total Rückflüsse zum Barwert (= Gegenwartswert) zu i %
./.	Investitionssumme I
=	Überschuss/Fehlbetrag über i %

Das Ergebnis ist umso besser, je grösser der Überschuss ausfällt, wobei das Verhältnis des Überschusses zur Investitionssumme berücksichtigt werden muss.

7.31 Beispiel bei jährlich gleichbleibendem Nutzen

In unserem Beispiel bleibt bei Maschine B der Nutzen über die Nutzungsdauer hinweg gleich. Die folgenden Hinweise auf Abzinsungstabellen beziehen sich auf die entsprechenden Hilfstabellen in Anhang I am Ende des Buches.

	Maschine B
Nutzungsdauer	8 Jahre
(Unveränderter) Nutzen pro Jahr	270000
Kumulierter Abzinsungsfaktor laut Abzinsungstabelle B bei 12 % Zins und 8 Jahren	4.968
Barwert des Rohgewinnes (= Rückflüsse zum Barwert bei 12 % Zins)	270000 x 4.968 = 1341360
./. Investitionssumme	1040000
= Überschuss	301360

---

57 Gegenwartswert und Barwert werden im folgenden *synonym* verwendet. Gemeint ist damit immer eine in der Zukunft anfallende Einnahme oder Ausgabe (Geldbetrag), die auf den Geldwert der Gegenwart abgezinst wird.

7.32 Beispiel bei jährlich unterschiedlichem Nutzen

In unserem Beispiel trifft dies bei Maschine C zu.

Maschine C

Jahre	Nutzen (Cash Flow)	Abzinsungs- faktor bei i = 12 % (Tabelle A)	Gegenwarts- wert	Investition I	Überschuss
1	360000	0.893	321480		
2	360000	0.797	286920		
3	360000	0.712	256320		
4	360000	0.636	228960		
5	360000	0.567	204120		
6	360000	0.507	182520		
7	525000	0.452	237300		
8	525000	0.404	212100		
9	525000	0.361	189525		
10	525000	0.322	169050		
Total	4260000		2288295 ./.	1600000	= 688295

Abbildung 47:
Gegenwartswertmethode bei jährlich unterschiedlichem Nutzen bei Maschine C

Die Ergebnisse besagen, dass beide Investitionsvarianten neben einer Verzinsung von 12 % noch einen Überschuss erarbeiten.

Um die Aussagekraft der Gegenwartswertmethode noch zu erhöhen, müssen die Überschüsse ins Verhältnis zur Investitionssumme gesetzt werden.

Überschuss in % der Investitionssumme =			Überschuss x 100 Investitionssumme	
	Maschine B		Maschine C	
Investitionssumme	1040000		1600000	
Überschüsse	301360		688295	
Überschuss in % der Investitions- summe	301360 x 100 1040000	= 29.0 %	688295 x 100 1600000	= 43.0 %

Die Gegenwartswertmethode ist leicht verständlich. Sie hat lediglich den Nachteil, dass für die Beurteilung der Wirtschaftlichkeit in Form einer Verhältniszahl (im Sinne einer „Rendite") eine zusätzliche Rechnung notwendig ist. Dies leistet die – ebenfalls dynamische – *Methode des internen Ertragssatzes.*

7.4 Methode des internen Ertragssatzes

Der interne Ertragssatz entspricht jenem Prozentsatz, bei welchem die Summe der abgezinsten Nutzen genau der Investitionssumme entsprechen.

7.41 Berechnung des internen Ertragssatzes bei jährlich gleichbleibendem Nutzen (Maschine B)

1. Schritt

Barwertfaktor = Pay-Back-Periode berechnen	$\dfrac{\text{Total Investitionssumme}}{\text{Jahresnutzen}}$

2. Schritt

In Abzinsungstabelle B bei 8 Jahren den entsprechenden Zinssatz ablesen.

	Maschine B
Nutzungsdauer	8 Jahre
Investitionssumme	1040000
Jahresnutzen	270000
Barwertfaktor = Pay-Back-Periode	$\dfrac{1040000}{270000} = 3.85$
Abzinsungstabelle B: i ablesen	8 Jahre 3.85 Barwert
Interner Ertragssatz	ca. 20 %

7.42 Berechnung des internen Ertragssatzes bei jährlich unterschiedlichem Nutzen (Maschine C)

Bei jährlich unterschiedlichem Nutzen ist die Berechnung aufwendiger. In diesem Fall ist man gezwungen, sich stufenweise der Lösung zu nähern, d.h. man muss mit Hilfe der Gegenwartswertmethode den internen Ertragssatz durch „Ausprobieren" (iteratives Vorgehen und Interpolation) ermitteln.

Aufgrund der vorhandenen Daten wird zunächst ein möglichst realistischer Zinssatz genommen. Ergibt sich dabei ein Überschuss (Fehlbetrag), wird die Rechnung mit einem höheren (tieferen) Zinssatz solange durchgerechnet, bis sich gegenüber der Investitionssumme ein möglichst kleiner Überschuss oder Fehlbetrag ergibt.

		Maschine C	
Investitionssumme		1600000	
Nutzungsdauer		10 Jahre	
Jährlicher Nutzen:	1. – 6. Jahr	360000	
	7. – 10. Jahr	525000	

- Überschuss/Fehlbetrag bei (zunächst einmal angenommenen) 22 %

Abzinsungstabelle B:			
1. – 6. Jahr	3.167 x 360000	=	1140120
7. – 10. Jahr	3.923 - 3.167 = 0.7560 x 525000	=	396900
Kapitalwert bei 22 %			1537020
./. Investitionssumme		./.	1600000
Fehlbetrag		=	62980

- Überschuss/Fehlbetrag bei (in einem nächsten Schritt angenommenen) 20 %

Abzinsungstabelle:			
1. – 6. Jahr	3.326 x 360000	=	1197360
7. – 10. Jahr	4.192 - 3.326 = 0.866 x 525000	=	454650
Kapitalwert bei 20 %			1652010
./. Investitionssumme		./.	1600000
Überschuss		=	52010

Aufgrund der beiden Ergebnisse bei 20 % und 22 % liegt der Zinssatz ziemlich genau in der Mitte bei ca. 21 %.

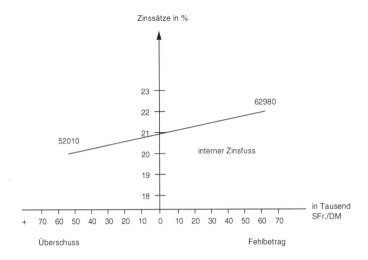

Abbildung 48: Graphische Ermittlung des internen Ertragssatzes

Für die Beurteilung der Wirtschaftlichkeit ist der interne Ertragssatz die Kennziffer mit dem konzentriertesten Aussagewert. Auf diese Weise können einzelne Investitionsvorhaben gut miteinander verglichen werden.

7.5 Annuitätsrechnung

Die Annuitätsrechnung ist wiederum eine dynamische Methode der Investitionsrechnung. Mit dem Begriff „Annuität" ist der *jährliche Plan-Nutzen* gemeint, der notwendig ist, um die Investitionssumme zu amortisieren und zu i % zu verzinsen.

$$\text{Annuität} = \frac{\text{Investitionssumme}}{\text{Barwertfaktor bei i \% und n Jahren}}$$

Ob das Ziel erreicht wird, zeigt der Vergleich:

    Aufkumulierter Ist-Nutzen pro Jahr
./. Plan-Nutzen (Annuität)
= Überschuss/Fehlbetrag pro Jahr

	Maschine B	Maschine C
Investitionssumme	1040000	1600000
Nutzungsdauer	8 Jahre	10 Jahre
Barwertfaktor laut Abzinsungstabelle bei 12 % in n Jahren	4.968	5.650
Annuität (= Plan-Nutzen)	1040000 / 4.968 = 209000	1600000 / 5.650 = 283000
./. Ist-Nutzen pro Jahr	270000	ø 426000
Überschuss pro Jahr	61000	143000

Diese Überschüsse sagen aus, dass neben der Deckung sämtlicher Kosten, einschliesslich eines Zinses und Zinseszinses von 12 %, ein jährlicher Gewinn entsteht.

Diese Methode kann als Ergänzung zu den beiden anderen dynamischen Methoden helfen, die Wirtschaftlichkeit einer Investition zutreffend zu beurteilen.

7.6 Welche der beiden Investitionen soll nun aufgrund der Investitionsrechnungen getätigt werden?

Methode	Ergebnis Maschine B	Ergebnis Maschine C
Amortisationsrechnung (Pay-Back-Methode)	3.85 Jahre	3.76 Jahre
Gegenwartswertmethode (Kapitalwertmethode) Überschuss in % von I	301360 29.0 %	688295 43.0 %
Methode des internen Ertragssatzes	ca. 20 %	ca. 21 %
Annuitätsrechnung	61000	143000

Abbildung 49: Vergleich der Ergebnisse je Investitionsrechnungsmethode

Abschliessende Beurteilung der beiden Investitionsalternativen anhand der angewandten Methoden der Investitionsrechnung

- Die Pay-Back-Methode vermag keine klare Differenzierung zu schaffen. Generell dürfte je nach Technologie und Marktentwicklung eine Amortisationszeit von weniger als vier Jahren eher auf ein vergleichsweise geringes Risiko hindeuten.

- Die Gegenwartswertmethode begünstigt die Maschine C, bei deren Beschaffung vor allem in den Jahren 7 bis 10 mit hohen Rückflüssen gerechnet wird, die „nur" mit 12 Prozent abgezinst werden.
- Demgegenüber ergibt sich bei der Methode des internen Ertragssatzes in beiden Fällen ein hoher interner Ertragssatz in der Grössenordnung von 20 und mehr Prozenten. Dadurch werden die hohen Rückflüsse der Maschine C in den Jahren 7 bis 10 (durch Abzinsung) sehr stark belastet, woraus sich aus den Nutzen dieser Jahre sehr niedrige Gegenwartswerte ergeben, welche den Vorsprung der Maschine C zusammenschmelzen lassen.
- Da die Maschine C doch beinahe 60 % mehr Kapital bindet, dürften verschiedene weitere Faktoren wie die Finanzierung (Aufnahme von Fremd-/Eigenkapital?) sowie die Beurteilung der Priorität und Wirtschaftlichkeit weiterer Investitionsprojekte eine wichtige Rolle beim Investitionsentscheid spielen.

7.7 Nutzwertanalyse

Die Nutzwertanalyse ist eine Methode der Alternativenbewertung, wenn bei einer Entscheidung gleichzeitig verschiedene Ziele miteinander in Konkurrenz stehen (Mehrzielentscheidungen). Sie ermöglicht es, im Falle der Investitionsplanung neben den wirtschaftlichen Konsequenzen von alternativen Vorhaben – so wie sie durch die Investitionsrechnung ermittelt werden – zusätzlich beliebig viele Faktoren zu berücksichtigen. Mit Hilfe von Gewichtungen und Punktbewertungen wird für jede Alternative ein sogenannter „Nutzwert" ermittelt; das Vorhaben mit dem höchsten Nutzwert erfüllt die vorgegebene Zielsetzung am besten und wird damit unter den Alternativen in die nähere Auswahl genommen.

Folgende Schritte sind bei der Nutzwertanalyse durchzuführen:

- Bestimmung der *Entscheidungskriterien/Ziele* eines Projektes
  Quantitative (rechenbare) Ziele
  Qualitative Ziele
  Differenzierung der Ziele in Mussziele und Wunschziele
- Festlegung der *Gewichtung* der einzelnen Ziele
  Es können beispielsweise 100 Punkte auf die einzelnen Ziele nach deren Wichtigkeit im Gesamtrahmen verteilt werden.
- Beurteilung der *Entscheidungsalternativen* im Hinblick auf ihren Beitrag zur Erreichung der einzelnen Ziele (Punktbewertung)

Die einzelnen Ziele werden mit den Noten 1 – 5 beurteilt, wobei die Note 5 die höchste Gewichtung beinhaltet (am wichtigsten).[58]
- Ermittlung des *Nutzwertes* der einzelnen Entscheidungsalternativen Multiplikation von Gewichtung und Punktbewertung pro Ziel. Die Summe dieser Multiplikationen ergibt den Nutzwert.

Beispiel Maschine B

Ziele des Projektes	Gewichtung	Note (1 – 5)	= Punkte
Rechenbare Ziele			
Interner Ertragssatz	30	4.5	135
Pay-Back-Periode	10	4	40
Investitionssumme	10	3	30
Rechenbare Ziele	50		205
Qualitative Ziele			
Technische Alterung	15	2	30
Flexibilität der Anlage	5	2	10
Immissionen	15	3	45
Gesetzliche Auflagen	5	1	5
Unfallsicherheit	10	3	30
Qualitative Ziele	50		120
Total	100		325

Abbildung 50:
Nutzwertanalyse am Beispiel der Maschine B (ohne Operationalisierungstabelle)

Dieses Projekt (Maschine B) erreicht 325 von 500 möglichen Punkten. Eine ähnliche Analyse wäre auch für das Investitionsprojekt der Maschine C vorzunehmen. Je näher die Gesamtpunktzahlen der Projekte B und C schliesslich beieinander liegen, desto eher müssen weitere Überlegungen und Berechnungen angestellt werden. Besonders interessant ist es, wenn *verschiedene Akteure* mit Hilfe einer Nutzwertanalyse zu verschiedenen Resultaten und Schlussfolgerungen gelangen. In diesem Sinne ist eine Nutzwertanalyse vor allem auch ein Instrument, das dazu beitragen kann, unterschiedliche Einschätzungen und Präferenzen in eine offene, kontroverse und konstruktive Diskussion einzubringen.

58 Zu diesem Zwecke muss allerdings eine Operationalisierungstabelle erstellt werden, d.h. für jedes einzelne Ziel muss möglichst genau umschrieben werden, in welchem Falle einer Entscheidungsalternative die Note 1, 2, 3, 4 oder 5 erteilt wird. Nutzwertanalysen machen eine Entscheidung nur in dem Sinne objektiver, als die Bewertung einzelner Ziele (Gewichtungen) und die Beurteilung der Erfüllung dieser Ziele durch die Entscheidungsalternativen (Punktbewertung) *transparent* und damit auch für unbeteiligte Personen *nachvollziehbar* gemacht werden.

8 Abschliessende Überlegungen zur Investitionsrechnung

Investitionsrechnungen eignen sich dazu, die finanziellen Wirkungen von Investitionen transparent zu machen. Die Güte einer Investitionsrechnung hängt vor allem von den getroffenen *Annahmen* über *Nutzen* und *Nutzungsdauer* eines Investitionsprojektes ab. Diese können falsch sein, so wie jede Planung mit Unsicherheit behaftet ist.

Der grösste Nutzen der Investitionsrechnung ergibt sich dann, wenn sie als Instrument der *Risiko- und Sensitivitätsanalyse* eingesetzt wird. In solchen Analysen können pro Investitionsprojekt jeweils verschiedene Alternativen durchgerechnet werden, die aufzeigen, welche finanziellen Wirkungen sich ergeben, wenn mit *unterschiedlichen Ausgangsdaten* (Berechnungsgrundlagen) gerechnet wird.

Daraus ergeben sich *Bandbreiten* des Erfolges bzw. Misserfolges, die in einem weiteren Schritt – idealerweise im Gesamtrahmen der zur Diskussion stehenden Strategie – kritisch beleuchtet und den Risikopräferenzen der Entscheidungsträger gegenübergestellt werden müssen.

Eine Investitionsrechnung stellt somit lediglich einen quantitativen Baustein dar, mit dessen Hilfe die Folgen der Ungewissheit der Zukunft transparent gemacht werden können. Jede Investitionsrechnung bedarf der zwingenden Ergänzung durch qualitative strategische Überlegungen.

Selbst-Controlling: Modul 4

Frage	Unsicher?	Wenn ja Seite
1 Wieso stellt der Kauf von dringend benötigtem Rohmaterial keine Investition dar?		190
2 Wie hängen Investitionen und Abschreibungen miteinander zusammen?		191
3 Welche Besonderheiten von Investitionen machen die Einbindung einer Investitionsentscheidung in die Investitionsplanung und die strategische Planung notwendig?		192
4 Was versteht man unter dem Zeitwert von Geld?		193/194
5 Welchen heutigen Wert haben SFr./DM 1000, welche ich in drei Jahren ausgezahlt bekomme, bei einem Zinssatz von 10 %?		194
6 Welchen Wert haben SFr./DM 751, die ich heute bei einem Zinssatz von 10 % anlege, in drei Jahren?		194
7 Worin liegt der Unterschied zwischen statischen und dynamischen Methoden der Investitionsrechnung?		195
8 Warum werden bei beiden Methoden die Abschreibungen nicht berücksichtigt?		195
9 Warum wird die durch eine Investition notwendig gewordene Erhöhung der Lagerbestände in die Investitionsrechnung einbezogen?		196
10 Würde die durch eine Investition möglich gewordene Einsparung einer Arbeitskraft in die Investitionsrechnung einfliessen? Wenn ja, wie?		196
11 Wie kann man den Kalkulationszinssatz bestimmen?		197
12 Beurteilen Sie folgende Aussage: Wenn der interne Ertragssatz unter dem Kalkulationszinssatz liegt, lohnt sich eine Investition nicht!		203
13 Wieso kann oft auf der Grundlage einer Investitionsrechnung allein kein endgültiger Investitionsentscheid getroffen werden? Welche weiteren Informationsgrundlagen sind zu berücksichtigen?		209
14 Wie sollten die Informationen aus dem finanziellen Rechnungswesen, dem betrieblichen Rechnungswesen und der Investitionsrechnung aufbereitet werden, um eine zweckmässige Planung und Feinsteuerung zu gewährleisten?		Modul 5

Modul 5

Berichtswesen (Reporting)

Im Modul 5 sollen folgende Inhalte vermittelt werden:

- Controlling-Instrumente haben keinen Selbstzweck, sondern stehen im Dienste eines aussagekräftigen *Berichtswesens*. Das Berichtswesen des Controllings stellt eine Plattform dar, auf der Daten (z.B. des finanziellen Rechnungswesens) präsentiert, interpretiert und in Steuerungsinputs transformiert werden.
- Damit *Kursabweichungen* (überhaupt) erkannt und als *Auslöser* für *Korrekturmassnahmen* und *Veränderungsprozesse* verwendet werden können, muss als zukunftsgerichtete Orientierungsgrundlage ein sorgfältig erarbeiteter Plan mit klaren und akzeptierten Zielen vorliegen.
- Ein sorgfältiger Planungsprozess und die dabei erarbeiteten Zielvorstellungen schaffen eine gemeinsame *Verständigungsgrundlage* für zukunftsgerichtetes Handeln. Daraus resultiert im Idealfall auch aches Bewusstsein für kurz- und langfristige Auswirkungen allfälliger *Abweichungen*.
- Unter *Planung* verstehen wir eine systematische Auseinandersetzung mit den erwarteten Umweltentwicklungen sowie mit den eigenen Fähigkeiten, Stärken und Schwächen. Eine Planung ist *keine hellseherische Prognose* der Zukunft, sondern eine *Verpflichtung* auf gemeinsam anzustrebende Ziele, die hoch gesteckt, aber grundsätzlich auf jeden Fall erreichbar sein sollen.
- Planung ersetzt den Zufall durch den Irrtum. Aus Irrtümern – nicht jedoch aus Zufällen – kann man lernen. Deshalb birgt jeder ernsthafte Planungsprozess die Chance für einen erfolgreichen individuellen und organisationalen *Lernprozess*.
- Zur Erstellung und Beurteilung von Plänen empfiehlt es sich, so systematisch und hartnäckig wie möglich auch Erfahrungswerte der (besten) Konkurrenten und der Vergangenheit zu sammeln.
- *Zweck* der Budgetierung ist die Erarbeitung von finanziellen Jahreszielen, die im Budget festgehalten werden. Das Budget bildet die

Messlatte für den Geschäftserfolg des Geschäftsjahres. Schwergewichtig geht es dabei um den *erfolgswirtschaftlichen Wertzuwachs*.
- Das Gerüst eines aussagekräftigen Budgets für ein Unternehmen ist die *Plan-Verkaufserfolgsrechnung*.
- Die Mehrjahresplanung ist das wichtigste *Bindeglied* zwischen der eher längerfristig ausgelegten (strategischen) *Unternehmensplanung* (in Worten, qualitativ) und der operativen Jahresplanung, d.h. dem *Budget* (in Zahlen, quantitativ). Zweck der Mehrjahresplanung ist die Sicherstellung der *finanziellen Stabilität* auf mittlere Frist.
- Die Mehrjahresplanung ist im wesentlichen eine *Mittelflussrechnung* mit einem Planungshorizont von drei bis fünf Jahren. Eckpfeiler bilden dabei die geplante Umsatzentwicklung, die geplanten Kostenstrukturen (als %-Sätze vom Netto-Erlös) und die geplanten Investitionen ins Netto-Umlauf- und ins Anlagevermögen.
- Mit Hilfe von Statusberichten (Ergebnisrechnungen) wird die aktuelle finanzwirtschaftliche Lage eines Unternehmens *transparent* gemacht. Erst auf der Grundlage aussagekräftiger Standortbestimmungen kann ein eigentliches Controlling betrieben werden.
- Im Rahmen des Controllings (Controlling-Prozesses) nimmt der *Controller* die Rolle des *Coachs* oder *Moderators* ein. Er hat dabei insbesondere die Aufgabe, rechtzeitig und unmissverständlich auf Abweichungen und *problematische Entwicklungen* hinzuweisen. Er sollte der Tendenz entgegenwirken, dass eine *Ursachenanalyse* zur Identifikation von Schuldigen missbraucht wird. Ebenso sollte er sich strikt davor hüten, Wertungen oder gar Verurteilungen vorzunehmen. Seine Anstrengungen müssen vielmehr unterstützend und empfängerorientiert sein. Die wichtigste Aufgabe des Controllers besteht letztlich darin, kontinuierlich zu einem vertrauensbasierten individuellen und *organisationalen Lernprozess* beizutragen.
- Es können drei Kategorien von Statusberichten unterschieden werden: der *Controller-Bericht*, *Kennzahlenübersichten* und der *Kostenstellen-Soll-Ist-Vergleich*.

1 Berichtswesen als Fokus des Controllings

Controlling-Instrumente haben keinen Selbstzweck, sondern sie dienen einem aussagekräftigen *Berichtswesen*, das im Hinblick auf den aktuellen und zukünftigen Kurs eines Unternehmens ein Mindestmass an (finanzieller) *Transparenz* schaffen soll. Das Berichtswesen beruht demnach auf etwas, das mit der Armaturentafel z.B. eines Autos oder eines Flugzeuges vergleichbar ist. Ein Armaturenbrett enthält Kontrolllampen und eine Anzahl unterschiedlicher Instrumente. Es muss ergonomisch geformt, übersichtlich und leicht verständlich sein.

Wie gut jedoch ein solches Armaturenbrett auch konzipiert sein mag, es ersetzt *nicht* den *fähigen Piloten* bzw. eine *gut zusammenarbeitende Crew*, die aus den Daten der verschiedenen Instrumente rasch die richtigen Schlüsse zu ziehen vermag. Die Daten müssen also zuerst in ihrem Gesamtzusammenhang interpretiert werden, bevor daraus Schlüsse für weiterführende Korrekturmassnahmen gezogen werden können. Es gibt dabei keine simplen Patentrezepte, weil jeder Betrieb, jede Branche und jede Geschäftsperiode ihre Eigenheiten aufweisen.

Das *Unternehmenscockpit*, d.h. alle Orte eines Unternehmens, an denen zielgerichtet auf den Kurs des Unternehmens Einfluss genommen wird, ist vergleichbar mit einer Plattform oder einer Arena, auf der teils periodisch, teils in einem kontinuierlichen Prozess, Daten präsentiert, diskutiert, interpretiert und in Steuerungsinputs transformiert werden.

Das *Berichtswesen* des Controllings stellt eine solche Plattform dar. Es dient dazu, Transparenz über die finanziellen Wirkungen der laufenden und zukünftigen Geschäftstätigkeit zu schaffen.

Die Armaturentafel des Berichtswesens sollte so beschaffen sein, dass rasch und leicht erkennbar wird, wann das Unternehmen oder Bereiche davon vom geplanten Kurs abkommen. Dazu bedarf es Warnlampen und roter Bereiche oder – in der Sprache der Unternehmensführung – eines Planes mit klaren Zielen (Idealwerten mit einem Toleranzbereich), der eine *Orientierungsgrundlage* (Bezugsrahmen) für alle Aktivitäten vorgibt.

Im Berichtswesen gelangen sowohl *Plan*-Grössen als auch *Ist*-Grössen zur Darstellung, denn ein effektives Controlling funktioniert ausschliesslich auf der Grundlage eines harmonischen Zusammenspiels von Planung und vorausschauender Feinsteuerung.

Ein guter Controller als Teil der Führungscrew nimmt dabei gewissermassen die Funktion des *Navigators* ein. Wenn sich ein Betrieb aufgrund seiner geringen Grösse keinen Navigator an Bord leisten kann, dann müssen Geschäftsführer und Bereichsleiter selber – zumindest in den Grundsätzen – wissen, wie man mit den Navigationsinstrumenten des Cockpits umgeht. Sie müssen in der Lage sein, eine zweckmässige Diagnose zu erstellen, um allfälligen Problemen auf den Grund gehen zu können. Es ist der *Pilot*, bzw. die Führungscrew als Team, *nicht* der Navigator, der das Ziel vorgibt. Nicht der Controller ist verantwortlich für den Plan (Ziele), sondern der *Geschäftsführer*. Der Controller muss aber unerbittlich darauf hinweisen, dass rechtzeitig und sorgfältig geplant wird, und hierzu auch konzeptionelle und methodische Hilfen anbieten. Für den Plan und die gewählte Marschrichtung eines Unternehmens sind indessen der Geschäftsführer und seine Führungscrew verantwortlich.

Die Überlegungen der Module 2 bis 4 haben dazu gedient, aufzuzeigen, was hinter den „Anzeigeinstrumenten" des Controlling-Cockpits an Systematik vorausgesetzt und an Operationen und Überlegungen geleistet werden muss, damit für den Piloten *sinnvolle Steuerinformationen* generiert werden können. Im folgenden geht es nun darum,

– in einem ersten Schritt Hinweise für einen zweckmässigen Aufbau von Planungsrechnungen zu vermitteln und
– in einem zweiten Schritt verschiedene Typen aussagefähiger Statusberichte (Ergebnisrechnungen) und deren Aufbau vorzustellen.

2 Planungsrechnungen

2.1 Überblick

Unter Planung verstehen wir eine *systematische Auseinandersetzung* mit den erwarteten Umweltentwicklungen sowie mit den eigenen Fähigkeiten, Stärken und Schwächen. Auf dieser Grundlage müssen rechtzeitig die Konsequenzen gezogen, d.h. Massnahmen ergriffen und Projekte definiert werden, um den Herausforderungen der Zukunft gerecht zu werden. Es darf dabei aber nicht bei einer *„qualitativen"* Planung in Worten bleiben. Vielmehr bedarf es einer eingehenden Auseinandersetzung mit den finanziellen Voraussetzungen und Folgen der verfolgten Strategie. Somit müssen in jedem Planungsprozess auch *quantitative* Aspekte – ausgedrückt vor allem in finanziellen Grössen – eingehend diskutiert werden. Aber auch umgekehrt gilt: Schöne Zahlen ohne gemeinsame „Übersetzungsarbeit" durch die betroffenen Akteure in konkrete Massnahmen beruhigen allenfalls das Gewissen, vermögen aber keine Verhaltensänderungen auszulösen.

Gegenstand des vorliegenden Kapitels ist eine Anleitung zu einer möglichst einfachen, zweckmässigen quantitativen Planung derjenigen Grössen, die aus Sicht der finanzwirtschaftlichen Führung von ausschlaggebender Bedeutung sind.

Der Planungsprozess entspricht einem *Lernprozess*. Eine Planung ist *keine hellseherische Prognose* der Zukunft, sondern eine *Verpflichtung* auf gemeinsam anzustrebende Ziele, die hoch gesteckt, aber grundsätzlich auf jeden Fall erreichbar sein sollen. Nur auf der Grundlage systematisch erhobener Abweichungen zwischen Ziel und Ist-Position kann man reagieren. Wer nicht plant, wird zum *Spielball* unvorhersehbarer Umweltentwicklungen.

> Planung ersetzt den Zufall durch den Irrtum.
> Aus Irrtümern – nicht jedoch aus Zufällen – kann man lernen. Deshalb birgt jeder ernsthafte Planungsprozess die Chance für einen erfolgreichen individuellen und organisationalen Lernprozess.

Jede Planung muss sehr sorgfältig erstellt werden. Wesentlich ist indessen *nicht*, sich bei der Ermittlung der Zielwerte um drei Stellen hinter dem Komma zu streiten, sondern dass der resultierende Plan in seiner *Gesamtheit „stimmig"*, d.h. in sich *konsistent* und *plausibel*, ist und von den Betroffenen im Sinne einer *Selbstverpflichtung* auch tatsächlich *akzeptiert* wird.

Controlling muss selber wirtschaftlich sein. Deshalb beruht Controlling – im Gegensatz zur Buchhaltung – auf genügend genauem Rechnen. Zahlen müssen lediglich genügend genau, dafür aber rasch vorliegen, damit zeit- und sachgerechte Entscheide getroffen werden können. Das gilt für die Planung genauso wie für die Abrechnung des tatsächlichen Geschäftsverlaufes.

Die Zielwerte der Planung haben die Funktion von *Leuchttürmen*. Sie sind zentrale Orientierungswerte und erlauben uns, rasch zu erkennen, wann wir vom Weg zum Ziel abkommen.

Zielwerte der Planung können *absolute* Werte sein, also Beträge in SFr./DM wie Umsatzziele, Deckungsbeitragsziele, Cash Flow- und Gewinnziele.

Fast noch wichtiger sind indessen *Strukturziele*, d.h. Erlös- und Kostenpositionen in *Prozenten* einer bestimmten Referenzgrösse, z.B.

Brutto-Marge, DB I in % des Netto-Erlöses, Personalkosten, Verwaltungskosten, Verkaufserfolg in % der Netto-Erlöse usw.

Einige solcher „Strukturkennzahlen" haben wir bereits im Modul 2, Kapitel 6 kennengelernt (z.b. Cash Flow-Rentabilität, Selbstfinanzierungskraft). Deren Entwicklung im Zeitablauf zeigt relativ frühzeitig an, wann die Erlös- und Kostenstruktur eines Unternehmens „aus dem Ruder läuft".

Je nach Unternehmensstruktur empfiehlt es sich, so systematisch und hartnäckig wie nur möglich auch Erfahrungswerte der (besten) Konkurrenten und der Vergangenheit zu sammeln, die beispielsweise aufzeigen, wieviel Werbe-, Verwaltungs- oder EDV-Kosten in Prozent vom Netto-Erlös in der entsprechenden Branche üblich bzw. notwendig sind und auch verkraftet werden können. Dabei müssen im Grunde genommen die folgenden zwei Fragen (wiederum im Gegenstromprinzip) möglichst präzise beantwortet werden können:

- Wieviel Kosten (einschliesslich einer angemessenen Verzinsung des gesamten investierten Kapitals!) können wir uns ausgehend vom *bestehenden Umsatzvolumen* (und dem dahinter stehenden Leistungsangebot) auf die lange Frist überhaupt leisten?
- Wieviel Umsatz müssten wir eigentlich generieren, um das *bestehende Kostenvolumen* langfristig problemlos verkraften zu können?

Bei der finanzwirtschaftlichen Planung unterscheiden wir zwischen der *Budgetierung*[59], d.h. der operativen Jahresplanung mit einem Planungshorizont von einem Jahr (kurzfristige Planung), und der Mehrjahresplanung mit einem Zeithorizont von drei bis maximal fünf Jahren (Mittelfristplanung).

Abgesehen vom unterschiedlichen Zeithorizont gibt es *keine* grundsätzlichen Differenzen, was den *konzeptionellen Aufbau* dieser beiden Planungsrechnungen anbelangt.

Was hingegen den Zweck und den damit zusammenhängenden Detaillierungsgrad betrifft, bestehen natürlich tiefgreifende Unterschiede.

---

59 Im folgenden werden die Begriffe Jahresplan und Budget sowie operative Jahresplanung und Budgetierung synonym verwendet.

2.2 Budgetierung (Operative Jahresplanung)

Zweck der Budgetierung ist die Erarbeitung von finanziellen Jahreszielen, die im Budget festgehalten werden. Das Budget bildet die Messlatte für den Geschäftserfolg des Geschäftsjahres. Schwergewichtig geht es dabei um den *erfolgswirtschaftlichen Wertzuwachs* (siehe Modul 1).

Durch den relativ hohen Detaillierungsgrad soll das Budget vor allem ein *rasches, differenziertes Eingreifen* bei Abweichungen ermöglichen. Das Budget bildet damit die Grundlage für eine *wirksame erfolgswirtschaftliche Feinsteuerung*.

Während der alljährlichen Arbeit am Budget empfiehlt es sich sehr, die *Planannahmen* und *zentralen Entscheidungen* auf dem Weg zu den Plan-Werten genaustens festzuhalten.

Dies ist um so bedeutungsvoller, je mehr zur Ermittlung einigermassen vernünftiger Plan-Werte *umfangreiche Abklärungen* vorgenommen oder heikle Annahmen getroffen werden müssen, deren Angemessenheit im Zeitablauf unbedingt überprüft werden sollte. Zu vermeiden ist dabei, dass:

- einerseits die Budgetierung zu einem für alle Beteiligten mühsamen Ritual verkommt und
- andererseits bei jedem Budget das Rad gewissermassen neu erfunden werden muss.

Das Gerüst eines aussagekräftigen Budgets für ein Unternehmen ist die *Plan-Verkaufserfolgsrechnung* (siehe Modul 3, Kapitel 4.6 und 4.7). Im folgenden finden sich deshalb im Sinne eines kleinen Planungsleitfadens die notwendigen Hinweise für eine zweckmässige Ermittlung der einzelnen Erlös- und Kostenpositionen.

Eine Plan-Verkaufserfolgsrechnung kann nicht in einem „grossen Wurf" erstellt werden, sondern setzt sich aus einer Anzahl Teilbudgets zusammen (siehe Elemente des ROI-Stammbaums, Modul 1, Kapitel 1). Idealerweise folgt die Planung dem „Gegenstromprinzip".

Auf der einen Seite gehen wir bei der Ermittlung der Absatzziele von der *Zukunftsperspektive des Marktes* aus. Die Absatzziele müssen der allgemeinen Wettbewerbsdynamik und der aktuellen konjunkturellen Lage Rechnung tragen.

Auf der anderen Seite haben wir die Perspektive unseres eigenen Unternehmens, dessen Leistungspotential und Strukturen über viele Jahre gewachsen sind und einen bestimmten (inneren) Wert aufweisen, der im investierten *Eigenkapital* zum Ausdruck kommt. Daraus lassen sich bestimmte Ertragsziele (DB, Gewinn, Rentabilitätsziele) ableiten, die eine angemessene Verzinsung des investierten Kapitals (Dividenden, Reservenbildung) gewährleisten müssen.

Dazwischen – gewissermassen im „Sandwich" zwischen Markt und Kapitalgebern bzw. Eigentümern – steckt die *betriebliche Leistungserstellung*, die *genau soviel kosten darf*, dass aus den *geplanten Netto-Erlösen* nach Abzug aller Kosten ein Ertrag verbleibt, der mindestens den gesteckten Ertragszielen entspricht.

Ausgangspunkt jeder Budgetierung ist somit die *Erlösplanung* – möglichst (analytisch) nach erzielbaren Mengen und Preisen pro Absatzpartner oder Verkaufskanal differenziert, einschliesslich der entsprechenden Erlösminderungen.

Bevor es in einem nächsten Schritt zur Bestimmung des *Produktionsprogrammes* kommt, muss ein allfälliger *Lageraufoder -abbau* berücksichtigt werden. Da im Lager knappes Kapital gebunden wird – wodurch Opportunitätskosten entstehen – sollte mit Hilfe einer schlanken kundenorientierten Logistik und kurzer Durchlaufzeiten angestrebt werden, die Lager grundsätzlich so tief wie möglich zu halten.

Auf der Grundlage des Produktionsprogrammes kann mit Hilfe der *Arbeitspläne* aus der *Kalkulation* die *Kapazitätsnachfrage* der einzelnen *Kostenstellen* berechnet werden. Der entsprechende Leistungsmassstab (z.B. Anzahl Maschinenstunden, Anzahl Arbeitsstunden) wird dabei als *Planbezugsgrösse* bezeichnet. Die ermittelte Kapazitätsnachfrage muss in jeder Kostenstelle mit dem entsprechenden Kapazitätsangebot abgestimmt werden. Dies erlaubt es, rechtzeitig mögliche Engpässe erkennen zu können. Im Rahmen dieses Abstimmungsprozesses wird für jede Kostenstelle die geplante Leistung (Plan-Beschäftigung) als Planungsvorgabe für den einzelnen Kostenstellenleiter definiert. Die *Plan-Beschäftigung* dient als Grundlage für die Planung der Ressourcen einer Kostenstelle, damit die geforderte Leistung auch tatsächlich erbracht werden kann, und für die Planung der sich daraus ergebenden Kosten (pro Kostenstelle).

Bei einer voll integrierten Kostenrechnung kann somit ausgehend vom *geplanten Produktionsprogramm* mit Hilfe der *Stücklisten* und *Arbeitspläne* aus der Kalkulation der Bedarf an Material, Fremdleistungen und internen Kapazitäten pro Kostenstelle *analytisch* ermittelt werden. Dabei stellt das geplante Produktionsprogramm die Kapazitätsnachfrage dar, die im Rahmen einer analytischen Kostenplanung umgesetzt wird in die Plan-Beschäftigungen der einzelnen Kostenstellen.

Ausgehend von der Plan-Beschäftigung der jeweiligen Kostenstelle plant jeder Bereichs- und/oder Kostenstellenleiter für seine Kostenstelle(n) alle Ressourcen (Personalkosten, Fremdleistungskosten, Raum-/ Mietkosten, Abschreibungen, Zinsen usw.), die er von seinen *Versorgungspartnern* benötigt (siehe hierzu das Beispiel Kostenstellenbericht Kostenstelle Tischdruckerei, Modul 3, Kapitel 4.3, S. 142).

In der *Verkaufserfolgsrechnung* werden die *Erlös-* und die *Kostenplanung* – gegliedert beispielsweise nach Erlösträgern, Absatzpartnern, strategischen Geschäftseinheiten (SGE) oder Produktgruppen – *integriert*. Im folgenden findet sich die bereits in Modul 3, Kapitel 4.6 dargestellte Verkaufserfolgsrechnung als Planungsgerüst.

Die *proportionalen* Kosten werden ausgehend von den Plan-Verkaufsmengen ermittelt. Diese bilden die Referenzgrösse – gewissermassen den „Treiber" – zur Berechnung der proportionalen Kosten, deren Verlauf als proportional zur Plan-Verkaufsmenge angenommen wird. Mit Hilfe der Arbeitspläne (geplante Kapazitätsbeanspruchung) und der Stücklisten (Plan-Einsatzmengen) aus der Kalkulation sowie den proportionalen Kalkulationssätzen aus der Kostenstellenrechnung und den Plan-Einkaufspreisen können die proportionalen Kosten berechnet werden.

Die *fixen* Kosten der einzelnen Kostenstellen werden dagegen als Blöcke von den einzelnen Kostenstellen direkt in die Plan-Verkaufserfolgsrechnung übertragen. Dabei stellt sich das zentrale Problem der Zurechenbarkeit (Schlüsselung) von fixen Kosten z.B. auf einzelne Erlösträger(gruppen), d.h. das Problem der Ermittlung angemessener *Deckungsziele*.

Schematisches Beispiel Plan-Verkaufserfolgsrechnung

Budget 1996	SGE ALPHA (Produktgruppe A bis E)						SGE BETA (G einheiten F bis H)				Ergänzungen Leserin/Leser
	A	B	C	D	E	Total	F	G	H	Total	
Planverkaufsmengen Planpreis Brutto-Umsatz	Angaben aus dem **Verkaufsbudget**, möglichst analytisch nach einzelnen Produkten, Produktgruppen, Sortimenten, Kunden, Kundengruppen, Vertriebswegen, Regionen, Aussendienstabteilungen usw. ermittelt										
Erlösschmälerungen	Angaben aus dem **Verkaufsbudget**										
Netto-Erlös	Referenzgrösse für die Strukturkennzahlen der nachfolgenden Deckungsbeiträge										
Proportionale Herstellkosten pro Einheit insgesamt	Ausgangsgrösse: Planverkaufsmengen multipliziert mit: • Plan-Einsatzmengen (Verbrauchsmengen) aus den **Stücklisten** multipliziert mit den **Plan-Einkaufspreisen** und • Plan-Kapazitätsbeanspruchung (Vorgabezeiten) aus den **Arbeitsplänen** multipliziert mit den proportionalen **Kostensätzen** derjenigen **Kostenstellen**, deren Leistungen unmittelbar den **Erlösträgern** zugeordnet werden können.										
Deckungsbeitrag I	Saldo, Strukturkennzahl in % vom Netto-Erlös										
Erlösträgerfixkosten (Promotions, Product Management)	Angaben aus den Kostenstelle(n) der Verkaufsförderung (Fixkosten), also derjenigen **Kostenstellen**, deren Leistungen **unmittelbar** den **Erlösträgern** zugeordnet werden können. Diese sind auf der horizontalen Dimension der Plan-Verkaufserfolgsrechnung angegeben (in unserem Beispiel: Produktgruppe A bis H). Sobald eine direkte Zuordenbarkeit der entsprechenden Fixkosten auf die einzelnen Erlösträger nicht mehr möglich ist, werden die Fixkosten in grösseren Blöcke aggregiert, die der tatsächlichen Kostenverursachung auch gerecht werden.										
Deckungsbeitrag II	Saldo, Strukturkennzahl in % vom Netto-Erlös										
Fixkosten des Verkaufs	Angaben aus den Kostenstellen des Verkaufs										
Deckungsbeitrag III	Saldo, Strukturkennzahl in % vom Netto-Erlös										

Budget 1996	SGE ALPHA (Produktgruppe A bis E)						SGE BETA (G'einheiten F bis H)				Ergänzungen Leserin/Leser
	A	B	C	D	E	Total	F	G	H	Total	
Deckungsbeitrag III	Saldo, Strukturkennzahl in % vom Netto-Erlös										
Fixkosten der Produktion und Logistik	Angaben (Zusammenzug der Fixkosten) aus den Kostenstellen der Produktion und Logistik										
Deckungsbeitrag IV	Saldo, Strukturkennzahl in % vom Netto-Erlös										
Fixkosten der Forschung und Entwicklung	Angaben (Zusammenzug der Fixkosten) aus den Kostenstellen der Forschung und Entwicklung										
Deckungsbeitrag V (Spartenerfolg)	Saldo, Strukturkennzahl (Sparten-Umsatzrentabilität) in % vom Netto-Erlös										
Fixkosten der Verwaltung	Angaben (Zusammenzug der Fixkosten) aus den Kostenstellen der Verwaltung										
Deckungsbeitrag VI	Saldo, Strukturkennzahl in % vom Netto-Erlös										
Kalkulatorische Abschreibungen, Gewinnbedarfsbudget	Zusammenzug der kalk. Abschreibungen und Zinsen (inkl. ROI-Ziel) aus allen Kostenstellen										
Plan-Verkaufserfolg insgesamt	Saldo, Strukturkennzahl in % vom Netto-Erlös										
Abstimmbrücke • Sachliche und zeitliche Abgrenzungen • Gutschrift/Belastung Fixkosten der Bestandesänderung Halb- und Fertigfabrikate • Finanzergebnis • Saldo der Liegenschaftsrechnung • Sonstige neutrale Aufwendungen/Erträge • Aktivierung von Eigenleistungen • Steuern	• Sachliche und zeitliche Abgrenzungen aus der Kostenartenrechnung • Weitere Angaben aus dem Absatzbudget, dem Produktionsprogrammplan, der Finanzbuchhaltung und allenfalls weiteren Hilfsbuchhaltungen										
Reingewinn der Bilanz (geplant)	Saldo										

Allgemeine Bemerkungen zum Budget 1996

2.3 Mehrjahresplanung

Die Mehrjahresplanung ist das wichtigste *Bindeglied* zwischen der eher längerfristig ausgelegten (strategischen) *Unternehmensplanung* (in Worten, qualitativ, z.b. bestehend aus einem Portfolio strategischer Projekte) und der operativen Jahresplanung, d.h. dem *Budget* (in Zahlen, quantitativ).

Zweck der Mehrjahresplanung ist die Sicherstellung der *finanziellen Stabilität* auf *mittlere Frist*. Die Mehrjahresplanung soll zum einen *Finanzüberschüsse* aufzeigen, die im eigenen Betrieb oder extern (z.b. durch den Kauf von Beteiligungen oder Börsenpapieren) sinnvoll reinvestiert werden können.

Zum anderen soll sie rechtzeitig auf drohende *Finanzierungslücken* aufmerksam machen, die z.b. in Phasen starken Wachstums durch grosse Investitionen ins Nettoumlaufvermögen oder durch Investitionen in Sachanlagen verursacht werden können.

Die Mehrjahresplanung soll eine *längerfristige Feinsteuerung* der *finanziellen Stabilität* eines Unternehmens ermöglichen. Nichtsdestoweniger können die Eckwerte der Mehrjahresplanung im Sinne von „Interventionsschwellen" auch als Auslöser für kurzfristig zu ergreifende Massnahmen dienen.

Die Mehrjahresplanung ist im wesentlichen eine *Mittelflussrechnung* mit einem Planungshorizont von drei bis fünf Jahren. Eckpfeiler bilden dabei:

- die geplante Umsatzentwicklung,
- die geplanten Kostenstrukturen (als %-Sätze vom Netto-Erlös) und
- die geplanten Investitionen ins Nettoumlauf- und ins Anlagevermögen.

Ein Mehrjahresplan kann entweder eingefroren werden und jeweils am Ende der Planungsperiode durch einen neuen Mehrjahresplan für die folgende Planungsperiode ersetzt werden. Im nachfolgenden Beispiel würde dies bedeuten, im Jahre 1996 eine Planung für die Jahre 1997 bis 1999 vorzunehmen. Der erarbeitete Mehrjahresplan 97-99 wäre dann einzufrieren und erst wieder im Verlaufe des Jahres 1999 im Rahmen einer nächsten Planungsrunde durch einen Mehrjahresplan für die Jahre 2000 bis 2002 (mit Ausgangsgrösse Budget 1999) zu ersetzen.

Eine Mehrjahresplanung kann aber auch *rollend* überarbeitet und ergänzt werden. Dabei empfiehlt es sich, diesen Überarbeitungsprozess *nicht* im Rahmen des jährlichen *Budgetierungsprozesses* durchzuführen, sondern im Rahmen der *Aktualisierung* der *Unternehmensplanung*, also zu einem Zeitpunkt, wo *strategische* Fragestellungen mit den entsprechenden langfristig bindenden Investitionsentscheidungen zur Diskussion stehen. Im nachfolgenden Beispiel würde dies bedeuten, dass die Mehrjahresplanung, beispielsweise im Rahmen einer „strategischen Review" oder „strategischen Kontrollrunde", im Jahre 1996 für den Planungshorizont 1997 bis 1999 überarbeitet bzw. ergänzt würde.

Bei einer *rollenden* Überarbeitung der Mehrjahresplanung ist schliesslich vor dem sogenannten *„Hockey-Stick-Effekt"* zu warnen. Damit ist gemeint, dass oftmals die Tendenz besteht, die unmittelbare Zukunft eher pessimistisch zu sehen, d.h. nur mässig anspruchsvolle Ziele zu planen (Selbstverpflichtung!), um dann das Ende der Planungsperiode jeweils in um so schöneren Farben zu zeichnen.

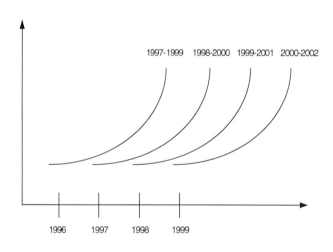

Abbildung 52: Hockey-Stick-Effekt

Zuerst wird nachfolgend in Form einer Tabelle (im Sinne eines Planungsformulares) eine mögliche Struktur einer zweckmässigen Mehrjahresplanung dargestellt. Diese Tabelle findet sich auch als Arbeitsformular im Anhang II (Formular MJP). Anschliessend werden in einer zweiten Tabelle die entsprechenden Positionen kurz erläutert.

Selbstverständlich ist es von grossem Nutzen, auch die Mehrjahresplanung (als Plan-Mittelflussrechnung) wie die Verkaufserfolgsrechnung auf die *Wertschöpfungsfunktionen* (Product Management, Verkauf, Produktion, Logistik, Forschung und Entwicklung, Verwaltung/zentrale Dienste) auszurichten.

Ein Aufbau nach *Versorgungspartnern* (Personalkosten, Sachkosten, übrige Kosten) hat den Vorteil der Einfachheit in der Erstellung (keine Kostenrechnung notwendig), eine solche Struktur vermag aber viel zu wenig die Erfolgsbeiträge (Zu- und Abflüsse) der einzelnen Unternehmensfunktionen widerzuspiegeln.

Aus führungsorientierter Sicht ist es z.B. wichtig, wieviel die Verwaltungsleistungen (zentralen Dienste) eines Unternehmens kosten. Ob sich die Verwaltungskosten primär aus Personalkosten oder als Folge eines hohen Rationalisierungsgrades vor allem aus Kosten für Informatik-Dienstleistungen zusammensetzen, ist von zweitrangiger Bedeutung.

Der nachfolgend dargestellten Mehrjahresplanung liegt folgendes Rechnungsschema zugrunde[60]:

Netto-Erlös
./. *ausgabenwirksame* proportionale und fixe Kosten (ohne kalkulatorische Positionen)
./. Positionen der Abstimmbrücke

= Cash Flow
./. Investitionen ins Nettoumlaufvermögen
+ Desinvestitionen aus dem Nettoumlaufvermögen

= Mittelfluss aus betrieblicher Geschäftstätigkeit
./. Investitionen ins Anlagevermögen
+ Desinvestitionen des Anlagevermögens

= **Mittelfluss aus betrieblicher Geschäftstätigkeit und aus Investitionsaktivitäten (*„Freier Cash Flow")**
./. geplante Dividendenzahlungen

= Mittelfluss aus betrieblicher Geschäftstätigkeit und aus Investitionsaktivitäten vor weiteren Finanzierungsaktivitäten
p.m. Finanzierungsreserven (unausgenützte Kreditlimiten, zusätzlich beschaffbares Eigenkapital)

---

[60] Als ausgabenwirksam bzw. einnahmenwirksam sind dabei solche Aufwendungen und Erträge zu betrachten, die das Nettoumlaufvermögen beeinflussen. Nicht dazu gehören die Bildung/Auflösung langfristiger Rückstellungen, Gewinne/Verluste aus dem Verkauf von Positionen des Anlagevermögens, Abschreibungen usw.

Die Position „Mittelfluss aus betrieblicher Geschäftstätigkeit und aus Investitionsaktivitäten" wird auch als *Freier Cash Flow* (Free Cash Flow) bezeichnet. Im Rahmen des sogenannten „Shareholder Value"-Ansatzes ist diese Grösse zentral für die Ermittlung des Unternehmenswertes (Wert des Eigenkapitals).[61]

Dabei werden die zukünftig geplanten, abdiskontierten[62] „Free Cash Flows" aufaddiert und mit dem Zinssatz, der die Kapitalkosten[63] des investierten Kapitals widerspiegelt, kapitalisiert.

Für die mittel- bis langfristige Finanzplanung sind die beiden letzten Zeilen von ausschlaggebender Bedeutung. Wenn der Saldo „Mittelfluss aus betrieblicher Geschäftstätigkeit und aus Investitionsaktivitäten vor weiteren Finanzierungsaktivitäten" negativ ausfällt und nicht durch angemessene (risikolose und günstige) Finanzierungsaktivitäten gedeckt werden kann, dann sollte eine grundlegende Überarbeitung der Mehrjahresplanung erfolgen (z.B. Kürzung von Investitionen, strafferes Kostenmanagement usw.).

---

61 siehe hierzu Gomez 1993
62 siehe hier Modul 4, Kapitel 5.1 und 6
63 Der Zinssatz, der die Kapitalkosten zum Ausdruck bringen soll, ergibt sich vereinfacht aus dem Zinssatz für risikoloses Fremdkapital (z.B. Bundesobligationen) zuzüglich eines Risikozuschlages, welcher das Geschäftsrisiko angemessen berücksichtigt.

Planungsschema einer Mehrjahresplanung

Planungsgrösse	1996 (Budget)		1997		1998		1999	
	absolut	% vom Nettoerlös	absolut	% vom Nettoerlös	absolut	% vom Nettoerlös	absolut	% vom Nettoerlös
Brutto-Erlös								
Erlösminderungen								
Netto-Erlös		100		100		100		100
Warenaufwand, Fremdleistungen								
DB 0 (Brutto-Gewinn, Rohertrag)								
Übrige proportionale Kosten (Produktion, Vertrieb)								
DB I								
Erlösträgerfixkosten (Promotions, Product Management)								
DB II								
Fixkosten des Verkaufs								
DB III								
Fixkosten der Produktion und Logistik								
DB IV								
Fixkosten der Forschung und Entwicklung								
DB V (Spartenergebnisse)								
Fixkosten der Verwaltung								
DB VI (Plan-Verkaufserfolg ohne kalk. Kosten)								

Planungsgrösse	1996 (Budget)		1997		1998		1999	
	absolut	% vom Nettoerlös	absolut	% vom Nettoerlös	absolut	% vom Nettoerlös	absolut	% vom Nettoerlös
DB VI (Plan-Verkaufserfolg ohne kalk. Kosten)								
Positionen der Abstimmbrücke								
./. Steuern								
+ Finanzergebnis (Kapitalerträge minus Fremdkapitalzinsen, ausgehend von der bestehenden Kapitalstruktur unter Berücksichtigung allfällig entstehender Finanzüberschüsse/Finanzierungslücken								
+ Saldo der neutralen Erträge und Aufwendungen (ohne Abschreibungen; z.B. Saldo der Liegenschaftsrechnung)								
Cash Flow								
./. Zunahme bzw. + Abnahme der *Kundenforderungen*								
./. Zunahme bzw. + Abnahme der *Warenvorräte (Lager)*								
./. Abnahme bzw. + Zunahme der *Lieferantenschulden*								
Mittelfluss aus betrieblicher Geschäftstätigkeit								
./. Investitionen in Sachanlagen und Beteiligungen								
+ Desinvestitionen von Sachanlagen und Beteiligungen								
Mittelfluss aus betrieblicher Geschäftstätigkeit und aus Investitionsaktivitäten								
./. geplante Dividendenzahlungen								
Mittelfluss aus betrieblicher Geschäftstätigkeit und aus Investitionsaktivitäten vor weiteren Finanzierungsaktivitäten								
p.m. Finanzierungsreserven (unausgenützte Kreditlimiten, zusätzlich beschaffbares Eigenkapital)								

Allgemeine Bemerkungen zu wichtigen Planannahmen und Trendentwicklungen/Trendbrüchen der Mehrjahresplanung

Hinweise für die Planung der einzelnen Positionen der Mehrjahresplanung

Planungsgrösse	Planungsgrundlagen	Ergänzungen Leserin/Leser
Brutto-Erlös	Marktwachstum, Veränderungen/Erweiterung der Produkt- und Dienstleistungspalette	
Erlösminderungen	Entwicklung der Wettbewerbs- und Marktdynamik, Effizienzentwicklung des Verkaufs, Anreizsysteme Verkauf, %-Satz vom Brutto-Erlös	
Netto-Erlös	Zentrale Planungsgrösse, die als Referenzzahl für die meisten weiteren Planungsgrössen dient.	
Warenaufwand, Fremdleistungen	hängt von der Einkaufspolitik des Einkaufs und der Entwicklung des Sortimentes (Sortimentsbreite) ab, in % vom Netto-Erlös	
DB 0 (Brutto-Gewinn, Rohertrag)	Strukturkennzahl in % vom Netto-Erlös	
Übrige proportionale Kosten (Produktion, Vertrieb)	%-Satz vom Netto-Erlös	
DB I	Strukturkennzahl in % vom Netto-Erlös	
Erlösträgerfixkosten (Promotions, Product Management)	mittelfristig geplante Verkaufsförderungsprogramme, absoluter Betrag oder in % vom Netto-Erlös	
DB II	Strukturkennzahl in % vom Netto-Erlös	
Fixkosten des Verkaufs	%-Satz vom Netto-Erlös	
DB III	Strukturkennzahl in % vom Netto-Erlös	
Fixkosten der Produktion und Logistik	in % vom Netto-Erlös	
DB IV	Strukturkennzahl in % vom Netto-Erlös	
Fixkosten der Forschung und Entwicklung	mittelfristig geplante Aufwendungen für *Innovation*, absoluter Betrag oder in % vom Netto-Erlös	
DB V (Spartenergebnisse)	Strukturkennzahl in % vom Netto-Erlös	

Planungsgrösse	Planungsgrundlagen	Ergänzungen Leserin/Leser
DB V (Spartenergebnisse)	Strukturkennzahl in % vom Netto-Erlös	
Fixkosten der Verwaltung	in % vom Netto-Erlös, evtl. absoluter Betrag, abhängig von mittelfristigen Effizienzsteigerungsprogrammen in der Verwaltung	
DB VI (Verkaufserfolg ohne kalk. Kosten)	Strukturkennzahl in % vom Netto-Erlös	
Saldo der Liegenschaftsrechnung ohne Abschreibungen	Geplante Mietzinserlöse und Liegenschaftskosten; zur Berechnung des Cash Flow dürfen keine Abschreibungen in den Saldo der Liegenschaftsrechnung einfliessen.	
Positionen der Abstimmbrücke ./. Steuern + Finanzergebnis (Kapitalerträge minus Fremdkapitalzinsen ausgehend von der bestehenden Kapitalstruktur unter Berücksichtigung allfällig entstehender Finanzüberschüsse/Finanzierungslücken) + Saldo der neutralen Erträge und Aufwendungen (ohne Abschreibungen; z.B. Liegenschaftsrechnung)	• Zur Berechnung der **Kapitalerträge** und **Fremdkapitalzinsen** müssen die *voraussichtlichen Veränderungen in der Kapitalstruktur* eines Unternehmens berücksichtigt werden, die grundlegend von den in dieser Mehrjahresplanung sich ergebenden Finanzüberschüssen und Finanzierungslücken abhängen ("Schwanzbeisser"). Zudem müssen Annahmen über die voraussichtliche *Zinsentwicklung* auf den Geld- und Kapitalmärkten getroffen werden. • In den meisten Ländern sind bei den juristischen Personen sowohl die Fremdkapitalzinsen als auch die Steuern *steuerlich abzugsfähig.* Ausgangsgrösse zur **Berechnung der Steuern** bildet der Gewinn vor Steuern. Dieser entspricht dem nachfolgenden Cash Flow abzüglich der *geplanten Abschreibungen*. Diese hängen wiederum vom bestehenden Anlagevermögen zuzüglich der *geplanten Investitionen und Desinvestitionen* ab.	
Cash Flow	Strukturkennzahl in % vom Netto-Erlös	

Planungsgrösse	Planungsgrundlagen	Ergänzungen Leserin/Leser
Cash Flow	Strukturkennzahl in % vom Netto-Erlös	
./. Zunahme bzw. + Abnahme der *Kundenforderungen*	Bemessungsgrundlage: %-Satz vom geplanten Umsatz. Zu beachten sind im übrigen geplante Änderungen im Zahlungsverhalten der Kunden, d.h. eine Verlängerung oder Verkürzung der Zahlungsfrist.	
./. Zunahme bzw. + Abnahme der *Warenvorräte (Lager)*	Bemessungsgrundlage: %-Satz vom geplanten Umsatz. Zu beachten sind im übrigen geplante Änderungen im Bereich der Logistik und im Marketing (Lieferbereitschaft der Lieferanten, Durchlaufzeiten im eigenen Unternehmen usw.).	
./. Abnahme bzw. + Zunahme der *Lieferantenschulden*	Bemessungsgrundlage: %-Satz vom geplanten Einkaufsvolumen. Zu beachten sind im übrigen geplante Änderungen der Zahlungsbedingungen von Lieferanten, d.h. eine Verlängerung oder Verkürzung der Zahlungsfrist.	
Mittelfluss aus betrieblicher Geschäftstätigkeit	Als Zwischenresultat ergibt sich nun der Mittelfluss aus betrieblicher Geschäftstätigkeit.	
./. Investitionen in Sachanlagen und Beteiligungen	gemäss mittelfristiger Investitionsplanung (Schlüsselprojekte der Unternehmensplanung)	
+ Desinvestitionen von Sachanlagen und Beteiligungen	gemäss mittelfristiger Investitionsplanung (Schlüsselprojekte der Unternehmensplanung)	
Mittelfluss aus betrieblicher Geschäftstätigkeit und aus Investitionsaktivitäten (Free Cash Flow)	Saldo	

Planungsgrösse	Planungsgrundlagen	Ergänzungen Leserin/Leser
Mittelfluss aus betrieblicher Geschäftstätigkeit und aus Investitionsaktivitäten (Free Cash Flow)	Saldo	
./. geplante Dividendenzahlungen	gemäss Verwaltungsrat und Generalversammlung	
Mittelfluss aus betrieblicher Geschäftstätigkeit und aus Investitionsaktivitäten **vor weiteren Finanzierungsaktivitäten**	Ist dieser Betrag ein Überschuss, dann kann er als *Finanzanlage angelegt* werden oder zur *Rückzahlung von Fremdkapital* eingesetzt werden. Je nach Finanzierungsentscheid ergeben sich somit gleichbleibende oder sinkende Fremdkapitalzinsen (bzw. steigende Kapitalerträge) für die entsprechenden Folgeperioden. Ist dieser Betrag dagegen ein Fehlbetrag, dann entsteht eine Finanzierungslücke, die entweder durch *Veräusserung von Wertschriften* (Desinvestition von Finanzanlagen), durch *Aufnahme von Fremdkapital* oder durch *zusätzliches Eigenkapital (Kapitalerhöhung)* gedeckt werden muss. Je nach Finanzierungsentscheid ergeben sich somit steigende oder gleichbleibende Fremdkapitalzinsen (bzw. sinkende Kapitalerträge) für die entsprechenden Folgeperioden.	
p.m. Finanzierungsreserven (unausgenützte Kreditlimiten, zusätzlich beschaffbares Eigenkapital)	Diese Grösse wird auch als **potentielle Liquidität** bezeichnet. Sie gibt Hinweise auf die **Sicherheit** des Betriebes. Sicherheit ist eines der zentralen Ziele der langfristigen **finanziellen Stabilität** des Betriebes. Die potentielle Liquidität gibt Hinweise auf den verbleibenden **Finanzierungsspielraum** im Falle von Umsatzausfällen oder Überschreitungen bei den Kosten und bei Investitionsprojekten.	

3 Statusberichte (Ergebnisrechnungen) zur Feinsteuerung

3.1 Logik und Psychologik im Umgang mit Statusberichten

Mit Hilfe von Statusberichten (Ergebnisrechnungen) wird die aktuelle finanzwirtschaftliche Lage eines Unternehmens *transparent* gemacht. Erst auf der Grundlage aussagekräftiger Standortbestimmungen kann ein eigentliches Controlling betrieben werden. Solche Standortbestimmungen sollen Auseinandersetzungen provozieren, woraus idealerweise geeignete Massnahmen und Aktionen hervorgehen. Bei der Gestaltung einer geeigneten Controlling-Plattform, d.h. einer konstruktiven „Diskussionsplattform", gilt es ein paar Gesichtspunkte und Spielregeln im Auge zu behalten.

Controlling hat ganz wesentlich mit dem Prozess der Führung zu tun. Daran sind Menschen beteiligt. Wenn Controlling nicht das Handeln von Menschen zu beeinflussen vermag, dann nützen alle Anstrengungen, Auswertungen und Analysen *nichts*. Demzufolge muss neben die *Sach*logik der Zahlen auch die *Psych*ologik des Feingefühles treten. Dies soll im folgenden näher beleuchtet werden.

Zunächst einmal stehen, da Controlling strikt *zukunftsgerichtet* ist, nicht Fragen der folgenden Art im Vordergrund:

> Wer ist schuld an allem?
> Warum sind so hohe Kosten angefallen?
> Wieso haben wir so und soviel nicht verkauft?

Vielmehr muss folgende Denkhaltung den Controlling-Prozess dominieren:

> Wie geht es weiter?
> Wie können wir die aktuelle Entwicklung am besten beeinflussen?
> Wie können wir das ursprünglich ins Auge gefasste Ziel trotz negativer Abweichungen dennoch erreichen?
> Welche Massnahmen müssen wir bis wann dazu ergreifen?
> Wer muss dabei behilflich sein?
> Wer kann alles zum Gelingen der Korrekturmassnahmen beitragen?

Bei der Bearbeitung solcher Fragen sind ein paar Grundregeln zu beachten:

- Der Controller – oder falls keiner vorhanden, dann der Geschäftsführer selber – ist der *Coach* oder *Moderator* dieses Prozesses.
- In *sachlichen* Fragen darf keine beteiligte Person (Controller, Geschäftsführer, Bereichsleiter usw.) davor zurückschrecken, rechtzeitig auf *Abweichungen* und *problematische Entwicklungen* aufmerksam zu machen, die (mehr oder weniger) unbestritten einen *Handlungsbedarf* markieren. Unnötige Beschönigungen und Verschleierungsmanöver rächen sich gewöhnlich früher oder später. Bei einer verspäteten Reaktion müssen (im Sinne eines Sachzwanges) oft Massnahmen getroffen werden, die der ursprünglich angestrebten Unternehmensvision völlig zuwiderlaufen und z.B. aufgrund eines (oftmals weitgehend unvermeidbaren) Mangels an Sozialverträglichkeit dem Unternehmen einen schweren Imageschaden zufügen können.
- In *psychologischer* Hinsicht darf eine *Ursachenanalyse nie* im Sinne eines Tribunals dazu dienen, *Schuldige* zu identifizieren. Es geht *nicht* darum, bisher geleistete Arbeit und Anstrengungen *abzuwerten*, sondern auch unangenehme Lehren als Chance und damit als Investition in die Zukunft zu begreifen, dank der alle Beteiligten *lernen* können und als Folge ihrer Teilnahme an diesem Lernprozess in die Lage versetzt werden, in ähnlichen Situationen rasch(er) und besser adäquate Ziele zu setzen bzw. die richtigen Korrekturmassnahmen zu realisieren.
- Als Coach muss sich der Controller der Versuchung widersetzen, Wertungen vorzunehmen. Er verurteilt nicht (d.h. er wertet nicht ab), sondern er *unterstützt*.
- Information entsteht immer erst im Kopf des Empfängers. Alle Anstrengungen im Controlling als Dienstleistungsfunktion müssen daher *strikt empfängerorientiert* sein. Wo es nicht gelingt, Verständnis bei den Adressaten zu erlangen, ist zum einen ein Ausbildungsbedarf angezeigt. Zum anderen könnte dies ein Hinweis dafür sein, die Adressaten persönlich stärker in den Controlling-Prozess einzubinden.

3.2 Kategorien von Statusberichten

Für ein wirksames Controlling sind im wesentlichen die folgenden drei Kategorien von Statusberichten von grundlegender Bedeutung:
- Wir benötigen erstens einen *Controller-Bericht*, der die genau gleiche Struktur aufweist wie die Verkaufserfolgsrechnung. Der Con-

troller-Bericht soll mit seiner Marktorientierung den aktuellen Geschäftsverlauf im Vergleich zum Budget (und allenfalls zum Vorjahr) zum Ausdruck bringen.
- Zweitens erlauben es uns *Kennzahlenübersichten* mit finanzwirtschaftlichen und anderen betrieblichen Kennzahlen, in kurzer Zeit einen guten Überblick über die finanzielle Situation und die Ertragslage des Unternehmens zu gewinnen. Vergleiche über mehrere Perioden (Jahre, Quartale, Monate) ermöglichen ein rasches Erkennen von Trends, Trendänderungen oder gar Trendbrüchen.
- Ein differenzierter *Kostenstellen-Soll-Ist-Vergleich* erlaubt uns drittens eine wirksame Kosten- und Leistungsbewirtschaftung.

Nachfolgend soll die jeweilige Grundstruktur und Handhabung dieser drei Kategorien von Statusberichten näher erörtert werden. Beim Durchlesen der folgenden Ausführungen empfiehlt es sich, im Anhang II einen Blick auf die entsprechenden Berichtsformulare[64] zu werfen. Diese Berichtsformulare zeigen im Sinne von Anregungen für eigene konzeptionelle Gestaltungsarbeiten, wie aussagekräftige Statusberichte aufgebaut sein können.

3.3 Verkaufserfolgsrechnung als Instrument zur Steuerung des Geschäftserfolges („Controller-Bericht")

Die *Verkaufserfolgsrechnung* ist das *zentrale Führungsinstrument* des Unternehmens zur Planung und Feinsteuerung des Geschäftserfolges. Sie zeigt den Beitrag der einzelnen Erlösträger und Wertschöpfungsfunktionen zum Geschäftserfolg. Vor allem Verkaufsleiter und Verkäufer tragen die Umsatzverantwortung. Den Geschäftserfolg beeinflussen können sie aber nicht nur durch die *Menge* der verkauften Produkte, sondern auch durch die Rabattgestaltung, die Festlegung der Zahlungsbedingungen (Erlösminderungen) sowie durch gezielte Promotionsmassnahmen (Verkaufsförderungskosten) pro Produkt oder Produktegruppe.

Sofern keine Kosten(stellen)rechnung vorhanden ist, muss auch die *Kostenbewirtschaftung* in der Verkaufserfolgsrechnung als Soll-Ist-Vergleich stattfinden. Es kann also auch mit einer sehr gut ausgebauten Buchhaltung eine Kostenkontrolle betrieben werden. In einem solchen

---

[64] Es ist natürlich ausserordentlich hilfreich, wenn Formulare dieser Art zusammen mit entsprechenden Planungs- und Kennzahlenformularen in Spreadsheets eines Tabellenkalkulationsprogrammes umgesetzt werden, was dann mit geringem Aufwand auch die Durchführung entsprechender Plan-Simulationen, das Durchdenken möglicher Zukunftsszenarien und damit ein wirklich *proaktives Controlling* ermöglicht.

Falle müssen die einzelnen Aufwandspositionen direkt bestimmten Erlösträgern (d.h. Marktleistungen im Sinne von Produktegruppen, Sparten usw.) und dem dafür verantwortlichen Manager zugeordnet werden können. Die sogenannte „*Verbrauchsabweichung*", welche die wichtigsten beeinflussbaren Kostenabweichungen zum Ausdruck bringt, ergibt sich dann als Differenz zwischen den budgetierten Kosten und den Ist-Kosten.

3.31 Struktur und Handhabung des Controller-Berichtes

Im Modul 1 haben wir Controlling definiert als einen *Prozess* der *Planung* (Zielvereinbarung und Massnahmenbestimmung) und vorausschauenden *Feinsteuerung* im finanzwirtschaftlichen Bereich.

Planung setzt einen systematischen Planungsprozess voraus, in den möglichst alle Unternehmensangehörigen im Sinne eines Management by Objectives einzubinden sind. Für jede Planungsperiode sind pro Bereich bzw. pro Person *fünf bis sieben* anspruchsvolle, aber grundsätzlich auf jeden Fall realisierbare Ziele festzulegen. Eine wirksame Feinsteuerung umfasst ihrerseits die in Abbildung 55 dargestellten Aktivitäten.

Diese „Controlling-Philosophie" widerspiegelt sich nun auch in der Ausgestaltung des Controller-Berichtes. Zu diesem Zweck dienen die Formulare C1, C2 und C3, die im Anhang II zu finden sind.

> Diese drei Formulare sind nicht nur als Statusberichte zu verstehen, sondern vor allem als *Arbeitsinstrumente*, mit deren Hilfe die verantwortlichen Führungskräfte des Unternehmens (Geschäftsleitung und Bereichsleiter) aktuelle finanzwirtschaftliche Herausforderungen der laufenden und zukünftigen Geschäftsentwicklung aktiv bearbeiten können.

Jedes dieser Formulare umfasst verschiedene Blöcke, die im folgenden als *Berichtsfenster*[65] bezeichnet werden. Insgesamt finden sich *sechs* Berichtsfenster, die der Bearbeitung der oben angeführten Fragestellungen entsprechen. Zur Verbesserung der Übersicht und zu einer erleichterten Bearbeitung ist das Berichtsfenster 1 („Relevante Zahlen") sowohl auf dem Formular C1 als auch auf dem Formular C2 aufgeführt. Bei der Erstellung des Controller-Berichtes, d.h. beim Bearbeiten dieser Formulare C1 bis C3, gilt es, zunächst ein paar allgemeine Angaben festzuhalten.

---

65 angelehnt an Deyhle/Steigmeier 1993, 138ff

Elemente der Feinsteuerung („Berichtsfenster")	Fragestellungen zur Bearbeitung
Standortbestimmung	Was haben wir bis jetzt erreicht? Wo stehen wir jetzt?
Abweichungsanalyse	In welcher Hinsicht befinden wir uns nicht mehr auf Zielkurs, d.h. inwiefern ist es bereits absehbar, dass mit dem bisherigen Kurs die gesetzten Budgetziele nicht mehr erreicht werden können? Welche Abweichungen sind so wichtig, dass sie eine dringliche Bearbeitung erfordern?
Ursachenanalyse	Warum ist es zu den aufgetretenen Abweichungen gekommen? Welches sind die tieferliegenden Ursachen der aufgetretenen Abweichungen?
Massnahmenplanung	Welche Massnahmen müssen ergriffen werden, damit unser Unternehmen bis zum Ende des Jahres wieder auf Budgetkurs kommt?
Erwartungsrechnung	Welche Resultate wollen wir aufgrund der aktuellen Position und Entwicklungstrends sowie der geplanten Korrekturmassnahmen bis zum Ende des Jahres im Minimum doch noch erreichen?
Aktionsplanung (Projektplan)	Wer ist für diese Massnahmen verantwortlich? Wer muss dabei zusätzlich mithelfen oder ist zumindest davon betroffen? Wie sieht der Zeitplan aus?

Abbildung 55: Elemente der Feinsteuerung und deren zentrale Fragestellungen

Feld „Berichtsperiode"

Wird monatlich oder quartalsweise ein solcher Bericht erstellt, so können dabei einerseits die Werte der *Berichtsperiode*, d.h. des entsprechenden Monates bzw. Quartals, eingetragen werden, z.B. 2. Quartal 1996, Juli 1996 usw.

Andererseits bilden aber auch die *kumulierten* Werte der bisherigen Berichtsperioden des laufenden Jahres, z.B. 1. + 2. Quartal, Januar bis und mit Juli 1996 usw., einen guten Überblick über den bisherigen Geschäftsverlauf. Selbstverständlich ist auch eine Kombination dieser beiden Möglichkeiten denkbar.

Feld „Geschäftsbereich/Sparte"

Idealerweise wird der Controller-Bericht einzeln für jeden Geschäftsbereich oder jede Sparte und aggregiert für das ganze Unternehmen erstellt. Der Controller-Bericht besteht also aus einem Satz von einzelnen Teilberichten (pro Geschäftsbereich) und aus einer Gesamtübersicht.

3.32 Berichtsfenster 1 – relevante Zahlen für die Standortbestimmung

Dieses Fenster bildet gewissermassen das *Kernstück* des Controller-Berichtes, weshalb es sowohl auf dem Formular C1 als auch auf Formular C2 zu finden ist. Die relevanten Zahlen für die Standortbestimmung stammen aus:

- dem *Jahresplan*, d.h. dem Budget („Plan per"),
- der *Ist-Abrechnung* aus der Buchhaltung und der Kostenrechnung („Ist per") und allenfalls
- dem Geschäftsabschluss des *Vorjahres* („Vorjahr").

Die Differenzen zwischen dem „Plan" und dem „Ist" bilden die *Abweichungen*. Diese sind in absoluten Beträgen und in Prozenten des Planes festzuhalten.

Zusätzlich kann die prozentuale Abweichung zum Vorjahr eine hilfreiche Zusatzinformation sein.

3.33 Berichtsfenster 2 – Abweichungsanalyse

Ein Plan ist nie eine hellseherische Prognose der Zukunft, sondern eine Selbstverpflichtung der Unternehmensführung. Abweichungen – zumindest innerhalb gewisser Bandbreiten – sind als *normal* zu betrachten. Abweichungen bilden den *zentralen Auslöser* von *Korrekturmassnahmen*. Deshalb müssen sie Position für Position mit wenigen Stichworten, d.h. ganz kurz erklärt werden. Mit „Anamnese" (Aufnahme der Krankheitsgeschichte eines Patienten durch den Arzt) ist dabei das Festhalten allfälliger Probleme gemeint, mit „Diagnose" ein erstes Nachspüren nach möglichen Ursachen dieser Probleme.

Mit anderen Worten geht es zunächst einmal lediglich darum, die Bedeutung der aufgetretenen Abweichungen für den Geschäftserfolg festzuhalten (z.B.: wichtig/unwichtig, innerhalb/ausserhalb eines bestimmten Toleranzbereiches, normal/abnormal, unbedeutend/bedrohlich usw.). Dabei genügt es, sozusagen die *Symptome* für diese Abweichungen darzustellen (z.B. Grosskunde X hat von unserem Unternehmen zum Konkurrenten Y-AG gewechselt). Selbstverständlich müssen hier auch besonders erfreuliche Leistungen und Entwicklungen Erwähnung finden.

3.34 Berichtsfenster 3 – Ursachenanalyse und Schlussfolgerungen

Obwohl sich schon durch eine saubere Abweichungsanalyse in den meisten Fällen ein hohes Mass an Transparenz über alle wesentlichen Ursachen von Abweichungen ergibt, müssen in einer gesonderten *Ursachenanalyse* die tatsächlichen Gründe für die aufgetretenen Abweichungen sorgfältig herausgearbeitet werden (z.B. Kunde X ist abgesprungen, weil er mit der Lieferqualität nicht mehr zufrieden war, oder: Wir wissen noch gar nicht, warum Kunde X den Lieferanten gewechselt hat usw.).

Eine solche weiterführende Ursachenanalyse ist durch folgende Merkmale und Aktivitäten gekennzeichnet:

- In der Ursachenanalyse des Berichtsfensters 3 werden (im Sinne eines Management by Exceptions) nur noch wirklich relevante Abweichungen und deren *Ursachen* festgehalten.
- Sie werden mit kurzen und prägnanten Worten kommentiert und in eine *Prioritätsrangfolge* (Dringlichkeit) gebracht.
- Den wichtigsten Abweichungen wird mit weiterführenden Detailanalysen auf den Grund gegangen.
- Dazu gehört auch eine *Trendanalyse* (siehe hierzu auch Kapitel 3.4 dieses Moduls), womit folgende Fragen beantwortet werden sollen:
  · Steckt hinter den aufgetretenen Abweichungen ein bestimmter Trend, der möglicherweise die zukünftige Geschäftsentwicklung prägen wird? Sind die aufgetretenen Abweichungen ein Signal (Indikator) für einen Trendbruch? Wenn ja, wie lassen sich dieser Trend und seine kurz- und langfristigen Folgen beschreiben?
  · Wo landen wir, wenn diese Trends anhalten und wir *keine* Reaktion zeigen?

- In Stichworten wird schliesslich der *notwendige Handlungsbedarf* skizziert.

3.35 Berichtsfenster 4 – Massnahmen

Standortbestimmung, Abweichungs- und Ursachenanalyse dienen nicht dazu, fatalistisch den Kopf in den Sand zu stecken, sondern *zeit- und situationsgerecht* Korrekturmassnahmen zu planen und zu realisieren.

Deshalb gehört zu jedem zweckmässigen Controller-Bericht ein Massnahmenkatalog mit Verantwortlichkeiten und Terminen.

3.36 Berichtsfenster 5 – Erwartungsrechnung

Massnahmen müssen mit klaren Zielen verbunden sein. Die im Berichtsfenster 4 skizzierten Massnahmen sollen dazu dienen, ein Unternehmen möglichst wieder auf den ursprünglich ins Auge gefassten (geplanten) Kurs zurückzubringen.

Gerade für den Fall, dass die ursprünglich vereinbarten Ziele *nicht mehr vollständig* erreicht werden können, ist es von ausschlaggebender Bedeutung, dass modifizierte Zielvorstellungen entwickelt und im Sinne einer *revidierten Selbstverpflichtung* verbindlich festgehalten werden. Es geht also gewissermassen darum, festzulegen, welcher „Ersatzflughafen" bzw. welches „Ausweichziel" trotz der bereits eingetretenen Abweichungen doch noch „angeflogen" werden soll.

Diese modifizierten Ziele werden in den Spalten „Erwartung restliche Zeit" und „Erwartetes Ist-Ende" festgehalten.

Die Spalte „Erwartetes Ist-Ende" bildet dabei sozusagen ein modifiziertes Budget der gesamten Planungsperiode, *ohne* dass das ursprüngliche Budget abgeändert werden muss. Denn es ist grundlegend falsch, ein Budget (= „Selbstverpflichtung") bei jedem „Windstoss" den aktuellen Gegebenheiten anzupassen. Damit geht nicht nur ein grundlegendes Orientierungssystem zur Ermittlung von Korrekturmassnahmen verloren, sondern es wird auch auf die Chance eines Lernprozesses verzichtet. Zudem birgt eine solche Gewohnheit im allgemeinen die Gefahr in sich, dass daraus ein opportunistisches, d.h. ein lasches und nachlässiges („laisser-faire") Geschäftsgebaren resultiert, weil negative Entwicklungen systematisch externalisiert, d.h. „unbeeinflussbaren" Umfeldentwicklungen zugeschrieben werden können.

Die Spalte „Erwartung restliches Ende" hält nun fest, was in der noch verbleibenden Zeit bis zum Ende der Planungsperiode durch die Verantwortlichen im Einzelfall erreicht werden muss.

Die restlichen Spalten dienen wiederum der Darstellung der Abweichungen des „erwarteten Ist-Endes" zum ursprünglichen Jahresplan.

3.37 Berichtsfenster 6 – Aktionsplan

Nach der Umsetzung des Massnahmenplanes (Berichtsfenster 4) in modifizierte quantitative Zielvorstellungen (Berichtsfenster 5) kann bzw. muss nun der Massnahmenplan durch *Planung einzelner Aktionen* verfeinert, d.h. konkretisiert werden. Diesem Zweck dient das Formular C3.

3.4 Kennzahlenübersichten

Neben dem Controller-Bericht, der ein *Arbeitsinstrument* darstellt und sich sehr stark an der *Verkaufserfolgsrechnung*, d.h. am Geschäftserfolg der betrieblichen Tätigkeiten orientiert, bedarf es weiterer Statusberichte, die das Gesamtbild der aktuellen Geschäftsentwicklung zu vervollständigen vermögen. Hierzu dienen Kennzahlenübersichten. Dazu gehören:

- die finanzwirtschaftliche Kennzahlenübersicht im Mehrjahresvergleich,
- die Ertragsstrukturanalyse der einzelnen Geschäftsbereiche im Mehrjahresvergleich (Trendanalyse) und
- Kennzahlen-Periodenübersichten.

Die Kennzahlen-Periodenübersichten dienen eher der *kurzfristigen* Überwachung des Geschäftsverlaufes und werden deshalb monatlich, vierteljährlich oder halbjährlich erstellt. Sie beziehen sich zum einen auf das Gesamtunternehmen, vor allem aber auf die Geschäftsentwicklung der einzelnen Geschäftsbereiche.

3.41 Finanzwirtschaftliche Kennzahlenübersicht im Mehrjahresvergleich

Die einzelnen Kennzahlen dieser Kennzahlenübersicht, d.h. die entsprechenden Definitionen und deren Aussagegehalt, wurden bereits in Modul 2, Kapitel 6 erläutert, weshalb sich hierzu im Anhang II lediglich noch ein Arbeitsformular (Formular KZ-MVGL) findet.

Die vorliegende Übersicht bezieht sich auf das Gesamtunternehmen und sollte jährlich rollend aktualisiert werden.

Kennzahlen dienen nicht zuletzt der *Frühwarnung*, d.h. der frühzeitigen Aufdeckung von sich anbahnenden positiven oder negativen *Trends* und *Trendbrüchen*. Der Aussagewert von Kennzahlen steigt entscheidend, wenn sie im Kontext eines *Zeitvergleiches*, eventuell sogar *Konkurrenzvergleiches*, dargestellt werden. Deshalb hat eine finanzwirtschaftliche Kennzahlenübersicht, die sich auf ein einziges Jahr bezieht, einen vergleichsweise geringen Wert.

Selbstverständlich kann es sinnvoll sein, bei Bedarf nach sorgfältigem Abwägen auch die Soll-Werte anzupassen.

3.42 Ertragsstrukturanalyse der einzelnen Geschäftsbereiche im Mehrjahresvergleich

Die Ertragsstrukturanalyse (siehe Formulare ESA-1 und ESA-2 (speziell für den Verkauf) im Anhang II) ist im Grunde genommen eine extrem vereinfachte Verkaufserfolgsrechnung, wobei nur Strukturkennzahlen aufgeführt sind, die jeweils die Bedeutung der einzelnen Geschäftsbereiche (bzw. deren Entwicklung im Zeitablauf) im Vergleich zum gesamten Unternehmen zum Ausdruck bringen. Wenn mit der Erstellung einer solchen Ertragsstrukturanalyse begonnen wird, fehlen möglicherweise gewisse Daten der Vergangenheit. Dies ist jedoch kein Grund, auf die Erstellung dieser aussagekräftigen Kennzahlenübersicht zu verzichten.

3.43 Periodenübersichten von betrieblichen Kennzahlen

Zum Zwecke einer aktiven und zeitgerechten (raschen) Beeinflussung des betrieblichen Geschehens finden sich im Anhang zwei Beispiele von Kennzahlenübersichten. Sie beziehen sich auf den aktuellen Geschäftsverlauf

- des Gesamtunternehmens (Formular KZ-Total) und
- des Verkaufes (Formular KZ-VK).

Die einzelnen Kennzahlen sind weitgehend selbsterklärend.

Bei sämtlichen Kennzahlenübersichten findet sich jeweils ganz links der *Budget-Wert* der Berichtsperiode (Plan-Wert), daneben der tatsächlich erreichte *Ist-Wert* und rechts davon die *vier Ist-Werte* der entsprechenden Vorperioden, die selbstverständlich bei jeder Erstellung einer neuen Kennzahlenübersicht rollend angepasst werden müssen.

Auch dieses Konzept soll einen Zeitvergleich und damit die Entdekkung von positiven oder negativen Trends ermöglichen. Zudem empfiehlt es sich, die ermittelten Trends mit denjenigen von Konkurrenzunternehmen zu vergleichen.

Die Kennzahlen-Periodenübersicht des Gesamtunternehmens sollte zumindest halbjährlich, wenn immer möglich quartalsweise, erstellt werden, diejenige des Verkaufs unbedingt monatlich.

3.5 Kostenstellen-Soll-Ist-Vergleich (Kostenstellenbericht)

Zu einem integrierten, umfassend ausgebauten betrieblichen Rechnungswesen gehört eine aussagekräftige Kostenstellenrechnung (siehe hierzu Modul 3, Kapitel 4.3). Die Kostenstellenrechnung und daraus

abgeleitet der Kostenstellen-Soll-Ist-Vergleich ist ein sehr wichtiges Instrument zur *Kosten- und Leistungsbewirtschaftung* (Feinsteuerung).
Mit Hilfe einer Kostenstellenrechnung kann zum einen eine *Leistungskontrolle*, d.h. eine Überprüfung der *Produktivität* vorgenommen werden, zum anderen eine *Kostenkontrolle*.
Die *Leistungskontrolle* bezieht sich auf die erbrachten Leistungen einer Kostenstelle. Mit Hilfe der *Standard-Vorgaben* (Standard-Zeiten und Standard-Mengen) aus den Arbeitsplänen und Stücklisten, multipliziert mit dem tatsächlich bewältigten Produktionsprogramm, kann global, d.h. über alle Aufträge und Fertigungslose kumuliert, ermittelt werden, ob die erbrachte Leistung:

– mehr oder weniger Zeit in Anspruch genommen hat, als die Arbeitspläne eigentlich zugestanden hätten, und
– ob der Materialverbrauch höher oder tiefer war im Vergleich zu den Soll-Vorgaben in den einzelnen Stücklisten.

Bei der *Kostenkontrolle* werden vor allem Verbrauchsabweichungen ermittelt. Verbrauchsabweichungen beziehen sich auf die wichtigsten beeinflussbaren Abweichungen einer *Kostenstelle*. Unter einer *Verbrauchsabweichung* verstehen wir die *Differenz* zwischen *Ist-Kosten* und *Soll-Kosten*.
Die Berechnung der Verbrauchsabweichung in einer Kostenstelle hängt davon ab, ob in der Planung eine analytische *Kostenspaltung* vorgenommen worden ist. Es geht also um das Problem, ob in der Kostenplanung unterschieden wird:

– in *proportionale Kosten*, deren Verlauf als proportional zur Leistungsbeanspruchung der Kostenstelle betrachtet wird, und
– in *fixe Kosten*, die infrastrukturbedingt unabhängig von der erbrachten Leistung fix anfallen.

Wenn *keine* Kostenspaltung stattfindet, dann ergibt sich die Verbrauchsabweichung als Differenz zwischen den geplanten Kosten und den Ist-Kosten der Kostenstelle.
Wenn eine Kostenspaltung vorgenommen wird, dann werden die Ist-Kosten nicht gegen ein „starres" Ziel, d.h. die budgetierten Kosten, gemessen, sondern der als proportional geplante Teil der Kosten wird in Abhängigkeit von der tatsächlichen Leistung („Ist-Beschäftigung") nach oben oder nach unten angepasst (siehe hierzu Modul 3, Kapitel 4.3).

Die Ist-Kosten werden also *nicht* den geplanten Kosten, sondern den sogenannten *Soll-Kosten* gegenübergestellt, welche folgendermassen definiert sind:

> Soll-Kosten = Geplante Fixkosten +
> (*Ist-Leistung* x proportionaler Plan-Kostensatz)

Dabei wird die Verbrauchsabweichung sowohl pro Kostenstelle insgesamt als auch für jede einzelne Kostenart pro Kostenstelle ermittelt. Es empfiehlt sich, dass die Abweichungen pro Kostenart bis zum ursprünglichen Erfassungsbeleg in der Buchhaltung (Ist-Kosten-Nachweis) zurückverfolgt werden können, damit nicht allfällige Kontierungsfehler oder ausserordentliche Aufwendungen zu falschen Schlussfolgerungen verleiten.

> *Verbrauchsabweichungen* bei den beeinflussbaren Kostenarten sind für einen Kostenstellenleiter ein wichtiges *Signal*, dass er sich *Korrekturmassnahmen* für den weiteren Geschäftsverlauf überlegt. In Industrien mit hohem Kostendruck sollten Kostenstellenberichte deshalb *monatlich* und mit möglichst *geringer Zeitverzögerung* erstellt werden.

Dies darf allerdings nicht darüber hinwegtäuschen, dass ein *grosser* Teil der Kosten – gemäss empirischen Studien bis zu 90 % – durch die Produktstruktur, die Organisation (effiziente Abläufe usw.) und die gewählte Verfahrenstechnologie, also durch die *Qualität* der Produkt- und Verfahrensentwicklung bestimmt werden. Dies erfordert in Ergänzung zu den bisherigen Ausführungen einen grundlegend erweiterten zeitlichen Controlling-Horizont. Auf den wirtschaftlichen Erfolg eines Erlösträgers kann eigentlich erst dann sinnvoll Einfluss genommen werden, wenn die finanziellen Folgewirkungen aller Aktivitäten, die mit diesem Erlösträger verbunden sind, von Beginn weg, d.h. während des gesamten *Produktlebenszyklus* systematisch erfasst und entsprechend sorgfältig bedacht werden (Life Cycle Costing).

> Die *grössten Kostenersparnisse* können somit durch eine wachsame und (folge)kostenbewusste *Produkt- und Verfahrensentwicklung* sowie durch eine transparente und geschickte Planung und Organisation von Produktion und Logistik erzielt werden. Dazu gehört auch ein optimaler *Einbezug der Kunden, Lie-*

feranten und vor allem der eigenen *Mitarbeiter* sowohl in den Innovationsprozess als auch in die Planungsprozesse von Produktion und Logistik, was umfassende Ausbildungsanstrengungen mit kontinuierlicher Höherqualifikation und eine „Kultur" voraussetzt, die sich durch raschen und ehrlichen Feedback auszeichnet – alles Forderungen, die auch grundlegende Anliegen eines ernsthaften Total Quality Managements zum Ausdruck bringen.

4 Schlussbemerkungen

Im Hinblick auf die langfristige Prosperität eines Gesamtunternehmens (nicht unbedingt aus der Sicht bestimmter Einzelinteressen!) ist *Transparenz* und damit *optimale Führbarkeit* unbedingt ein erstrebenswertes Ziel. Die Reichhaltigkeit der Anforderungen, die ein modernes Controlling an ein aufgeschlossenes Unternehmen stellt, sind allerdings alles andere als leicht erfüllbar – vor allem, wenn die eigenen Ressourcen begrenzt sind. *Finanzwirtschaftliche Transparenz* ist *nicht zum Nulltarif* zu haben. Der Aufbau eines effizienten, aussagekräftigen Controllings will daher in guten Zeiten in Angriff genommen werden. Was nützt eine präzise Benzinanzeige, die erst dann eingebaut wird, wenn der Tank schon nahezu leer ist?

Finanzwirtschaftliche Transparenz muss auf jeden Fall einen *Nutzen* bringen, der den *Controlling-Aufwand* möglichst weit übersteigt. Den Punkt zu treffen, an dem weder zuviel noch zuwenig Controlling-Aufwand betrieben wird, ist nicht einfach. In Schönwetterperioden neigen wir dazu, zu glauben, auf Controlling verzichten zu können, in Schlechtwetterphasen ist es oft zu spät, um ein schlagkräftiges Controlling auf die Beine zu stellen, weil die Krise bereits existenzgefährdend ist oder grundsätzlich einfach die für den Aufbau eines angemessenen Controllings notwendigen Ressourcen (Finanzen, Zeit, Personal, EDV usw.) fehlen.

Je nach Unternehmensgrösse und Betriebsstruktur ist es aus wirtschaftlicher Sicht zweifellos empfehlenswert, bewusst auf das eine oder andere vorgestellte Controlling-Instrument zu verzichten. Mit Sicherheit falsch sind alle Schwarz-Weiss-Lösungen, die aus der *Unerfüllbarkeit überrissener Erwartungen* hervorgehen:

– Eine *einfache, plausible Planung* ist besser als keine Planung!

- Eine *vierteljährliche* Abrechnung ist besser als:
  - eine *jährliche* Abrechnung, wenn sich eine monatliche Abrechnung als zu aufwendig erweist!
  - eine *monatliche* Abrechnung, wenn sich diese auf den Schreibtischen stapelt und infolge von „Information Overload" kaum zur Kenntnis genommen wird. Was die Häufigkeit der Berichterstattung betrifft, ist es somit zweckmässig, eher bescheiden zu sein, aber hartnäckig darauf hinzuwirken, dass Berichte als geschätzte Argumentationsgrundlage zu einer engagierten, ehrlichen, konstruktiven und massnahmenorientierten Auseinandersetzung mit dem aktuellen Geschäftsverlauf beitragen.
- Ein *einfaches Berichtswesen* mit nur wenigen, dafür aber wirklich wichtigen und stets rasch vorliegenden, d.h. aktuellen Informationen und Kenngrössen ist besser als überhaupt kein Berichtswesen!
- Bei der Einführung in verkraftbaren Schritten vorzugehen und über Jahre hinweg kontinuierlich (auch kleine) Fortschritte anzustreben, ist besser, als in einer „Generalstabsübung" (mit entsprechend überhöhten Erwartungen) für alle Zeiten die Akzeptanz der Betroffenen zu verspielen und die eigene Freude am Controlling zu verlieren!
- Und last but not least:

> Die Magic der Zahlen verdunkelt oft die Sicht für das Wesentliche!
>
> oder mit anderen Worten:
>
> Der gesunde Menschenverstand lässt sich durch nichts ersetzen!

Selbst-Controlling: Modul 5

Frage	Unsicher?	Wenn ja Seite
1 Wo findet eigentlich Controlling statt?		213
2 Was unterscheidet Planung von einer Prognose?		215
3 Was sind typische „Gegenstände" einer qualitativen und einer quantitativen Planung?		215
4 Welche Vor- und Nachteile sehen Sie jeweils bei einer periodischen Neuauflage und einer rollenden Überarbeitung des Mehrjahresplans?		222/223
5 Welche Bedeutung kommt der periodischen Standortbestimmung im Controlling-Prozess zu?		224
6 Wieso ist im Verlaufe des Controlling-Prozesses die Beachtung auch psychologischer Aspekte von enormer Wichtigkeit, und welche Rolle spielt in diesem Zusammenhang der Controller?		232
7 Welche Voraussetzungen müssen erfüllt sein, damit eine Kostenbewirtschaftung auch ohne Kostenstellenrechnung sinnvoll möglich ist?		232
8 Beschreiben Sie in Ihren eigenen Worten den Zusammenhang zwischen den einzelnen Elementen der Feinsteuerung im Controller-Bericht.		234/235
9 Wie können Kennzahlen zur Frühwarnung eingesetzt werden? Wofür könnte ein kontinuierliches Absinken des Eigenfinanzierungsgrades ein deutliches Signal sei? Geben Sie andere Beispiele für alarmierende Entwicklungen verschiedener Kennzahlen mit jeweiligen Interpretationen.		240
10 Was sollte bei der Auswahl von Kennzahlen beachtet werden?		240
11 Welche Voraussetzung muss erfüllt sein, damit eine Verbrauchsabweichung als Differenz von Ist- und Soll-Kosten ermittelt werden kann? Wie berechnet sich die Verbrauchsabweichung, wenn diese Voraussetzung nicht erfüllt ist?		242
12 Haben Sie Lust bekommen, das vermittelte Wissen in der Praxis anzuwenden?	Vereinbaren Sie einen Termin mit dem Controller in Ihrer Firma und lassen Sie sich die verschiedenen Module in der Praxis zeigen und erläutern. Sie werden dann sehen, dass Controlling keine Hexerei ist.	

Anhang I
Hilfstabellen für Abzinsungsfaktoren

Abzinsungstabelle A: Barwert einer Zahlung von 1 SFr./DM, fällig Ende Jahr

Jahre	Zinssatz i %											
	1	2	4	6	8	10	12	14	16	18	20	22	24
1	0.990	0.980	0.961	0.943	0.926	0.909	0.893	0.877	0.862	0.847	0.833	0.820	0.806
2	0.980	0.961	0.925	0.890	0.857	0.826	0.797	0.769	0.743	0.718	0.694	0.672	0.650
3	0.971	0.942	0.889	0.840	0.794	0.751	0.712	0.675	0.641	0.609	0.579	0.551	0.524
4	0.961	0.924	0.855	0.792	0.735	0.683	0.636	0.592	0.552	0.516	0.482	0.451	0.423
5	0.951	0.906	0.822	0.747	0.681	0.621	0.567	0.519	0.476	0.437	0.402	0.370	0.341
6	0.942	0.888	0.790	0.705	0.630	0.564	0.507	0.456	0.410	0.370	0.335	0.303	0.275
7	0.933	0.871	0.760	0.665	0.583	0.513	0.452	0.400	0.354	0.314	0.279	0.249	0.222
8	0.923	0.853	0.731	0.627	0.540	0.467	0.404	0.351	0.305	0.266	0.233	0.204	0.179
9	0.914	0.837	0.703	0.592	0.500	0.424	0.361	0.308	0.263	0.225	0.194	0.167	0.144
10	0.905	0.820	0.676	0.558	0.463	0.386	0.322	0.270	0.227	0.191	0.162	0.137	0.116
11	0.896	0.804	0.650	0.527	0.429	0.350	0.287	0.237	0.195	0.162	0.135	0.112	0.094
12	0.887	0.788	0.625	0.497	0.397	0.319	0.257	0.208	0.168	0.137	0.112	0.092	0.076
13	0.879	0.773	0.601	0.469	0.368	0.290	0.230	0.182	0.145	0.116	0.093	0.075	0.061
14	0.870	0.758	0.577	0.442	0.340	0.263	0.205	0.160	0.125	0.099	0.078	0.062	0.049
15	0.861	0.743	0.555	0.417	0.315	0.239	0.183	0.140	0.108	0.084	0.065	0.051	0.040
16	0.853	0.728	0.534	0.394	0.292	0.218	0.163	0.123	0.093	0.071	0.054	0.042	0.032
17	0.844	0.714	0.513	0.371	0.270	0.198	0.146	0.108	0.080	0.060	0.045	0.034	0.026
18	0.836	0.700	0.494	0.350	0.250	0.180	0.130	0.095	0.069	0.051	0.038	0.028	0.021
19	0.828	0.686	0.475	0.331	0.232	0.164	0.116	0.083	0.060	0.043	0.031	0.023	0.017
20	0.820	0.673	0.456	0.312	0.215	0.149	0.104	0.073	0.051	0.037	0.026	0.019	0.014

Abzinsungstabelle B: Barwert eines Zahlungsstromes von jährlich 1 SFr./DM, fällig jeweils auf Ende Jahr, während n Jahren

Jahre	\multicolumn{13}{c}{Zinssatz i %}
	1	2	4	6	8	10	12	14	16	18	20	22	24
1	0.990	0.980	0.961	0.943	0.926	0.909	0.893	0.877	0.862	0.847	0.833	0.820	0.806
2	1.970	1.927	1.886	1.833	1.783	1.736	1.690	1.647	1.605	1.566	1.528	1.492	1.457
3	2.941	2.884	2.755	2.673	2.577	2.487	2.402	2.322	2.246	2.174	2.106	2.042	1.981
4	3.902	3.808	3.630	3.465	3.312	3.170	3.037	2.914	2.798	2.690	2.589	2.494	2.404
5	4.853	4.713	4.452	4.212	3.993	3.791	3.605	3.433	3.274	3.127	2.991	2.864	2.745
6	5.795	5.601	5.242	4.917	4.623	4.355	4.111	3.889	3.685	3.498	3.326	3.167	3.020
7	6.728	6.472	6.002	5.582	5.206	4.868	4.564	4.288	4.039	3.812	3.605	3.416	3.242
8	7.652	7.325	6.732	6.210	5.747	5.335	4.968	4.639	4.344	4.078	3.837	3.619	3.421
9	8.566	8.162	7.435	6.802	6.247	5.759	5.328	4.946	4.607	4.303	4.031	3.786	3.566
10	9.471	8.983	8.111	7.360	6.710	6.145	5.650	5.216	4.833	4.494	4.192	3.923	3.682
11	10.368	9.787	8.760	7.887	7.139	6.495	5.988	5.453	5.029	4.656	4.327	4.035	3.776
12	11.255	10.575	9.385	8.384	7.536	6.814	6.194	5.660	5.197	4.793	4.439	4.127	3.851
13	12.133	11.348	9.986	8.853	7.904	7.103	6.424	5.842	5.342	4.910	4.533	4.203	3.912
14	13.004	12.106	10.563	9.295	8.244	7.367	6.628	6.002	5.468	5.008	4.611	4.265	3.962
15	13.865	12.849	11.118	9.712	8.559	7.606	6.811	6.142	5.575	5.092	4.675	4.315	4.001
16	14.718	13.578	11.652	10.106	8.851	7.824	6.974	6.265	5.669	5.162	4.730	4.357	4.033
17	15.562	14.292	12.166	10.477	9.122	8.022	7.120	6.373	5.749	5.222	4.775	4.391	4.059
18	16.398	14.992	12.659	10.828	9.372	8.201	7.250	6.467	5.818	5.273	4.812	4.419	4.080
19	17.226	15.678	13.134	11.158	9.604	8.365	7.366	6.550	5.877	5.316	4.844	4.442	4.097
20	18.046	16.351	13.590	11.470	9.818	8.514	7.469	6.623	5.929	5.353	4.870	4.460	4.110

Anhang II

Beispiele für die Berichtsformulare aus Modul 5 (Anregungen für eigene konzeptionelle Gestaltungsarbeiten)

Inhalt

- Formulare für die Mehrjahresplanung (Formular MJP)
- Formulare C1, C2 und C3 für den Controller-Bericht („Berichtsfenster")
- Finanzwirtschaftliche Kennzahlenübersicht im Mehrjahresvergleich (Formular KZ-MVGL)
- Ertragsstrukturanalyse der *einzelnen Geschäftsbereiche* im Mehrjahresvergleich (Formular ESA-1)
- Ertragsstrukturanalyse des *Verkaufs* im Mehrjahresvergleich (Formular ESA-2)
- Kennzahlen-Periodenübersicht Gesamtunternehmen (Formular KZ-Total)
- Kennzahlen-Periodenübersicht Verkauf (Formular KZ-VK)

Hinweis

Es erweist sich als ausserordentlich hilfreich, wenn solche Formulare in Spreadsheets eines Tabellenkalkulationsprogrammes umgesetzt werden können, was dann mit geringem Aufwand auch die Durchführung entsprechender Simulationen (Szenarien) und damit ein wirklich aktives Controlling ermöglicht.

Planungsschema einer Mehrjahresplanung (Form MJP)

Planungsgrösse	1996 (Budget)		1997		1998		1999	
	absolut	% vom Nettoerlös	absolut	% vom Nettoerlös	absolut	% vom Nettoerlös	absolut	% vom Nettoerlös
Brutto-Erlös								
Erlösminderungen								
Netto-Erlös		100		100		100		100
Warenaufwand, Fremdleistungen								
DB 0 (Brutto-Gewinn, Rohertrag)								
Übrige proportionale Kosten (Produktion, Vertrieb)								
DB I								
Erlösträgerfixkosten (Promotions, Product Management)								
DB II								
Fixkosten des Verkaufs								
DB III								
Fixkosten der Produktion und Logistik								
DB IV								
Fixkosten der Forschung und Entwicklung								
DB V (Spartenergebnisse)								
Fixkosten der Verwaltung								
DB VI (Plan-Verkaufserfolg ohne kalk. Kosten)								

Planungsgrösse	1996 (Budget)		1997		1998		1999	
	absolut	% vom Nettoerlös	absolut	% vom Nettoerlös	absolut	% vom Nettoerlös	absolut	% vom Nettoerlös
DB VI (Plan-Verkaufserfolg ohne kalk. Kosten)								
Positionen der Abstimmbrücke								
./. Steuern								
+ Finanzergebnis (Kapitalerträge minus Fremdkapitalzinsen, ausgehend von bestehender Kapitalstruktur bei Berücksichtigung allfällig entstehender Überschüsse/Lücken)								
+ Saldo der neutralen Erträge und Aufwendungen (ohne Abschreibungen; z.B. Saldo der Liegenschaftsrechnung)								
Cash Flow								
./. Zunahme bzw. + Abnahme der *Kundenforderungen*								
./. Zunahme bzw. + Abnahme der *Warenvorräte (Lager)*								
./. Abnahme bzw. + Zunahme der *Lieferantenschulden*								
Mittelfluss aus betrieblicher Geschäftstätigkeit								
./. Investitionen in Sachanlagen und Beteiligungen								
+ Desinvestitionen von Sachanlagen und Beteiligungen								
Mittelfluss aus betrieblicher Geschäftstätigkeit und aus Investitionsaktivitäten								
./. geplante Dividendenzahlungen								
Mittelfluss aus betrieblicher Geschäftstätigkeit und aus Investitionsaktivitäten vor weiteren **Finanzierungsaktivitäten**								
p.m. Finanzierungsreserven (ungenützte Kreditlimiten, etc.)								

Allgemeine Bemerkungen zu wichtigen Planannahmen und Trendentwicklungen/Trendbrüchen der Mehrjahresplanung

1. Relevante Zahlen (Standortbestimmung)

2. Sachverhalte in Worten = Anamnese und Diagnose (Abweichungsanalyse)

Informationen per (1000 SFr./DM pro Periode (Kum.))

Geschäftsbereich:

Leistungen/Ergebnis	Plan per	Ist per	Vorjahr per	Abweichungen zum Plan			
				in 1000 Fr.	in % vom Plan	in % vom Vorjahr	
Brutto-Umsatz							
Netto-Erlös							
DB 0 (Brutto-Gewinn/Rohertrag)							
DB 0 in % vom Netto-Erlös							
DB I							
DB I in % vom Netto-Erlös							
DB II (Betriebs-Cash Flow)							
DB II in % vom Netto-Erlös							
Operatives Resultat							
Operatives Resultat, % vom NE							
Auftragsbestand							
Fertiglagerbestand							
Personalkosten in % vom Netto-Erlös							
Brutto-Investitionen Nettoumlaufvermögen							
Brutto-Investitionen Anlagevermögen							

3. Ursachenanalyse und Schlussfolgerungen

Handlungsbedarf - Alternativen	Dringlichkeit

Form C1

1. Relevante Zahlen (Standortbestimmung)

Geschäftsbereich:

Informationen per
(1000 SFr./DM pro Periode (kum.))

5. Erwartung bis zum 31.12.19.. (Restplanwert in 1000 SFr./DM)

Leistungen/Ergebnis	Plan per	Ist per	Vorjahr per	Abweichungen zum Plan			Jahresplan (Budget)	Erwartung restliche Zeit	Erwartetes IST-Ende	Abweichungen Jahresplan erwartetes IST-Ende	Abweichungen in %	
				1000 SFr./DM	in % vom Plan	in % vom Vorjahr					zum Jahresplan	zum Vorjahr
Brutto-Umsatz												
Netto-Erlös												
DB 0 (Brutto-Gewinn/Rohertrag)												
DB 0 in % vom Netto-Erlös												
DB I												
DB I in % vom Netto-Erlös												
DB II (Betriebs-Cash Flow)												
DB II in % vom Netto-Erlös												
Operatives Resultat												
Operatives Resultat, % vom NE												
Auftragsbestand												
Fertiglagerbestand												
Personalkosten in % vom Netto-Erlös												
Brutto-Investitionen Nettoumlaufvermögen												
Brutto-Investitionen Anlagevermögen												

4. Massnahmen = Therapie (in Stichworten)

	Termin	verantwortlich

Form C2

6. Aktionsplan (Zeit – Meilensteine)

Nr.	Priorität	Massnahme	Mitarbeit von	Betroffene	Termin	Hilfsmittel/ Ressourcen	Eventualitäten-Planung

Form C3

Legende

Priorität: beispielsweise A (sofort+persönlich; kritisch für alle weiteren Schritte), B (mittelfristig+persönlich), C (mittelfristig+delegierbar)
Massnahme: Beschreibung in Worten
Mitarbeit: Unmittelbar beteiligte Personen (Wer muss an der Umsetzung dieser Massnahme persönlich mitarbeiten?
Betroffene: Indirekt betroffene Personen (Personen, die nicht an der Umsetzung mitarbeiten, aber in irgendeiner Weise davon betroffen sind.)
Termin: Bis wann muss diese Massnahme spätestens realisiert sein?
Hilfsmittel/
Ressourcen: Stunden/Tage Arbeitszeit pro beteiligten Mitarbeiter, Beratungsbedarf (extern/intern), EDV-Hardware (PC), Software, Sitzungszimmer, Broki-Schreiber, Pin-Wand usw.
Eventualitäten-
Planung: Welche Massnahmen (Nr.) muss ergriffen werden, falls die entsprechende Massnahme auf Widerstand stösst oder scheitert?

Finanzwirtschaftliche Kennzahlenübersicht im Mehrjahresvergleich

Kennzahl	Soll-Wert	1989	1990	1991	1992	1993	1994	1995	1996
Verschuldungsgrad									
Anlagendeckungsgrad II									
Liquidität I									
Liquidität II									
Liquidität III									
Nettoumlaufvermögen									
Belehnungsgrad der Liegenschaften (Hypotheken)									
Durchschnittlich gewährte Kreditfrist (Debitoren) in Tagen									
Umsatzrentabilität									
Gesamtkapitalrentabilität									
Cash Flow-Rentabilität									
Netto-Verschuldungsfaktor [Jahre]									
Selbstfinanzierungskraft									
Personalbestand									

Form KZ-MVGL

Ertragsstrukturanalyse der *einzelnen Geschäftsbereiche* im Mehrjahresvergleich

Geschäftsbereich		1992	1993	1994	1995	1996	Bemerkungen zur Trendentwicklung
Sparte A	Prozentualer Anteil am Gesamtumsatz						
	Sparten DB II in % vom Gesamt-DB II						
	Prozentualer Anteil an der Summe aller Spartenergebnisse (DB V)						
Sparte B	Prozentualer Anteil am Gesamtumsatz						
	Sparten DB II in % vom Gesamt-DB II						
	Prozentualer Anteil an der Summe aller Spartenergebnisse (DB V)						
Sparte C	Prozentualer Anteil am Gesamtumsatz						
	Sparten DB II in % vom Gesamt-DB II						
	Prozentualer Anteil an der Summe aller Spartenergebnisse (DB V)						
Sparte D	Prozentualer Anteil am Gesamtumsatz						
	Sparten DB II in % vom Gesamt-DB II						
	Prozentualer Anteil an der Summe aller Spartenergebnisse (DB V)						

Form ESA-1

Ertragsstrukturanalyse des *Verkaufes* im Mehrjahresvergleich

Produktgruppe		1992	1993	1994	1995	1996	Bemerkungen zur Trendentwicklung
Sparte A Total	Prozentualer Anteil am Gesamtumsatz						
	Sparten CB II in % vom Gesamt-DB II						
	Prozentueler Anteil an der Summe aller Spartenergebnisse (DB V)						
Produktgruppe A1	Prozentualer Anteil am Spartenumsatz						
	Produktgruppen-DB in % vom Sparten-DB II						
	Produktgruppen-DB in % vom Gesamt-DB II						
Produktgruppe A2	Prozentualer Anteil am Spartenumsatz						
	Produktgruppen-DB in % vom Sparten-DB II						
	Produktgruppen-DB in % vom Gesamt-DB II						
Produktgruppe A3	Prozentuaer Anteil am Spartenumsatz						
	Produktgruppen-DB in % vom Sparten-DB II						
	Produktgruppen-DB in % vom Gesamt-DB II						

Form ESA-2

Kennzahlen-Periodenübersicht Gesamtunternehmen

Kennzahlen	Budget der Periode Soll-Wert	Berichtsperiode Ist	Periode Ist	Periode Ist	Periode Ist	Periode Ist
Liquidität						
Liquidität I						
Liquidität II						
Liquidität III						
Investitionen						
Veränderungen des Umlaufvermögens						
Brutto-Investitionen ins Anlagevermögen						
Wirtschaftlichkeit						
DB 0 in % vom Netto-Erlös						
DB I in % vom Netto-Erlös						
Verkaufserfolg						
Netto-Erlös pro Mitarbeiter						
Verkaufserlös pro Mitarbeiter						
Betriebswirtschaftlicher Cash Flow						
Betriebswirtschaftlicher Cash Flow in % von Netto-Erlös						
Bestände						
Auftragsbestand						
Lagerbestand Fertigfabrikate						
Debitoren in % vom Netto-Erlös						

Form KZ-Total

Kennzahlen-Periodenübersicht Verkauf

Kennzahlen	Budget der Periode Soll-Wert	Berichtsperiode Ist	Periode Ist	Periode Ist	Periode Ist	Periode Ist
Umsatz und Marktanteil						
Produktgruppe A						
Produktgruppe B						
Produktgruppe C						
Produktgruppe D						
Produktgruppe E						
Produktgruppe X (wichtigster Konkurrent)						
Wirtschaftlichkeit						
Netto-Erlös pro Verkäufer						
Brutto-Gewinn pro Verkäufer						
Verkaufskosten in % vom Netto-Erlös						
Lagerumschlag						
Fertigprodukte Total						
Produktgruppe A						
Produktgruppe B						
Produktgruppe C						
Produktgruppe D						
Produktgruppe E						

Lagerumschlag = $\dfrac{\text{Anschaffungskosten der } \textit{verkauften} \text{ Marktleistungen der Periode} \times 12}{\text{durchschnittlicher Lagerbestand der Periode [½ × (Anfangsbestand + Endbestand)]}}$

Form KZ-VK

Anhang III
Abbildungsverzeichnis

Modul 1
1	ROI-Stammbaum	21
2	Zeitverschobener Güter- und Geldkreislauf	22
3	Wertschöpfung und Wertzuwachs	28
4	Controlling und Controlling-Kooperation	30

Modul 2
5	Anspruchsgruppen und deren Interessen an finanzwirtschaftlichen Informationen	34
6	Beispiel einer Bilanz	36
7	Schematischer Aufbau einer Bilanz	41
8	Unternehmensgeschehen und Abrechnungsperioden	42
9	Beispiel einer Erfolgsrechnung	43
10	Schematischer Aufbau einer Erfolgsrechnung	45
11	Graphische Darstellung eines Kontos in Form eines Kontenkreuzes	50
12	Schematische Darstellung des Zusammenspiels von Bilanz und Erfolgsrechnung	50
13	Beispiel von Buchungssätzen in einem Journal	53
14	Erfolgswirksame und erfolgsunwirksame Wertverschiebungen	56ff.
15	Schematische Zahlenbeispiele einer Aktiengesellschaft	61f.
16	Veränderung von Bilanz und Erfolgsrechnung im Laufe einer Geschäftsperiode	64
17	Verbuchung von Geschäftsfällen im zeitlichen Ablauf	67
18	Perspektiven des Geschäftsabschlusses im Überblick	75
19	Perspektiven des Geschäftsabschlusses im Überblick	79f.
20	Schematische Darstellung des Nettoumlaufvermögens	87
21	Selbstfinanzierung (Cash Flow) im Finanzierungskreislauf	93
22	Beispiel einer Mittelflussrechnung	97

Modul 3

23	Schematische Darstellung der *Abgrenzungen* zwischen Finanzbuchhaltung und Kostenartenrechnung	123
24	Buchungsbeleg	123
25	Prinzipschema einer Deckungsbeitragsrechnung	127
26	Übersichtsschema Finanzbuchhaltung – Kostenrechnung – Managementerfolgsrechnung	132f.
27	Schematische Darstellung der Kostenartenrechnung	137
28	Buchungsbeleg	139
29	Beispiel Kostenstellenbericht	142
30	Beispiel für eine interne Produktekalkulation	151
31	Top-down- und bottom-up-aufgebaute Teilkostenkalkulation im Vergleich	153
32	Voll- und Teilkostenkalkulation im Vergleich	154
33	Aufbau Top-Down-Produktekalkulation	160
34	Schematisches Beispiel einer Managementerfolgsrechnung	164
35	Aggregierte Abweichungen als Differenz zwischen Verkaufserfolg und Managementerfolg	166
36	Schematische Darstellung des Zusammenhanges zwischen Erfolgsrechnung der Finanzbuchhaltung (FIBU) und Managementerfolgsrechnung des betrieblichen Rechnungswesens (BRW)	167
37	Schematisches Beispiel einer Abstimmbrücke	168
38	Rechnungswesenpanorama	170f.
39	Plan-Managementerfolgsrechnung	172
40	Fragestellungen einer stufenweisen Deckungsbeitragsrechnung	175
41	Entscheidungsrechnung und Verantwortungsrechnung	176
42	Verantwortungsdimensionen in einer Managementerfolgsrechnung	178
43	Angriffskeile der Ertragssteigerung	182
44	Break-even-Diagramm (Fokus: Managementerfolg)	183

Modul 4

45	Investitionen und Desinvestitionen	190
46	Vergleich statischer und dynamischer Methoden der Investitionsrechnung	195
47	Gegenwartswertmethode bei jährlich unterschiedlichem Nutzen am Beispiel der Maschine C	202

48	Graphische Ermittlung des internen Ertragssatzes	205
49	Vergleich der Ergebnisse je Investitionsrechnungsmethode	206
50	Nutzwertanalyse am Beispiel der Maschine B (ohne Operationalisierungstabelle)	208

Modul 5

51	Schematisches Beispiel Plan-Verkaufserfolgsrechnung	220f.
52	Hockey-Stick-Effekt	223
53	Planungsschema einer Mehrjahresplanung	226f.
54	Hinweise für die Planung der einzelnen Positionen der Mehrjahresplanung	228ff.
55	Elemente der Feinsteuerung und deren zentrale Fragestellungen	236

Anhang IV

Stichwortverzeichnis

Abgrenzungen 122f
   sachliche 122, 137
   zeitliche 122, 136f
   Abgrenzungsprobleme 42, 46
Abschreibungen 44, 46
Abstimmbrücke 167
Abweichungsanalyse 25, 236f
Aktiven siehe Vermögen
   transitorische 37
Amortisationsrechnung 199f
Annuitätsrechnung 205f
Arbeitsplan 143, 150
Aufwand (Aufwendungen) 44, 71f
   ausgabenwirksamer 88, 224
   ausserordentlicher 45, 71
   betrieblicher 45, 71
   neutraler 45, 71

Barwert siehe Gegenwartswert
Berichtsfenster 235
Berichtswesen 213ff
   Berichtswesen-Plattform 10f, 213
Beschäftigungsgrad 146
Bestandesrechnung siehe Bilanz
Betriebsdatenerfassung 148
Bewegungsrechnung siehe Erfolgsrechnung
Bewertung (von Vermögen und Schulden) 46, 76
Bilanz 36ff, 50
   Bilanzgewinn/-verlust 40f
   Bilanzklarheit 70, 78
   Bilanzsumme 40
   Bilanzvorsicht 70, 77
   Bilanzwahrheit 70, 77
   Eröffnungsbilanz 59ff
   Positionen der 41
   Schlussbilanz 59ff
   Summenbilanz 50
Break-even-Analyse 181ff
Buchhaltung 49ff
   doppelte 52ff
   Buchhaltungsorganisation 65ff
   Hilfsbuchhaltungen 67

Buchführung 70
   Buchführungspflicht 69f
   Ordnungsmässigkeit der 68ff
Buchung 51, 54ff
   erfolgswirksame 56
   nicht-erfolgswirksame 56ff
   Abschlussbuchung 63
   Buchungsbeleg 52
   Buchungsjournal 52, 66
   Buchungssatz 53
   Eröffnungsbuchung 63
   Gegenbuchung 52
   Hauptbuch 66
Budget 216
Budgetierung 216ff

Cash Flow 86ff, 184
   Brutto-Cash Flow 90
   Cash Flow-Analyse 100, 107
   Cash Flow-Rentabilität 107
   Freier Cash Flow (Free Cash Flow) 225
   Netto-Cash Flow 90
Controller-Bericht 234ff
Controlling 19ff
   Aufgaben des 27ff
   Controlling-Kooperation 29f
   Kernaktivitäten des 24f
   Wirtschaftlichkeit des 29, 244f
   als Führungsfunktion 23f
   als Servicefunktion 29

Debitorenziel 104
Decision Accounting 144, 158, 176
Deckungsbeitrag 126
Deckungsbeitragsrechnung 123ff, 126f
   einzelproduktweise 152, 158ff, 174ff
   mehrstufige 127, 161ff
Deckungsgrad 102f
Deckungsziel 154, 157, 159, 179f, 219
Dividende 38, 60

Eigenfinanzierungsgrad 102, 106
Erfolgsrechnung 41ff

267

Erfolgsrechnung (Fortsetzung)
  mehrstufige 45
  Positionen der 44
Ergebnisrechnung 180, 232ff
Erlös 121
  Brutto-Erlös siehe Brutto-Verkaufserlös
  Brutto-Verkaufserlös 126
  Netto-Erlös siehe Netto-Verkaufserlös
  Netto-Verkaufserlös 126
Erlösminderungen 159
  direkte 159
  Standarderlösminderungen 159
Erlösrechnung 158ff
Erlösträger 122
Ertrag (Erträge) 44, 71
  ausserordentlicher 71
  betrieblicher 71
  einnahmenwirksamer 88, 224
  neutraler 71
Ertragskraft siehe Cash Flow-Rentabilität
Ertragsstruktur 168, 184
Ertragsstrukturanalyse 241
Erwartungsrechnung 26, 236, 239

Feinsteuerung 25, 217, 222
Fertiglagerbestand 105
Finanzbuchhaltung siehe Buchhaltung
Finanzierung 20, 38, 49, 91
  Aussenfinanzierung 92
  Eigenfinanzierung 92
  Finanzierungsaktivitäten 38, 92
  Finanzierungsanalyse 100, 102f
  Finanzierungskreislauf 93
  Fremdfinanzierung 92
  Innenfinanzierung 92
  Selbstfinanzierung 92f
  Verflüssigungsfinanzierung 92
Finanzielle Stabilität 22f, 86, 222
Fortführungswert 46
Funds Position 107

Gegenwartswert 197, 201
Gegenwartswertmethode 200ff
Geschäftsabschluss 74ff
  betriebswirtschaftlicher 76f, 80f
  handelsrechtlicher 77f, 81
  steuerrechtlicher 78f, 81f
  Anspruchsgruppen 75
Geschäftsbericht 70f
Geschäftsfall 49
Gewinn 40, 44
  Bruttogewinn 45, 127

Gewinn (Fortsetzung)
  Gewinnschwelle 183
  Gewinnvortrag 39, 60
  Reingewinn 45, 50, 52, 63, 167

Haben 49
Höchstbewertungsvorschriften 73, 77

Investition 20, 189f
  Desinvestition 189f
  Investitionsaktivitäten 37, 92
  Investitionsarten 191
  Investitionsplanung 192f
  Investitionsrechnung 188ff, 191, 193
    Fallbeispiel zur 198ff
    Methoden der 195
      dynamische 194, 200ff
      statische 194, 199f
    Rechnungselemente der 195ff

Kalkulation 147ff
  Auftragskalkulation 147
  Kalkulationssatz 144f
  Komponenten der 149f
  Nachkalkulation 147f
  Teilkostenkalkulation 152ff
  Standardkalkulation 147, 150f
  Vollkostenkalkulation 152ff
  Vorkalkulation 147f
Kapital 38
  Eigenkapital 39, 72, 218
  Fremdkapital 39, 72
    kurzfristiges 39
    langfristiges 39
  Kapitalkosten 162f, 197, 225
Kapitalflussrechnung siehe Mittelflussrechnung
Kapitalumschlagshäufigkeit 106
Kapitalwertmethode siehe Gegenwartswertmethode
Kennzahlen 99ff, 108f
  betriebliche 110f
  finanzwirtschaftliche 102ff, 108
  Kennzahlenübersicht 240ff
  Voraussetzungen für 84ff
Kontierung 52
Konto 49f
  Aktiv-Konto (Bilanz) 51
  Aufwandskonto (Erfolgsrechnung) 51f
  Bestandeskonto (Bilanz) 50
  Bewegungskonto (Erfolgsrechnung) 51
  Ertragskonto (Erfolgsrechnung) 51f
  Kontenkreuz 50

Konto (Fortsetzung)
  Kontenplan 66
  Kontenrahmen 66
  Passiv-Konto (Bilanz) 51
Kosten 121
  fixe 125f, 157
  kalkulatorische 162
  proportionale 124f
  sprungfixe 125, 181
  Einzelkosten 137f
  Fixkostenschlüsselung 176ff, 219
  Gemeinkosten 138
  Grenzkosten 124, 182
  Kostenart 136
  Kostenerfassung 136, 139
  Kostenkontrolle 242
  Kostensatz siehe Kalkulationssatz
  Kostenspaltung 124, 144, 242
  Soll-Kosten 146, 166, 243
Kostenrechnung 135
  Kostenartenrechnung 136ff
  Kostenstellenrechnung 139ff
  Kostenträgerstückrechnung siehe Kalkulation
  Kostenträgerzeitrechnung 148f
Kostenstelle 140
  Kostenstellenbericht 141ff, 241ff
  Kostenstellenbildung 141
  Kostenstellenrechnung 139ff
  Kostenstellen-Soll-Ist-Vergleich 141ff, 165f, 241ff

Lagerumschlag 105
Leistung 121
Leistungs-Center siehe Kostenstelle
Leistungsbeurteilung 179ff
Life Cycle Costing 243
Liquidität 21f, 86ff
  Liquiditätsanalyse 100, 103ff
  Liquiditätsgrad 1/2/3 103
  Liquiditätsgrad 1./2./3. Stufe 103
Liquidationswert 46

Managementerfolg 166f, 183
Managementerfolgsrechnung 161ff, 174ff
Mengengerüst 134, 150f
Mengengrössen 117, 134
Methode des internen Ertragssatzes 203ff
Mittelfluss 95f, 224
  aus laufender Geschäftstätigkeit 95, 224
  aus Finanzierungsaktivitäten 96
  aus Investitionsaktivitäten 95, 224

Mittelflussrechnung 86, 94ff, 222

Niederstwertprinzip 73, 77
Nutzen (Investitionsrechnung) 196
Nutzwertanalyse 207f

Operationsplan siehe Arbeitsplan

Passiven siehe Kapital
  transitorische 39
Pay-Back-Methode siehe Amortisationsrechnung
Plan-Beschäftigung 143, 218f
Planbezugsgrösse 143
Plan-Leistung 143
Planung 25, 215
  Aktionsplanung 236, 239
  Formulare in Anhang II
  Operative Jahresplanung 216ff
  Massnahmenplanung 236, 238
  Mehrjahresplanung 222ff
    periodische 222
    rollende 222f
  Planungsrechnung 119, 214ff
  im Gegenstromprinzip 25, 216ff
  und Prognose 215
Produktionsprogramm 143, 218, 242

Rechnungswesen
  betriebliches 115ff
  finanzielles 33ff
  Anspruchsgruppen des 34
Rentabilität 23
  Cash Flow-Rentabilität 107
  Eigenkapitalrentabilität 106
  Gesamtkapitalrentabilität 20, 106
  Rentabilitätsanalyse 100, 106
  Umsatzrentabilität 106
Reporting siehe Berichtswesen
Reserven 39, 60
  stille 77f
Responsibility Accounting 140, 144, 176, 180
Rezeptur siehe Stückliste
Risikokapital 38
Risiko- und Sensitivitätsanalyse 209
ROE siehe Eigenkapitalrentabilität
ROI siehe Gesamtkapitalrentabilität
ROI-Stammbaum 20
ROI-Ziel 162f, 183f, 191
ROS siehe Umsatzrentabilität
Rückstellungen 39, 46, 76
Rückzahlungsverpflichtungen 38

Saldierung 50
Saldo 50
Schulden 50
Selbstfinanzierungskraft 90, 107
Sicherheit 22
Sicherheitsabstand 182, 184
Soll 49
Soll-Kosten 146, 243
Standortbestimmung 25, 236f
Statusbericht 233ff
Strukturkennzahlen 216, 241
Strukturziele 215f
Stückliste 150f

Target Costing 152
Tragfähigkeitsprinzip 157, 176, 179f
Transparenz 27, 213, 244

Umsatzrendite siehe Cash Flow-
 Rentabilität
Unternehmenscockpit 10, 213
Ursachenanalyse 25, 236, 238

Verbrauchsabweichung 146, 165f, 242f
Verkaufserfolg 165f
Verkaufserfolgsrechnung 217, 234ff
Verkaufspreisfindung 148, 155ff, 179
Verlust 40, 44
 Reinverlust 45, 50, 63
Vermögen 36, 50
 Anlagevermögen 37, 72
  finanzielles 37
  immaterielles 37
  materielles 37
 Nettoumlaufvermögen 87, 104, 224
 Umlaufvermögen 37, 72
Verschuldungsfaktor
 Dynamischer 91, 107
 Netto-Verschuldungsfaktor 107
Verschuldungsgrad 102
Verursachungsprinzip 157, 180

Wertgrössen 117
Wertverschiebung 42, 49, 56ff, 95f
Wertverzehr 42f
Wertzuwachs 28, 42f, 217
 erfolgswirtschaftlicher 23, 86

Zeitwert von Geld 193f
Zwischenabschluss 167f